PCCPL

REPORT ON
COMPETITION LAW AND POLICY OF CHINA
2016

中国竞争法律与政策研究报告

2016年

中国世界贸易组织研究会竞争政策与法律专业委员会　编著

法律出版社
LAW PRESS·CHINA

《中国竞争法律与政策研究报告2016年》编辑委员会

指导单位：最高人民法院知识产权审判庭
国务院法制办工交司
国家发展改革委价格监督检查与反垄断局
商务部反垄断局
国家工商总局反垄断与反不正当竞争执法局

主办单位：中国世界贸易组织研究会竞争政策与法律专业委员会

合作单位：对外经济贸易大学竞争法中心
北京大学经济法研究所
中国社会科学院国际法研究所竞争法研究中心
中国科学院研究生院竞争法研究咨询中心
中国人民大学竞争法研究中心
中国人民大学产业经济与竞争政策研究中心
中国政法大学竞争法研究中心
中央财经大学法学院
清华大学竞争法与产业促进中心
国际商会中国国家委员会竞争委员会

《中国竞争法律与政策研究报告2016年》编辑部

主　　编：岑兆琦

副 主 编：姚　琦　胡　铁　李慧颖　金善明　江　山　叶高芬
韩　伟　王劲松　聂东明

编　　辑：王　惠　杨　旸　董笃笃　吴白丁　劳文杰　洪露申
任婉荞　钟　洲

序　言

2007年8月30日，第十届全国人民代表大会常务委员会第29次会议高票表决通过了《中华人民共和国反垄断法》(以下简称《反垄断法》)，并自2008年8月1日起正式施行。《反垄断法》的制定和实施，是我国社会主义市场经济体制建设的重要里程碑，具有重要的现实意义和深远的历史影响。我国制定和实施《反垄断法》，体现了国家让市场发挥配置资源的基础性作用，以及进一步完善社会主义市场经济体制的坚定决心。我国制定和实施《反垄断法》，标志我国社会主义市场经济法律体系的进一步完善，这必将极大地推动我国市场经济法制化的进程。

至今，我国《反垄断法》已经生效实施了8年多，反垄断配套立法、行政和司法以及执法机构国际交流与合作相继展开。与此同时，我国各高等院校、科研院所怀着极大的热情对《反垄断法》进行了深入研究，相继成立了专业研究机构，涌现了一批具有较高学术水准的科研成果。中国世界贸易组织研究会竞争政策与法律专业委员会汇集了海内外各方的智慧和研究成果并编辑出版了《中国竞争法律与政策研究报告(2016年)》。这是一件非常重要的事情。该《研究报告》系统总结了我国竞争法律与政策的立法、执法和司法的发展历程和实施现状,详细分析了我国重点行业的竞争状况,综合评述了我国竞争法律的研究成果,密切追踪了全球主要经济体的竞争法律与政策的最新进展。我相信,该《研究报告》的出版必将对我国反垄断法的普及和实施发挥非常积极的促进作用;我希望,未来《中国竞争法律与政策研究报告》要坚持不懈地做下去,并且要越做越好。

是为序。

全国人大常委会副委员长

中国世贸组织研究会竞争政策与
法律专业委员会名誉主席

二〇一六年十二月一日

前　言

《中国竞争法律与政策研究报告》(以下简称《报告》)自2010年至2015年已经历经了6年,我们为这项工作能持之以恒地坚持7年而感到欣慰。《报告》在保持内容框架基本稳定的基础上,努力使每一年的内容有一些创新和优化。《报告》的撰写过程,我们总结有以下几个方面的特点:

第一,《报告》吸引了国内竞争法研究专业机构和学者的广泛参与。《报告》由中国世界贸易组织研究会竞争政策与法律专业委员会联合北京大学经济法研究所、中国社会科学院国际法研究所竞争法中心、对外经济贸易大学竞争法中心、中国人民大学竞争法研究所、中国人民大学产业经济与竞争政策研究中心、中国政法大学竞争法研究中心、中央财经大学法学院、清华大学竞争法与产业促进中心8家高校及科研机构的专家学者共同编撰,体现了广泛的参与性和较高的学术水准。

第二,《报告》得到了国务院反垄断执法三大机构和最高人民法院相关部门的大力支持。《报告》的撰写除了专家学者的参与外,还有来自执法机构和最高司法机关撰写的行政执法和司法内容章节,实现了学术研究和执法实践的有机融合。这样做既体现了学术研究的严谨和专业,又融合了执法和司法的实践和经验。因此,《报告》无论对于竞争法研究的学者、执法和司法机构的官员,还是企业或个人均具有参考价值和实际意义。

第三,《报告》除了研究我国竞争政策和法律之外,还关注到国际交流合作以及全球主要经济体竞争法律与政策的最新进展。《报告》以我国为立足点放眼全球,在全球视野下看中国,在中国基础上研究全球,体现了多视角的研究方法。当今世界是一个日益全球化的世界,特别是互联网、移动互联网基础上社交和新闻媒体的全球化,人们在地球各个角落获取的信息几乎是同步的。这就使中国的竞争政策和法律必然受到国外的影响,同时也影响到国外竞争政策和法律的制定与实施。因此,《报告》国际化的研究方法就显得具有很大的必要性和现实性。

7 年来出版的 7 部《报告》既是所有参与者心血的凝结,也是竞争法律与政策研究的宝贵资料,它真实记录了中国竞争法律与政策研究和实践的客观过程,对我国竞争法律与政策的发展完善作出了自己的贡献。真诚希望社会各界一如既往地支持《报告》的持续编撰出版,也期待编撰《报告》的全体同人再接再厉,持之以恒地将《报告》办下去,而且越办越好。

中国世界贸易组织研究会竞争政策与
法律专业委员会主席

二〇一六年十二月一日

CATALOG

目录

· 专文 ·

全面推进反垄断工作
营造公平竞争市场环境

吴振国*

2016年，商务部全面贯彻落实党的十八大和十八届三中、四中、五中、六中全会精神，适应经济新常态，贯彻新发展理念，积极推进供给侧结构性改革，依法做好经营者集中反垄断审查工作，在完善反垄断审查规则体系、推进严格规范公正透明执法、加强国际交流与合作等方面取得显著成效，保护了市场公平竞争，为企业营造了法治化、便利化、国际化的营商环境，为经济平稳健康发展提供了有效保障。

一、扎实推进反垄断执法工作，打造工作亮点

（一）完善反垄断政策和规则体系，推进依法行政

《反垄断法》实施以来，商务部重视完善配套立法，不断完善经营者集中反垄断审查法律体系。截至目前，商务部已经制定了1部行政法规、1部反垄断委员会指南、7部部门规章和规范性文件。为配合相关立法的有效实施，商务部还制定了7部办事指南和指导性文件，提高了执法透明度，为当事方提供了明确指引。为适应经济发展新常态，根据全面深化改革和依法行政要求，商务部正在研究修订《反垄断法》，完善审查标准、审查程序和法律责任等规定。为推进严格规范公正文明执法，商务部正在抓紧修订《经营者

---

* 吴振国，商务部反垄断局局长。

集中审查办法》,进一步加强工作规则和制度建设,推动审查标准和程序规范化、标准化和制度化。正在修订的《关于规范经营者集中案件申报名称的指导意见》,旨在为当事人案件申报提供明确的指导。随着我国经济体制改革不断深化,竞争政策在经济发展中的重要地位日益凸显,根据国务院深化改革的工作部署,商务部与发改委等部门密切配合,推动《国务院关于在市场体系建设中建立公平竞争审查制度的意见》出台,并根据该意见要求,开展公平竞争审查工作,推动建设统一规范、竞争有序的市场体系,真正使市场在资源配置中发挥基础性作用。

(二)推进严格公正执法,维护市场公平竞争

2016 年,受并购市场快速增长的影响,商务部审查的案件数量显著增加,共收到经营者集中申报 378 件,立案 360 件,审结 395 件,同比分别增长 7.4%、6.5% 和 19%,均创《反垄断法》实施以来新高。从案件行业分布看,制造业占比最大,占 53%,其中半导体、通信、高端制造业增长较快。从案件类型看,横向并购占比最高,占审结案件的 40%。从参与集中经营者情况来看,境内企业并购案件占 53%。在案件数量快速增加、办案人手少的情况下,应严格依法履职,保护市场公平竞争,维护消费者利益。

一是重点查办具有排除限制竞争效果的案件。商务部重点审查了百威英博收购英国南非米勒案、联邦快递收购天地国际快递案、鸿海收购夏普案、中远收购中海案、泛林收购科天案、宝钢收购武钢案、辉瑞收购艾尔健案、雅培收购圣犹达医疗股权案等多起重要案件。对具有排除限制竞争效果的案件,依法禁止或者附加限制性条件,防止并购对相关市场竞争和消费者利益造成不利影响。附条件批准百威英博收购英国南非米勒股权,该收购将增强百威英博在中国啤酒市场的控制力,提高市场进入壁垒,损害下游经销商利益。商务部在审查决定中要求百威英博和南非米勒剥离南非米勒持有的华润雪花啤酒公司 49% 的股权,维护了我国啤酒市场的公平竞争和消费者利益。附加限制性条件批准雅培收购圣犹达股权,该收购将增强雅培公司在中国小腔血管闭合器市场的控制力,损害消费者利益。商务部在审查决定中要求雅培和圣犹达剥离圣犹达的小腔血管闭合器业务,维护了

我国小腔血管闭合器市场的公平竞争和消费者利益。重点审查泛林收购科天案,此项收购将使泛林公司成为全球最大的半导体设备制造企业,可能对我国半导体制造设备市场造成排除限制竞争影响;向申报方提出竞争关注,并要求其提出解决措施,当事方放弃交易,避免了对我国半导体制造设备市场竞争可能造成的不利影响。

二是加强未依法申报查处和附条件案件监督执行。未依法申报案件查处和附条件案件监督执行是保障法律权威和实施效果的重要抓手。首先要加强未依法申报案件查处。对北京北车与日立制作所设立合营企业案、庞巴迪瑞典与新誉集团设立合营企业案、大得控股收购吉林四长50%股权案、大陆汽车与华域汽车设立合营企业案、中山大洋收购北京佩特来股权案5个案件作出处罚,维护了反垄断法的权威。做好商务系统《反垄断法》宣传培训,指导国内企业依法进行经营者集中申报,提高了企业的反垄断法律意识。其次要做好附条件案件监督执行。对沃尔玛收购纽海控股等案件的限制性条件进行解除或变更,确保监督执行符合市场实际情况。保证《反垄断法》实施以来附条件批准的19起案件审查决定得到切实遵守,确保市场竞争得到有效维护。

(三)加强执法机制建设,提高审查质量和效率

随着案件数量快速增长,审查效率受到制约。商务部着力完善工作机制,推动执法高效化、审查专业化、流程制度化、申报便利化和执法透明化,不断提高审查质量和效率。一是推进执法高效化。通过科学调配执法资源,推行案件繁简分流,严格规范审查复杂案件,依法快速审查简易案件,案件审查效率显著提高。2016年,初步审查阶段(30天内)审结案件324件,占全部案件的82%,较2015年增长8个百分点。简易申报占全部申报的76%,按照简易案件立案的案件超过98.6%在初步审查阶段审结。有效降低了企业交易成本。二是推动审查专业化。在大案要案审查过程中,重视提高审查工作的专业化水平,充分运用书面审查、实地调研、法律分析和经济分析等手段,保证了审查结论的科学性和有效性,提高了审查质量。在部分大案要案审查中引入了第三方经济咨询机构,为案件审查提供科学论证。

三是促进流程制度化。在经营者集中申报、立案、审查、征求意见、附条件监督执行和未依法申报查处等环节制定了一系列内部工作规则,强化了审查工作内部流程控制,细化了裁量标准,提高了执法规范化水平。四是促进申报便利化。针对部分企业不了解经营者集中审查制度的问题,接受企业咨询,提供立案前商谈服务,指导企业做好申报工作。解决立案环节时间过长的问题,做到5 日内一次书面告知申请人需要补充的全部材料。五是加强执法透明化。利用政务信息平台,公示全部简易案件信息,公布 2 件附条件批准决定和 5 件未依法申报处罚决定,按季度公布无条件批准案件基本信息,满足当事人知情权,自觉接受社会监督。

(四)促进对外交流,加强国际执法合作

随着经济全球化和企业竞争的国际化,反垄断的国际性特征日益明显。商务部适应反垄断国际化新趋势,不断提升国际合作水平。一是深化双边合作。举行"第三次中美反垄断高层对话",开展中欧竞争政策对话,增强了与美欧在反垄断领域的互信。参加中美经济对话、商贸联委会等竞争政策议题谈判,取得积极成果。与日本公正交易委员会签署反垄断合作备忘录。加强执法合作,与美国、德国、加拿大、南非、奥地利以及欧盟等国家和地区的竞争机构就十余起重大跨国并购案件开展执法合作,共同维护国际市场竞争。与美欧工商界开展对话,主动回应企业关注,增信释疑。二是推动区域合作。签署金砖国家反垄断备忘录,推动区域全面经济合作伙伴关系协定、中日韩、中国和格鲁吉亚、中国和新加坡等自贸协定竞争政策议题谈判,推动各方合作应对国际贸易和投资中的垄断行为,促进区域和双边经贸关系发展。三是参加多边竞争交流。参加世界贸易组织(WTO)、经济合作组织(OECD)、联合国贸发会(UNCTAD)等国际组织召开的国际竞争会议,宣传我国反垄断执法成果,增强外界对中国反垄断立法和执法的了解。四是指导企业海外反垄断应诉。在美国维生素 C 案、航空货运反垄断案等案件中,针对企业对国外反垄断规则不熟悉的情况,指导企业做好应诉工作。华北制药等企业合理运用国外反垄断规则维护自身合法权益,2016 年 9 月在美国法院胜诉,避免了 1.5 亿美元的罚款。加强对国内企业反垄断培训,增强企业海外经营的反垄断法律意识。

（五）加强统筹协调，做好委员会办公室工作

国务院反垄断委员会办公室根据委员会统一部署，与执法机构通力合作，在成员单位支持下，工作取得积极成效。一是组织召开委员会第六次全体会议。汪洋副总理出席会议并发表重要讲话，分析了反垄断执法面临的形势，并对下一步工作作出部署。二是推进反垄断指南起草。会同有关部门推进《关于禁止滥用知识产权排除、限制竞争行为的反垄断指南》《反垄断案件经营者承诺指南》《关于汽车业的反垄断指南》等6项反垄断指南起草工作。三是加强市场竞争状况评估和数据库建设。推进中国市场总体竞争状况评估，完成电力、互联网行业市场竞争状况评估研究，在现有41个工业行业市场竞争数据基础上，新建钢铁等6个行业市场竞争数据，为反垄断执法提供数据支持。四是加强反垄断法宣传培训。支持专家咨询组举办第五届"中国竞争政策论坛"，宣传中国反垄断立法和执法工作。强化竞争倡导，联合国资委与全国工商联举办《反垄断法》培训班，约150名企业代表参加培训，提高企业反垄断法律意识。

二、适应新常态，准确把握反垄断工作面临的新形势

2017年是实施"十三五"规划的重要一年，是供给侧结构性改革的深化之年，我国经济发展内外环境正在发生深刻复杂的变化，反垄断工作面临一些新情况和新问题，需要主动适应经济新常态，推动建设统一开放、竞争有序的市场体系，促进经济平稳健康发展。

（一）供给侧结构性改革对反垄断执法提出更高要求

2016年中央经济工作会议强调，解决我国经济运行面临的突出矛盾和问题，需要继续深化供给侧结构性改革，根本途径是完善市场在资源配置中的决定性作用的体制机制，打破垄断，使价格机制真正引导资源配置。有效推进供给侧结构性改革，要求进一步加强反垄断执法，有效破除阻碍市场机制有效发挥作用的垄断行为，维护市场公平竞争，使优质企业在公平竞争中发展壮大，让缺乏竞争力的企业退出市场，切实提高资源配置的效率。

(二)推动开放发展要求反垄断维护国家经济安全

随着我国对外开放水平进一步提高,推进"一带一路"建设,国际国内市场深度融合,国际垄断行为对我国市场负面影响加深,要求加强反垄断执法,防止国际垄断行为对我国经济健康发展造成不利影响。国际垄断行为的跨国性特征同时要求我国与相关司法辖区加强合作,共同维护国际市场竞争秩序。

(三)企业竞争全球化要求参与国际竞争规则制定

当前全球贸易投资低迷,"逆全球化"趋势有所抬头,反垄断可能成为部分国家和地区借重的新保护主义措施。我国企业深度参与国际市场竞争,要求参与国际竞争规则制定,运用竞争规则维护国际贸易和投资自由化,营造全球范围公平竞争的市场环境。

(四)重大复杂案件增多要求加强执法能力建设

反垄断执法专业性和技术性强,执法人员除了要具备反垄断专业知识外,还要了解企业和行业发展状况。目前经营者集中案件数量大幅增长,重大并购不断涌现,交易结构和竞争影响更趋复杂,要求进一步加强执法队伍和能力建设,增强反垄断审查工作的专业化程度,提高执法质量和水平。

(五)互联网等新经济行业给反垄断执法带来挑战

反垄断法形成于实体经济时代,面对以互联网为代表的新经济行业的动态竞争、跨界竞争和创新竞争等特点,无法照搬传统产业的评估方法,需要创新审查思路,处理好鼓励创新与保护竞争的关系,为新经济行业营造公平竞争的发展环境。

三、贯彻新发展理念,推动反垄断工作再上新台阶

2017年是实施"十三五"规划的重要一年,是供给侧结构性改革的深化之年。商务部将进一步适应经济新常态,贯彻新发展理念,强化能力建设,加强市场监管,扩大国际合作,推动反垄断工作取得更大成效。

(一)加强配套立法,完善制度体系

健全反垄断法律规则体系,尽快完成《经营者集中审查办法》修订,推动

《反垄断法》修订研究工作，做好重点难点问题的前期研究，注重加强立法透明度，立法过程中广泛征求各方意见，提高立法质量。加强审查机制建设，完善审查工作规则，提高审查工作的规范化水平。

（二）抓好案件审查，服务经济发展

密切关注并购市场新动向，打好“攻坚战”，对排除限制竞争的并购依法禁止或附加限制性条件，为振兴实体经济服务。坚持执法与服务并重，不断提高服务工作水平。协调反垄断执法与产业政策的关系，为中小企业公平参与市场竞争创造条件。

（三）强化能力建设，提高执法水平

全面推进依法行政各项要求，规范审查程序，加快立案速度，提高申报和审查效率。推进严格公正文明规范执法，保障当事人的各项权利和商业秘密，继续增强执法透明度，提高服务工作水平。加强执法队伍专业化建设，增强案件审查的精细化与专业化，不断提高执法水平。

（四）促进对外交流，深化国际合作

深化双边合作，拓展反垄断合作机制，推进执法合作，提高合作水平。积极参与制定国际竞争规则，推动区域和双边自贸协定竞争议题谈判。指导企业海外反垄断应诉，做好反垄断对外宣传，加强与企业务实对话。

（五）加强统筹协调，发挥委员会办公室作用

继续推动《关于禁止滥用知识产权排除、限制竞争行为的反垄断指南》等6项指南尽快出台。做好重点行业市场竞争状况动态评估和数据库建设，支持专家咨询组工作，更好地为反垄断执法提供支撑。继续开展反垄断法宣传培训，提高全社会的反垄断法律意识，厚植竞争文化土壤。

2016年国家发展改革委竞争政策与反垄断工作情况

张汉东*

2016年以来，国家发展和改革委员会（以下简称国家发展改革委）大力实施竞争政策，推动出台公平竞争审查制度，积极开展反垄断执法，促进完善反垄断法律制度，各项工作取得了新的进展，有力地维护了公平竞争的市场秩序，为深入推进供给侧结构性改革，促进经济健康发展发挥了积极的作用。

一、推动出台和组织实施公平竞争审查制度

建立公平竞争审查制度是党中央、国务院深化经济体制改革的一项重要决策。2015年以来，按照党中央、国务院的决策部署，国家发展改革委会同国务院法制办、商务部、国家工商总局等部门着手研究建立公平竞争审查制度。2016年4月18日，习近平总书记主持召开中央深改组第二十三次会议，审议通过了国家发展改革委上报的公平竞争审查制度送审稿。2016年6月1日，国务院印发《关于在市场体系建设中建立公平竞争审查制度的意见》（国发〔2016〕34号），从审查对象、审查方式、审查标准、保障机制等方面，对建立和实施公平竞争审查制度作出全面部署。这一制度的核心要求是，政府部门在制定涉及经济活动的政策措施时，必须严格对照标准进行

* 张汉东，国家发展改革委价监局局长。

审查，评估对市场竞争的影响，防止出台排除、限制竞争的政策措施。这是我国继 2007 年颁布《反垄断法》后，再一次就公平竞争问题作出的重大制度性安排，是确立竞争政策基础性地位迈出的关键一步，对保障市场在资源配置中起决定性作用和更好发挥政府作用具有重大而深远的意义，对当前深入推进供给侧结构性改革、保持经济平稳增长也具有非常重要的现实意义。

文件印发后，国家发展改革委会同有关部门积极行动，推动公平竞争审查制度有效实施。一是加强政策宣传解读。国家发展改革委副主任胡祖才在国新办召开专题发布会，全面解读制度并答记者问。在国家行政学院面向中高级领导干部作专题报告；在人民日报、中央电视台等媒体发表评论文章、播发专题节目；组织召开一系列研讨会、培训班等。一系列宣传解读活动，使社会各方面更加深入理解了公平竞争审查制度，为制度落实创造了良好的舆论环境。二是在全国率先建立公平竞争审查内部工作程序，明确各司局自行审查、法规司和价监局分头把关的机制，并在公文办理系统中增加"公平竞争审查"选项，要求相关司局在起草上报政策文件时就审查情况作出说明，为各部门和地区开展审查提供了示范和参考。目前国家发展改革委各司局均严格按照要求，对拟出台政策措施进行公平竞争审查。三是推动建立由 28 个部门参加的部际联席会议制度，统筹协调制度实施。目前相关文件已上报国务院。四是会同商务部、国家工商总局等部门开展覆盖 31 个省份的专题调研，广泛函请国务院各部门提供落实公平竞争审查制度情况，督导地方、部门贯彻落实制度，推动制度尽快落地生根、发挥作用。五是积极开展课题研究，邀请国内外专家和国家发展改革委宏观院等科研院所开展课题研究，进一步完善公平竞争审查制度。

二、积极开展反垄断执法，实现执法常态化

2016 年以来，国家发展改革委和省级价格主管部门继续加大反垄断执法力度，依法查处各类价格垄断案件十余起，保持了良好的执法态势，基本实现了执法常态化。

(一)加强对医药行业的反垄断监管

国家发展改革委依法查处了美敦力公司限制医疗器械转售价格行为,处以 1.18 亿元罚款。对 5 家别嘌醇片企业、3 家艾司唑仑原料药和片剂企业联合涨价、分割市场、串通投标行为分别处以 400 万元、260 万元罚款。别嘌醇片和艾司唑仑均属于基本药物和低价药,这两个案件的查处有效地稳定了相关药品价格,维护了中低收入患者的权益,得到了国务院领导的高度肯定。江苏省物价局查处了连云港恒贸、灌云金安、拜尔特等 5 家化工企业及 1 家销售企业实施的氯代苯酚原材料卡特尔行为,处以 381 万元罚款。在个案查处的基础上,国家发展改革委会同有关部门,在全国组织开展了药品价格专项检查,加强对原料药市场的监管,切实维护医药行业的公平竞争秩序。

(二)查处公用事业领域价格垄断行为

在国家发展改革委指导下,湖北省物价局依法查处了 5 家天然气公司滥用市场支配地位,以不公平高价销售商品的行为,共处罚款 295 万元。吉林省价监局查处了吉化集团信息网络技术有限公司滥用宽带业务市场支配地位案,处以 296 万元罚款。

(三)加强消费品领域反垄断执法

在国家发展改革委指导下,上海市物价局依法查处 3 家海尔电器销售公司、上海韩泰轮胎销售公司限制最低转售价格行为,分别处以 1234 万元、217 万元罚款。陕西省物价局依法查处陕西机动车检测协会在机动车检测收费标准放开后,组织 31 家机动车检测机构串通涨价行为,处以 577 万元罚款,维护了消费者合法权益,也保障了价格机制改革的顺利推进。

(四)进一步查处行政垄断行为

自 2016 年以来,国家发展改革委进一步加大行政垄断查处力度,与公平竞争审查制度密切配合,形成规范政府行为的强大合力。对新建居民住宅小区供配电设施建设管理中存在的"统一建设、统一收费"问题进行调查,督促 12 个省级政府部门对照《反垄断法》和公平竞争审查制度调整相关政策。对上海市交通委组织 9 家游船企业实施价格垄断协议、深圳市教育局在校服招标中引导企业实施价格垄断协议、北京市住建委发文引导建筑企业实施垄断协议等依法开展调查,纠正相关违法行为,维护相关市场的公平竞争秩序。

为提高办案质量和效率,国家发展改革委高度重视执法能力建设,不断加大业务培训力度。2016 年与中国政法大学合作,对全系统 200 名业务骨干,分两期进行了一个月的业务培训,邀请国内外专家和执法官员系统授课,提高整个价监系统的业务素养和办案能力。选派业务骨干赴欧洲学院、英国伦敦大学、美国乔治梅森大学等机构参加反垄断培训,学习借鉴域外先进经验,进一步提升执法水平。

三、扎实推进反垄断指南起草工作

按照国务院反垄断委员会的统一部署,自 2015 年以来,国家发展改革委承担了 6 部反垄断指南的起草工作。在起草过程中,始终坚持开门立法、公开透明原则,综合考虑各方利益诉求,保障反垄断指南起草质量。每一部指南都委托专家、学者进行专项课题研究。通过向社会公开征求意见、召开专题研讨会、书面征求意见等形式,广泛听取国内外企业、协会、律师、科研院校、专家学者、执法机构以及其他反垄断委员会成员单位和地方执法机构的意见,并根据各界反馈的意见对反垄断指南进行修改完善。

目前,各项指南起草工作已接近尾声。《关于滥用知识产权的反垄断指南》已提交反垄断委员会办公室进行统稿。《反垄断案件经营者承诺指南》《横向垄断协议案件宽大制度适用指南》《关于汽车业的反垄断指南》《关于垄断协议豁免的一般性条件和程序的指南》已进入会签程序,正在与有关部门作进一步沟通。《关于认定经营者垄断行为违法所得和确定罚款的指南》即将组织各成员单位会签。以上 6 部指南的出台,将为经营者提供更加明确的法律预期,为执法机构提供更加具体的指导,提高反垄断执法的规范化、精细化水平。

四、深化反垄断国际合作交流

2016 年,国家发展改革委继续深化反垄断国际合作交流,合作的广度、深度都得到进一步提升。一是合作层次不断提高。赴美国开展中美反垄断高层对话(部长级),赴日本、新加坡开展司局级交流活动,接待欧盟、美国、加拿大、新加坡、中国香港等国家和地区的反垄断执法机构高访团,参加圣彼得堡国际法律论坛、美国律师协会反垄断年会、国际反托拉斯年会、亚洲竞争理事会等一系列高级别国际会议。二是合作范围不断拓展。与日本、加拿大以及金砖五国、欧亚经济联盟竞争主管机构签署合作谅解备忘录。目前与国家发展改革委签署备忘录的执法机构已达 11 个。积极参加中美战略经济对话、中美商贸联委会竞争议题谈判,打掉对方强加于我方的不合理承诺,维护了国家利益。深度参与区域全面经济伙伴关系协定(RCEP)和中格、中新、中日韩、中国欧亚经济联盟等自贸协定竞争章节谈判,在国际竞争规则制定和实施中争取话语权和主动权。三是合作深度不断提升。在继续加强信息交流、技术合作的同时,深入研究国际卡特尔的联合执法问题,探索建立公平竞争审查国际合作机制。一系列积极有效的国际合作交流,体现了我国竞争政策和反垄断执法的最新进展,展示了我国反垄断执法机构的良好形象,促进了执法能力和水平的进一步提升。

五、下一步工作展望

下一步,国家发展改革委将继续深入贯彻十八届三中、四中、五中和六中全会精神,全面落实公平竞争审查制度,加强反垄断执法,推动实施竞争政策,更好地服务于供给侧结构性改革,促进经济持续健康发展。

(一)全面落实公平竞争审查制度

公平竞争审查是一项益当前、利长远的制度,关键要抓好落实。要继续加强宣传培训,深化各级领导干部对制度的认知。强化督导检查,督促各部门、各地区狠抓落实。研究制定实施细则,细化审查标准、明确审查机制。严格考核问责,通报落实不力的部门和地区,追究相关责任人责任,坚决防止出台新的排除限制竞争的政策措施。

（二）继续加强反垄断执法

保持高压执法态势，扎实推进重大垄断案件的查办。严厉查处行政垄断行为，与公平竞争审查制度密切配合，形成规范政府行为的强大合力。调动地方执法机构积极性，加快形成上下联动、统一高效的执法机制。加强业务培训，提高执法效能，保障执法工作顺利有效开展。

（三）推进完善市场竞争规则

推动6部反垄断指南尽快出台。推动修订《反垄断法》，研究公平竞争审查制度法治化路径。对社会关注度高、垄断行为多发的行业研究制定专项指南，进一步明确竞争规则，增强经营者的法律预期。

（四）进一步深化国际合作

继续拓展合作范围，与世界主要竞争主管机构建立健全长效合作机制，加强信息交流，掌握全球反垄断新动态。丰富合作方式，挖掘合作新空间，探索建立公平竞争审查、国际卡特尔联合执法等专项合作机制，推动国际合作向纵深发展，提高国际合作的针对性、有效性。积极参与各类国际会议、竞争议题谈判，学习借鉴先进经验，全面介绍我国执法进展，在国际反垄断规则体系中争取更多的话语权和主动权，营造有利于推动反垄断工作的国际舆论环境。

（五）不断强化竞争倡导

加强法律法规宣传，加大典型案件曝光，创新宣传手段和方式，进一步提供社会各方面对公平竞争审查制度和《反垄断法》的理解和认识。大力弘扬竞争文化，促进“竞争有益经济”的理念深入人心，在全社会培育形成维护竞争机制、遵守竞争法律、尊重竞争规则的良好氛围。

关注民生服务大局
工商部门竞争执法工作取得新进展

任爱荣*

2016年，全国工商、市场监管部门服务改革发展大局，关注民生和社会热点，在进一步深化商事制度改革，激发市场主体活力的同时，围绕营造公平竞争的市场环境，不断加强事中、事后监管，积极探索创新监管执法机制和方式，高度重视并积极推动公平竞争审查制度出台，集中力量查处了一批严重损害公平竞争秩序的垄断案件和不正当竞争案件，对打破地方保护和行业垄断，维护公平竞争市场秩序和保护消费者权益发挥了重要作用。

一、不断深化反垄断执法和反不正当竞争执法工作

（一）竞争执法再上新台阶

2016年，工商部门继续加大竞争执法力度，促进市场主体在竞争中规范健康发展。

第一，在大案要案的执法工作方面取得突破。经过持续四年多的全面深入调查，国家工商行政管理总局（以下简称工商总局）对利乐滥用市场支配地位案件依法作出行政处罚，要求当事人停止违法行为，共处罚款6.67亿元。处罚决定公布后，利乐公司发表声明表示，在案件调查过程中与工商总局进行了富有建设性的讨论，决定接受处罚，不提起上诉，同时将进一步采

---

* 任爱荣，国家工商行政管理总局反垄断与反不正当竞争执法局局长。

取措施确保合规,一如既往致力于在中国市场发展。

利乐案在工商部门规制滥用市场支配地位行为方面具有示范性,是反垄断法律精神的体现和实践,也是一种积极的竞争倡导。在整个办案过程中,工商总局严格依法行政,按照法律程序开展调查,注重程序正义,充分尊重当事人陈述、申辩的权利,确保执法的公平公正。同时,注重发挥法律、经济领域行业专家的专业作用。例如,在市场份额和有关收入、成本和忠诚折扣的计算上,采纳了经济学家的意见和分析模型。

实务界、学界、国内外媒体以及广大消费者都对案件表现出极大的关注,对案件查处情况也普遍予以积极评价。利乐案的查处制止了垄断企业违法行为,打破了原本被封锁的市场领域,增加了有效供给,维护了行业竞争秩序,保护了消费者利益,为众多中小企业积极营造了公平竞争、共同发展的良好营商环境。

同时,工商总局继续稳步推进微软案调查工作。

第二,加强对地方工商部门反垄断执法工作的支持和指导,注重典型案件的查处和经验总结,不断提升执法效能。今年新授权省级工商机关立案查处涉嫌垄断行为案件 14 件,其中涉嫌垄断协议案件 4 件,涉嫌滥用市场支配案件 10 件,涉及行业包括医药、烟草、保险、石油、燃气、供电、计算机软件、家居建材、电信、广播电视等民生领域;结案 9 件,其中垄断协议案件 3 件,滥用市场支配地位案件 6 件。《反垄断法》实施 8 年来,工商机关共立案查处涉嫌垄断案件 72 件,其中涉嫌垄断协议案件 35 件,涉嫌滥用市场支配地位案件 37 件;结案 37 件,中止调查 5 件。相关案件的处罚决定书均在工商总局网站竞争执法公告栏目进行公布。此外,对收到的 50 余件举报投诉进行认真处理,对其中 45 起涉嫌构成垄断行为的案件线索转至相关地方作进一步核查。为不断提高反垄断执法工作效能,结合相关投诉举报及案件查办工作,对互联网、水、电、燃气、医药、医疗器械、建材、保险等领域反映出的突出问题同相关主管部门和行业协会积极沟通联系,提高其对《反垄断法》的认识,并加强指导行业、企业积极整改,合规经营。反不正当竞争方面,截至 2016 年前三季度,全国工商和市场监管部门共查处各类不正当竞争案件

16,901件,案值10.8亿元,罚没金额3.8亿元。

(二)集中整治公用企业限制竞争和垄断行为突出问题专项行动成效显著

工商部门从自身职能出发,积极推动供给侧结构性改革,促进降低企业政策性生产成本。2016年4月至10月,组织开展了集中整治公用企业限制竞争和垄断行为突出问题专项行动,严厉查处供水、供电、供气、公共交通、殡葬等行业滥收费用、强制交易等行为。据不完全统计,截至2016年10月底,全国各级工商机关和市场监管部门依据《反不正当竞争法》已立案1267件,结案585件,案值19亿元,罚没金额1.67亿元,督导公用企业退赔多收费用及减少经营者、消费者损失逾4.7亿元。专项整治中,各地工商、市场监管部门坚持指导、规范、查处多措并举,部分破除了公用企业的行业壁垒,维护了百姓权益、减轻了企业负担、提升了政府形象,得到了社会的广泛关注和高度赞同。

二、强化竞争倡导,推动公平竞争审查制度出台和实施

根据国务院深化改革重点工作部署,工商总局与发展改革委等部门密切配合,深入探索公平竞争审查制度的科学性、时效性和可操作性,就审查对象、审查方式、审查标准、实施步骤等进行反复沟通和研究,推动《国务院关于在市场体系建设中建立公平竞争审查制度的意见》(以下简称《意见》)于2016年6月出台,对进一步建立全国统一市场、打破地方保护及行业壁垒、维护公平竞争的市场秩序发挥了重要作用。

公平竞争审查制度的建立有助于解决经济发展中的不平衡、不协调、不可持续问题。一是有助于提高要素使用效率,推动经济持续增长。中国经济发展新动能孕育的过程是要素效率改善的过程。破除地方保护和行业壁垒,降低企业制度性交易成本,能够促进要素自由流动,激活经济发展内生动力。二是有助于落实创新驱动发展战略。经济增长是一个“动态创新”的过程,激励创新需要公平竞争的市场环境,这对激发市场主体的积极性和创造性,促进大众创业、万众创新具有重要意义。三是有助于完成“三去一降

一补”，推进供给侧结构性改革。过剩产能消化不畅，“僵尸企业”僵而不死，症结在于缺乏有效的市场竞争，从而导致价格信号失灵、市场无法自动出清。遵循市场规律，实现优胜劣汰，能够缩小供需失衡、淘汰过剩产能、提质增效。

作为指导《意见》实施的牵头部门之一，工商部门依法查处行政机关和法律、法规授权的具有管理公共事务职能的组织滥用行政权力排除、限制竞争案件，推动公平竞争审查制度有序实施。积极配合有关单位，研究制定工作机制和实施细则，开展对各省市公平竞争审查制度落实情况的联合调研，多次与政府部门、行业协会和企业代表进行座谈，宣传《意见》精神，听取意见和建议。积极面向系统内部、国内外政府部门及机构、高校、企业介绍我国反垄断制度及工商机关最新执法进展，深入进行竞争政策解读和宣传。

三、进一步完善竞争法律制度

（一）积极开展反垄断立法工作

根据国务院反垄断委员会立法计划，工商总局积极开展相关指南的起草论证工作。一是组织起草关于知识产权方面的反垄断执法指南。在工商部门规制滥用知识产权规章的基础上，结合国内外知识产权领域的最新发展，通过召开座谈会、组织专题研讨、公开征求意见等方式，向22个国务院有关部门、全国省级工商局、欧美企业及商会、反垄断律师事务所、知识产权密集型企业、反垄断法学者和经济学学者、社会公众等征求意见，共收到意见及建议800余条。在充分研究各方意见的基础上，反复论证，草拟了《关于滥用知识产权的反垄断指南（建议稿）》，于2016年4月报送国务院反垄断委员会办公室。二是积极配合其他部门，对反垄断委员会的其他5部指南研讨提意见、建议，多次进行沟通研讨，推动指南起草工作有效开展。

（二）进一步推动《反不正当竞争法》修订工作

继2015年年底将《〈反不正当竞争法〉修订草案送审稿》报送国务院法制办后，工商总局积极配合法制办做好公开征集意见的整理。借助高校专家团队进行修法重点难点问题论证，以相关条款为主题形成了9份参阅资料,为进一步修订完善相关条款提供理论和实践支撑。积极参加有关部门、企业、行业协会、高校举办的多次研讨会,听取多方意见,解释修法目的,宣传修法理念,引导修法社会舆论导向,推动修订草案通过国务院常务会议审议。

四、加强重难点问题研究,提升系统执法能力

针对反垄断工作中的重难点问题,认真开展各项课题研究。

第一,就社会普遍关注的互联网垄断问题,开展互联网领域的反垄断问题调研,了解行业竞争状况,形成调研报告,对互联网领域的反垄断执法提出初步建议。同时,组织开展“互联网领域反垄断相关问题研究——以滥用市场支配地位行为为视角”课题研究。

第二,在2015年度开展的“汽车行业纵向垄断协议问题研究”课题研究成果的基础上,与清华大学竞争法与产业促进研究中心及中国汽车技术研究中心合作,两次召开汽车行业竞争法律问题研讨会,与参会的专家学者和企业代表就汽车行业反垄断法律规制的相关问题进行交流和探讨,探索汽车行业反垄断执法新思路和新方法。

第三,在查办一系列医药领域垄断案件的基础上,组织专家学者对案件相关的法律问题进行研讨,并且针对近年来医药领域频繁出现的垄断问题,组织开展了“中国医药行业市场竞争状况及反垄断规制研究”课题的工作。

第四,举办全国工商行政管理、市场监督管理部门反垄断执法工作骨干培训班、两期反不正当竞争典型案例培训班,邀请国内外专家和执法人员授课,研究探索解决工作中的重点难点问题,着力培养适应新形势、新要求的执法人才。开展反不正当竞争案例巡讲,共组织包括各地机关办案人员和知识产权法院法官在内的22名巡讲人员赴海南、四川、湖北、河北、吉林、山东、青海、云南等10个省、市巡讲,交流办案经验、讲授相关法律知识,听讲人员千余名。案例涉及仿冒、公用企业限制竞争、商业贿赂、虚假宣传、网络不正当竞争等领域,受到广大听讲人员的欢迎。

五、进一步深化国际交流与合作

（一）举办国际研讨会，组织执法骨干赴境外培训

工商总局组织举办了第十二届、第十三届“中欧竞争政策周”活动，与会代表充分交流经验，探讨相关问题，拓宽了工商、市场监管部门执法人员的眼界。组织八省竞争执法骨干赴比利时参加中欧新的伙伴关系项目框架下反垄断专题培训。

（二）参加国际谈判、磋商，参与国际竞争规则制定

参与区域全面经济伙伴关系（RCEP）、中国—格鲁吉亚、中国—新加坡升级、中国—海合会等自贸协定竞争章节的多轮谈判及案文审定工作。参与第八轮中美战略与经济对话、第二十七届中美商贸联委会竞争议题的多次磋商，落实2014年、2015年有关成果。配合完成世贸组织对华第六次贸易政策审议。

（三）参加双边、多边合作及有关国际会议

参加第三轮中美反垄断执法机构高层对话和工作层会议，赴俄罗斯参加第六届圣彼得堡国际法律论坛活动，会同国家发展改革委、商务部与金砖国家竞争机构代表签署《竞争法律与政策领域合作谅解备忘录》，与俄罗斯联邦反垄断局共同签署《关于纪念〈中华人民共和国政府和俄罗斯联邦政府关于反不正当竞争与反垄断领域合作交流协定〉签署20周年的联合声明》。派员参加多个反垄断国际研讨会并发言，包括经合组织韩国竞争政策中心举办的关于滥用市场支配地位和单方行为竞争法律研讨会、与越南竞争局共同举办的“建设卡特尔执法”研讨会、美国福特汉姆大学和美国乔治华盛顿大学共同主办的“亚洲反垄断法的未来”研讨会、《全球竞争法评论》举办的第五届亚太年度法律领导人会议等，对工商机关反垄断执法工作进行广泛宣传。

此外，工商总局还接待了欧盟竞争总司、香港竞争委员会、新加坡竞争局、加拿大竞争委员会、日本公平交易委员会等竞争执法机构和苹果公司、年利达律师事务所、美国知识产权人协会的工作来访，就反垄断执法最新动

向展开交流和讨论。

六、下一步工作计划

2017 年,工商总局将以服务民生为导向,充分发挥竞争政策的基础性作用,积极推进公平竞争审查制度的实施,通过不断加大反垄断和反不正当竞争执法力度,开展竞争倡导,增强执法部门、行业监管部门及涉案行业企业、组织和个人在竞争合规上的共识,积极推进一些行业在竞争中规范健康发展,使竞争政策的理念在市场主体生产经营和社会运行中不断深化。进一步强化调查研究工作,积极参与立法和相关规则的制定,参与竞争领域国际合作和交流,不断提升竞争执法工作水平。

第一,继续推进反垄断执法工作全面开展。继续关注和研究重点领域与新兴行业的竞争问题,积极探索反垄断执法新思路和新方法,继续做好重大垄断案件的调查处理工作,加强对与民生关系密切行业领域中限制、排除竞争行为的立案查处工作,开展制止滥用行政权力限制、排除竞争行为工作,打破地区封锁和行业垄断。加强对已授权案件的跟踪和指导,积极推动尚未查办垄断案件的省市开展反垄断执法工作。

第二,积极推进公平竞争审查制度实施。依据职责,继续配合国家发展改革委等部门研究起草相关实施细则、建立公平竞争审查制度工作机制,保障制度有效实施。

第三,持续加大对公用企业突出问题的查处力度,推动相关行业规范发展。及时梳理发现、查处主要问题,强化行政指导,深入推进公用企业问题的整改,杜绝被查处企业屡查屡犯、边查边犯的现象。

第四,积极参与立法和相关规则的制定。针对新情况、新问题,加强调查研究工作。配合国务院法制办推进《反不正当竞争法》修订工作。配合反垄断委员会做好《关于滥用知识产权的反垄断执法指南》等相关反垄断指南的研究制定工作,推动反垄断指南的出台。进一步完善办案程序、规范执法行为。

第一章　中国竞争法律与政策制定及竞争合作的最新发展*

第一节　竞争法律和政策制定的最新发展概要

2016 年，我国《反垄断法》实施已八年有余。《反垄断法》实施正步入常态化，我国反垄断事业不断呈现出新发展、新趋势和新特点：

首先，不断完善竞争法制度体系，并推进相关法律法规的制定与修订工作。随着市场经济的发展、执法经验的积累，我国适时启动《反不正当竞争法》修订工作有利于解决现行法律滞后性的问题以及法律间的交叉、冲突所带来的弊端，确保立法的预见性和有效性，更好地发挥法律的指示作用。与此同时，针对反垄断执法中存在的制度依据不明确、缺乏可操作性等问题，相关部门启动了《关于滥用市场知识产权的反垄断指南（征求意见稿）》《横向垄断协议案件宽大制度适用指南（征求意见稿）》《关于汽车业的反垄断指南（征求意见稿）》等 6 部反垄断指南的起草工作，并公开意见稿向社会征求意见。这有利于进一步提高反垄断执法的透明度和可预见性，增强法律确定性，稳定市场主体法律预期，降低经营者合规成本。

其次，逐步确立竞争政策的基础性地位，并建立公平竞争审查制度。2015 年，《中共中央、国务院关于推进价格机制改革的若干意见》（中发〔2015〕28 号）明确指出，“逐步确立竞争政策的基础性地位”“加快建立竞争

---

* 本章撰写人为黄勇、任婉荞。黄勇，对外经济贸易大学竞争法中心主任、法学院教授、博士生导师、国务院反垄断委员会专家咨询组成员；任婉荞，对外经济贸易大学法学院博士研究生。

政策与产业、投资等政策的协调机制”。2016 年 6 月,国务院出台的《关于在市场体系建设中建立公平竞争审查制度的意见》(国发〔2016〕34 号)要求部署公平竞争审查工作。在深化供给侧结构性改革这一大背景下,竞争政策与公平竞争审查制度有助于推动管制放松,进一步破除行政性垄断,正确处理市场与政府之间的关系,从而发挥市场在资源配置中的决定性作用。

最后,竞争执法机构的国际交流与合作更加广泛而务实。2016 年,我国竞争执法机构积极参与全球竞争法律与政策方面实施与研究交流活动,将我国最新执法活动和研究成果介绍给世界同行。与此同时,国家发展改革委、商务部、工商总局反垄断执法局加强了与其他反垄断国家或地区的执法合作和经验交流,积极参与到全球反垄断事业之中,宣传中国竞争法精神和制度要求,赢得同行尊重,获得同行好评。

第二节　竞争法律方面的新发展

一、《反不正当竞争法(修订草案送审稿)》公开征求建议

《反不正当竞争法》和《反垄断法》是我国竞争法的重要组成部分,是建设社会主义市场经济的法制保障。1993 年出台的《反不正当竞争法》肩负“扼制市场上出现的各种不正当竞争行为,保护经营者和消费者的合法权益,鼓励并保护公平竞争,保障社会主义市场经济健康发展”的重要使命。在内容上,该法采用了《巴黎公约》对于竞争原则和不正当竞争行为的规定,并以较为抽象的条文,对市场上所有可能出现不正当竞争行为和部分垄断行为进行概括性规制。可以说,我国《反不正当竞争法》反映了界定一般市场竞争行为的标准和要求,具备灵活的适用性、较高的概括性以及充分的预见性。高度的抽象性保证了法律调整范围、调整对象的全面性,但是由此也造成了法的不确定性;同时,在过去的 20 多年里,我国经济快速发展、科技水平不断提高、产业创新能力不断加强,现行《反不正当竞争法》已无法有效规制新出现的不正当竞争行为。此外,随着我国法律体系完善与更新,《反不正当竞争法》《反垄断法》《商标法》《广告法》等出现了交叉重叠,给法律适

用平添了许多负担，这集中体现在“垄断行为”规制方面，导致反垄断执法中法律适用的混乱与执法权的错位。

（一）《反不正当竞争法（修订草案送审稿）》主要内容

在上述背景下，国家工商总局综合各方意见对《反不正当竞争法》进行修改，形成了《中华人民共和国反不正当竞争法（修订草案送审稿）》（以下简称《送审稿》）并提交国务院法制办公开征求意见。2016 年 2 月 25 日，国务院法制办公布了《送审稿》并向社会公开征求意见。根据《送审稿》的修改说明和具体内容，本次修法具有以下特点：

1. 明确了相关定义，扩大了《反不正当竞争法》的适用范围。修订稿重新界定了“经营者”的含义，将参与商品生产的自然人、法人和其他组织纳入该法的调整范围，更加全面地涵盖了市场行为，保证了法律的严谨性；明确界定了“商业标识”“市场混淆”“商业贿赂”“商业秘密”“有奖促销”，统一规范了法律用语，有利于促进司法、执法效率。将滥用“相对优势地位”纳入《反不正当竞争法》的调整范围。

2. 增加、删减、细化了相关条文，进一步将反不正当竞争行为类型化。在竞争行为一章，重点调整了“商业混淆行为”“商业贿赂行为”“商业宣传行为”“侵犯商业秘密行为”“有奖促销行为”“商业诽谤行为”“串通招投标行为”的规定。新增了“经营者不得利用相对优势地位”的规定。此外，新增兜底性条款，保证本法的灵活适用性。

3. 首次提出了利用网络实施反不正当竞争行为的规定。新增经营者不得利用网络技术或者应用服务实施影响用户选择、干扰其他经营者正常经营的行为，并列举了相关行为。

4. 加大了对违法行为的信用惩戒和行政处罚力度，将没收违法所得改为处以对经营额的罚款。

5. 强化了对消费者权益的保护。《送审稿》第 2 条扩大了不正当竞争行为范围，将损害消费者合法权益的行为一并纳入《反不正当竞争法》的调整范围，并在法律责任一章强化了民事赔偿责任，约束市场竞争主体的行为。

(二)针对《送审稿》的相关建议

《送审稿》的公布,引起了社会各界的广泛关注。专家学者和企业代表在对送审稿给予积极评价的同时也提出了相应修改意见和建议:

1. 在与其他法律的关系方面,有学者主张《反不正当竞争法》对知识产权法律关系起到一个兜底和补充的作用,应当扩大其调整范围。在具体条文方面,有学者认为送审稿中几乎没有对一般条款司法适用案件的具体化、类型化、抽象化的法条修订。

2. 在《送审稿》关于滥用优势地位的问题上,不少专家学者及企业代表认为其易与《反垄断法》相关条款形成冲突,应当删除此类规定。更有法官从司法适用的角度明确提出这样的条款在实践中很容易被架空,增加执法、司法和纠纷解决的成本,甚至出现执法混乱的风险。

3. 对于新增网络不正当竞争行为的规制条款,即“利用网络实施反不正当竞争行为的规定”,互联网企业大多认为采用专门条款规定互联网不正当竞争行为具有现实必要性。但同时,有法官表示对条文规定打击过宽或者限制过严的担忧。也有律师认为根据《送审稿》第 13 条判断行为的正当性应取决于该行为是否符合互联网用户的长期利益,若符合则可能要排除在外,因为互联网产品或者服务应当是自由竞争的,不应干预过多。此外,有业界人士提出应当将互联网不正当竞争行为类型化并加以抽象提炼再纳入立法,可能更具前瞻性和周延性。但也有人指出应从现实角度考虑,须设有弹性条款。

此外,关于“串通招投标行为”的规定,也遭到了质疑。串通招投标行为属于典型的垄断行为,因为从行为属性上的横向、纵向更接近于垄断协议。如果仍由反不正当竞争法予以规定,将造成其与反垄断法、招投标法关系的混乱。我国曾经确实存在大量被认定为“不正当竞争行为”的招投标案件,但其背景是我国《反垄断法》尚未颁布,且在《反不正当竞争法》中有明确规定的情况下。因此,这一陈旧规定,已显得不合时宜,应当引起关注,并在此后的修订中予以删除。

2016 年 11 月 23 日,国务院常务会议审议通过了《反不正当竞争法(修订草案)》。国务院常务会议认为,草案完善充实了对不正当竞争行为的法律界定,补充了打击商业贿赂、加强商业秘密保护和互联网领域反不正当竞争等规定,强化民事赔偿责任,加大了对违法行为的信用惩戒和行政处罚力度。有利于依法打击不正当竞争,保护经营者和消费者合法权益,营造有利于创业创新的公平市场环境。据此,国务院常务会议决定将草案提请全国人大常委会审议。

二、反垄断指南草案相继公开征求意见

(一)反垄断指南草案的起草与公开征求意见

2015 年,我国相关部门相继起草了《关于滥用知识产权的反垄断指南》《关于认定经营者垄断行为违法所得和确定罚款的指南》《关于垄断协议一般性条件和程序的指南》《反垄断案件经营者承诺指南》《横向垄断协议案件宽大制度适用指南》等征求意见稿。2016 年,国家发展改革委就上述指南草案向社会公开征求意见。根据社会各界对于征求意见稿的评论、分析及建议,国家发展改革委对指南意见稿开展进一步完善工作。

1.《横向垄断协议案件宽大制度适用指南(征求意见稿)》(以下简称《宽大指南》)。[①] 宽大制度设计目的在于提高执法机构发现并查处垄断协议行为的效率,节约行政执法成本。《宽大指南》针对横向垄断协议案件,明确了宽大申请人资格以及受理机构,解决了同一案件受理冲突的问题,规定了经营者申请宽大处理的实体性内容和程序性内容,通过划分宽大幅度等级、宽免升级鼓励刺激经营者主动提供横向垄断协议行为及证据,打破市场中排除、限制竞争的行为。

2.《反垄断案件经营者承诺指南(征求意见稿)》(以下简称《承诺指南》)。[②]《承诺指南》是对《反垄断法》第 45 条的具体指导,旨在明确反垄断案件调查

---

① 载国家发展改革委官网:http://www.sdpc.gov.cn/fzgggz/jgjdyfld/fjgld/201602/t20160203_774288.html,最后访问时间:2016 年 12 月 10 日。

② 载国家发展改革委官网:http://www.sdpc.gov.cn/fzgggz/jgjdyfld/fjgld/201602/t20160203_774289.html,最后访问时间:2016 年 12 月 10 日。

过程中适用经营者承诺及中止调查、终止调查程序,提高反垄断执法机构执法工作的透明度,维护经营者和消费者的合法权益。《承诺指南》排除了执法机构已认定构成垄断行为的实施者以及核心卡特尔的实施者所作出的承诺,明确其他反垄断案件中,经营者主动提出承诺,执法机构可以采取承诺制度;规定了中止调查及中止调查决定的适用情形以及法律后果、经营者承诺的期限以及恢复调查的情形与处罚。该指南有助于提高反垄断执法效率,节约行政执法资源,同时能够尽快实现保护市场公平竞争,维护消费者利益和社会公共利益的目标。

3.《关于垄断协议豁免一般性条件和程序的指南(征求意见稿)》(以下简称《豁免指南》)。[①]《豁免指南》是经营者能否进入安全港的基础性指引,是对《反垄断法》第 15 条垄断协议行为豁免的进一步解释说明。《承诺指南》确定了申请认定范围,规定了申请豁免的时间、豁免的情形、豁免的决定并提出了豁免咨询事项。值得注意的是,该指南对于协议是否属于豁免情形、是否严重限制相关市场竞争、能否使消费者分享协议产生利益的主要考虑因素进行了列举式规定,大大提高了反垄断执法的透明度,以及经营者行为的可预期性。

4.《关于认定经营者垄断行为违法所得和确定罚款的指南(征求意见稿)》(以下简称《罚款指南》)。[②]《罚款指南》是对《反垄断法》第 46、47 条[③]的完善,旨在为反垄断执法机构在查处经营者达成并实施垄断协议、滥用市

---

① 载国家发展改革委官网:http://www.sdpc.gov.cn/fzgggz/jgjdyfld/fjgld/201605/t20160512_801560.html,最后访问时间:2016 年 12 月 10 日。

② 载国家发展改革委官网:http://www.sdpc.gov.cn/fzgggz/jgjdyfld/fjgld/201606/t20160617_807550.html,最后访问时间:2016 年 12 月 10 日。

③ 《反垄断法》第 46 条规定:经营者违反本法规定,达成并实施垄断协议的,由反垄断执法机构责令停止违法行为,没收违法所得,并处上一年度销售额百分之一以上百分之十以下的罚款;尚未实施所达成的垄断协议的,可以处五十万元以下的罚款。

经营者主动向反垄断执法机构报告达成垄断协议的有关情况并提供重要证据的,反垄断执法机构可以酌情减轻或者免除对该经营者的处罚。

行业协会违反本法规定,组织本行业的经营者达成垄断协议的,反垄断执法机构可以处五十万元以下的罚款;情节严重的,社会团体登记管理机关可以依法撤销登记。

《反垄断法》第 47 条规定:经营者违反本法规定,滥用市场支配地位的,由反垄断执法机构责令停止违法行为,没收违法所得,并处上一年度销售额百分之一以上百分之十以下的罚款。

场支配地位案件提供认定违法所得、确定罚款的分析框架和基本方法。《罚款指南》明确了违法所得的含义以及认定违法所得的主要考虑因素，通过确定上一年度销售额、基础罚款比例以及基础罚款比例的调整，从多得收入、减少支出两方面将确定违法所得的情形分为一般违法所得、特殊违法所得以及推定无违法所得三类，并提出不予没收违法所得的情形。此外，该指南还提出了减轻处罚的情况；对于经营者达成并实施的横向垄断协议，且具有《反垄断法》第46条第2款规定的情形，反垄断执法机构综合运用本指南和《宽大指南》认定违法所得和确定罚款。可以说，该指南填补了现行法律在违法所得内涵和外延规定上的空缺，统一了现有司法解释、法律法规对违法所得概念的界定方法。

（二）《关于汽车业的反垄断指南》草案的征求意见

2016年3月，我国国务院反垄断委员会发布《关于汽车业的反垄断指南（征求意见稿）》（以下简称《汽车指南》）[①]向社会公开征求意见。目前，征集期已经届满。就意见稿的体例与内容来看，《汽车指南》以我国《反垄断法》为框架，结合汽车行业的特征包括产品性质、产品制造、产品流通、产品服务等环节而制定的较为细化的、应对当下汽车行业中限制和排斥竞争行为的行业反垄断指南。

汽车业是我国国民经济的支柱产业，汽车业的发展可以带动其上下游产业的发展；同时，汽车与消费者的生活需求越来越密切，市场需求量不断扩大。可以说，我国汽车行业开始向全面竞争的市场过渡，市场的决定作用日益凸显。在这种背景下，《汽车指南》的出台对汽车市场的竞争行为以指示作用。首先，在相关概念界定方面，《汽车指南》明确了市场主体、汽车产品与零配件、代工协议的定义。这一方面更加清晰地划分了市场主体的类型，确保各市场主体明确其法律义务；另一方面对于产品、零配件的规格加以说明，明确了产品的可替代性。其次，在相关市场界定方面，提出在遵循

---

① 载国家发展改革委官网：http://www.sdpc.gov.cn/fzgggz/jgjdyfld/fjgld/201603/t20160323_795741.html，最后访问时间：2017年12月10日。

相关产品市场和地域市场一般界定原则和方法的前提下,将汽车业特点纳入个案分析之中,保证了市场界定的合理性。因此,《汽车指南》基于《反垄断法》的立法体例,除了具有一般共性的限制、排除竞争行为规定,《汽车指南》一一对应地细化了汽车业的四大垄断行为:

1. 垄断协议规制方面,《汽车指南》阐述了汽车业实务中较为常见的横向垄断协议行为、纵向垄断协议行为,并且对垄断协议行为中的豁免情形作了详细规定,具体包括依据《反垄断法》第 15 条所规定的一般豁免情形、推定豁免以及个案豁免。新能源车推广期的固定转售价格和限定最低转售价、仅承担中间商角色的经销商销售中的转售价格限制、政府采购中的转售价格限制、汽车供应商电商销售中的转售价格限制、限制经销商的被动销售、限制经销商之间交叉供货、限制经销商和维修商向最终用户销售汽车维修服务所需配件等均被纳入个案豁免情形。

2. 滥用市场支配地位规制方面,《汽车指南》主要明晰了汽车售后市场存在的锁定效应、兼容性问题造成的削弱市场竞争、影响消费者利益的行为。对于双标件限制、售后配件的供应与流通限制、维修技术信息、测试仪器和维修工具可获得性限制均可根据个案情况进行相关市场界定,进而确定是否存在经营者利用市场支配地位限制了售后市场竞争的情形。

3. 经营者集中规制方面,《汽车指南》认为汽车业与其他行业并无显著差别,对于汽车行业经营者集中的反垄断审查,可依据《反垄断法》《关于评估经营者集中竞争影响的暂行规定》《关于经营者集中附加限制性条件的规定(试行)》等法律法规处理,必要时可参考《汽车指南》对于垄断协议、滥用市场支配地位章节的说明和指引。

4. 滥用行政权力排除、限制竞争行为规制方面,《汽车指南》意在权衡地方政府政策与汽车市场可持续发展之间的关系,提出了限制汽车市场准入、流通的规定,特别是二手车市场目前存在的限迁行为均构成对《反垄断法》的违反。

我国汽车业正处于由国家产业政策主导向自由竞争政策指引的转轨期,市场主体行为的不确定性、规定汽车业的法律法规的滞后性以及上位法与下位法之间的冲突,《汽车指南》的出台可以及时预防和制止汽车业垄断行为,降低行政执法和经营者合规成本,从而推进科学、有效的反垄断监管,保护竞争,维护消费者利益和社会公共利益,促进汽车业健康发展。

第三节　竞争政策方面的新发展

一、逐步确立竞争政策的基础性地位

竞争政策是国家为了保护和促进市场竞争而实施的经济政策和法律的总称。长期以来,由于产业政策在我国经济发展的相对优势地位,竞争政策一直处于经济政策的边缘地位,未能发挥应有的作用。随着市场经济的逐渐成熟,偏倚产业政策已不能满足市场的发展需求:(1)产业政策对于经济发展的促进效果逐步递减;(2)产业政策对我国产业、企业竞争力的提升、转型升级和国家创新战略的负面影响越来越大;(3)产业政策扼制了市场活力,限制了资源的有效配置。因此,在经济下行压力之下,通过权衡产业政策与竞争政策之间的关系,与产业政策相比,竞争政策更有利于激发市场创新驱动,实现资源优化配置以及生产要素的自由流通,进而促进市场经济的发展。

1. 竞争政策是当前供给侧改革的重要内容,有利于促进经济的转型升级。目前,我国经济面临部门行业产能过剩,部分产品供给不足等问题。国家推行去产能、去杠杆、调结构等措施的法律保障意在通过破除行政保护、政策干预,保障各类市场主体之间的公平竞争,使市场充分发挥竞争机制、实现优胜劣汰,从而恢复产业乃至整个经济的活力。

2. 竞争政策有助于推动管制放松。尽管我国《反垄断法》第 7 条第 1 款规定,“国有经济占控制地位的关系国民经济命脉和国家安全的行业以及依法实行专营专卖的行业,国家对其经营者的合法经营活动予以保护,并对经营者的经营行为及其商品和服务的价格依法实施监管和调控,维护消费者利益,促进技术进步。”但是这并不意味着管制行业被反垄断法豁免。尽管上述特殊行业的市场准入、价格制定仍属于管制的范畴,但是管制合理性本

身必须接受竞争审查。同时,管制领域的企业行为也属于《反垄断法》的管辖范畴。即使是企业执行政府定价中的指导价,也可能受反垄断法规制。竞争政策有助于放松管制,促进传统管制行业的市场竞争,促进产业优化升级,提高消费者福利。

3. 竞争政策有助于实现创新驱动。我国正处于实施创新驱动发展战略过程中,企业创新作为创新驱动的重要力量,可以更加有力地推动经济向着中高端水平发展,而竞争是企业追求创新的动力之源。只有在竞争公平、开放有序的市场环境下,企业才能发挥最高效的创新活力,寻求创新为其带来的经济利益。实施竞争政策有利于保护创新实现的知识产权,维护各类市场主体在市场准入、退出、参与市场竞争、平等使用生产要素等方面的权利,有利于防止行政权力滥用所造成的限制竞争行为,从而使"大众创新、万众创业"的指导思想得到有力支撑。

市场经济是法治经济,而不是权力经济;市场经济是规则经济,而不是人治经济。自 2014 年以来,中共中央、国务院陆续出台的多个重要文件明确提出了"竞争政策"并充分肯定其重要意义,强调"逐步确立竞争政策的基础性地位"。竞争政策与法律规范的协调发展将有利于成熟市场经济目标的实现。

二、公平竞争审查制度的建立

2015 年以来,中共中央、国务院对竞争政策和公平竞争审查制度的重视程度越来越高,并在一系列的高层级文件中提出了明确的要求。2015 年年初,《中共中央、国务院关于深化体制机制改革加快实施创新驱动发展战略的若干意见》提出"强化竞争政策和产业政策对创新的引导""探索实施公平竞争审查制度"。随后,《国务院批转发展改革委关于 2015 年深化经济体制改革重点工作的意见》要求"促进产业政策和竞争政策有效协调""建立和规范产业政策的公平性、竞争性审查机制"。紧接着,《国务院关于大力推进大众创业万众创新若干政策措施的意见》强调要"加快出台公平竞争审查制度"。2015 年 10 月发布的《中共中央、国务院关于推进价格机制改革的若干意见》指出,“逐步确立竞争政策的基础性地位”“加快建立竞争政策与产业、投资等政策的协调机制”“实施公平竞争审查制度”。2016 年 6 月 14 日,国务院出台了《关于在市场体系建设中建立公平竞争审查制度的意见》(以下简称《意见》)首次详细阐述了建立公平竞争审查制度的重要性、紧迫性,制度的总体要求和基本原则,并对审查的对象、方式、标准和例外情况予以明确规定,这标志着期待已久的公平竞争审查制度落地。

公平竞争审查制度作为深化供给侧结构性改革的重要内容之一,是指政府部门在制定有关政策措施时,要按照建设统一开放、竞争有序市场体系的要求,充分考虑政策措施对市场竞争的影响,防止排除、限制竞争,保障市场在资源配置中起决定性作用和更好发挥政府作用。其宗旨在于规范政府行为,防止出台排除、限制竞争的政策措施,逐步清理废除妨碍全国统一市场和公平竞争的规定和做法。

公平竞争审查制度以“尊重市场,竞争优先,立足全局,统筹兼顾,科学谋划,分步实施,依法审查,强化监督”为基本原则,在充分尊重市场规律的前提下,着力处理好市场与政府的关系,打破地区封锁和行业垄断,消除行业壁垒,促进资源合理配置及商品、要素在全国范围内的自由流动;在坚持制度可操作性的前提下,破立结合,逐步清理废除妨碍全国统一市场和公平竞争的存量政策,并依靠政策制定机关的自我审查和外部监督,及时纠正滥用行政权力排除、限制竞争的行为。

公平竞争审查制度以市场准入和退出、商品和要素自由流动、影响生产经营成本、影响生产经营行为四大标准进行审查。同时,将审查对象分为两大类:其一,涉及市场主体经济活动的规章、规范性文件和其他政策措施,具体涵盖了市场准入、产业发展、招商引资、招商投标、政府采购、经营者行为规范、资质标准以及其他相关方面;其二,行政法规和国务院制定的其他政策措施、地方性法规。对于这两类的审查是因为固有的政策法规呈现出一定的滞后性或者是带有一定的限制性,约束了市场经济的发展,阻碍了市场主体间的竞争,同时,也影响了完善的法律法规体系的构建,给执法机关执法活动增加了负担。因此,公平竞争审查可以消除政策法规给市场行为带来的阻力,解决法律法规、部门规章以及地方管理条例之间的冲突。此外,《意见》还提出了豁免情形,即符合"维护国家经济安全、文化安全,涉及国防建设;为实现扶贫开发、救灾救助等社会保障目的;为实现节约能源资源、保护生态环境等社会公共利益以及法律、行政法规规定的其他情形"条件之一的,即使具有排除限制竞争的效果,可以不适用公平竞争审查制度。

公平竞争审查制度以政策制定机关自我审查、社会监督以及基于《反垄断法》的规定查处滥用行为权利排除限制竞争。对于存量政策,根据"谁制定,谁清理"原则,对照审查标准,坚持分类处理,不溯及既往,尽快废止市场主体反映比较强烈、问题暴露比较集中、影响比较突出的规定和做法;对于以合同协议等形式给予企业的优惠政策,以及部分立即终止会带来重大影响的政策措施设置过渡期;对于已兑现的优惠政策,不溯及既往。

公平竞争审查制度是深入推进经济体制改革的客观需要,是全面推进依法治国的有力保障,是实现创新驱动的必然选择,是释放市场主体活力的有效举措。《意见》的出台,是及时全面构建国家竞争体系的关键之举,也是规制行政性垄断的破冰之举。应该说,《意见》是继 2007 年颁布《反垄断法》以来,我国对公平竞争问题作出的又一次重大制度性安排,是针对防止滥用行政权力排除限制竞争问题的一项创新性的顶层设计,对全面深化经济体制改革,厘清政府与市场边界,促进经济持续健康发展具有重大而深远的意义,对当前推进供给侧结构性改革和"放管服"改革具有十分重要的现实意义。事实证明,自公平竞争审查制度建立以来,河北、山东、云南、湖北、陕西等省份陆续公布了行政垄断执法案例。有律师表示:"今年执法机构主要精力基本上转向了公平竞争审查制度的建设和在各省的制度落实上……公平竞争审查制度真正的生命力还是要体现在具体的案例上。"①

截至 2016 年年底,国务院出台《意见》后,江苏、北京、湖北、陕西、辽宁、宁夏等 12 个省市相继出台了相应的公平竞争审查制度实施意见。

---

① 万静:《2016:中国反垄断执法"外冷内热"——盐业供电等领域案件破零公平竞争审查制度抢眼》,载《法制日报》2016 年 12 月 30 日,第 1 版、第 6 版。

三、公平竞争审查制度的实施建议

2016 年 6 月 14 日，国务院出台的《意见》明确建立了公平竞争审查制度，这是我国确立竞争政策基础性地位迈出的关键一步。公平竞争审查制度建构是实现国家经济治理现代化的关键。但徒法不足以自行，唯有通过制度化的路径方得以实施和推进。在“经济市场化、竞争国际化和政府干预法治化”的新常态下，公平竞争审查机制的建立为更好地解决这一问题提供了新的路径。它从“竞争影响合理性”这一维度规范政府行为，推进依法治国；通过将政府职能限定为“建立所有企业自由、公平竞争的制度环境”，对接国际经贸规则新趋势；通过排除竞争损害最大化竞争机制的作用，促进经济发展和创新。在竞争政策层面下，重视私权保护、助力垄断行业改革、加大行政垄断执法力度、尊重市场经济规律、加快立法落实公平竞争审查制度，是保障竞争政策实施的应有之义。

1. 重视私权保护，促进经济发展。注重私权的保护，是市场经济发展的重要规律。这涉及对创新的促进——假如没有私权的保护，创新的动机何在？私权保护可以解决此类忧虑。以知识产权的问题为例，假如知识产权被研发、创造出来，轻易就被他人窃取或不正当使用，而其赔偿力度又无法弥补知识产权人的损失，如此一来，知识产权的激励机制和保护机制就无法真正发挥其作用。

2. 助力垄断行业改革，引入竞争机制。反垄断法实施已逾 8 年，进入常态化执法阶段，要通过案件的查处，促使垄断行业引入竞争机制。如国家发展改革委处理的电信案件，尽管目前案件的结果尚未确定，但随着法律人的介入、调查和评估使得传统的垄断行业有所触动，并做出相应整改。这就是常态化的执法案例，其中既包括了国有企业，也包括了其他类型的企业。

3. 加大行政垄断执法力度，推进竞争政策。《反垄断法》立法后的前 6 年，行政机关对涉嫌垄断案件的查处在公开场合是鲜见的。但是可以看到，6 年后，国家发展改革委、工商总局已经开始大力度地介入各地方、各部门的行政垄断执法。中共中央四中全会的精神，包括政府法治业绩的考核都支持对行政垄断的规制,此时的执法应该说具有向前推进竞争政策的作用。

4. 尊重市场规律,维护市场机制。在经济下滑和供给侧结构性改革的问题上,是要用行政的办法"三去一降一补",还是要注重运用市场规律来实现? 竞争政策对应的选择是维护市场机制,使市场在资源配置中发挥决定性作用。

5. 加快立法,落实公平竞争审查机制。尽快启动"反垄断法实施细则"的起草,其中包含公平竞争审查制度的内容。通过立法程序界定审查的范围、法定程序以及法律责任的落实。市场经济是法治经济,不是权力经济;是规则经济,不是人治经济。因此,需要依靠法律的力量切实保障竞争政策的贯彻与落实。

第四节　竞争法律与政策的国际交流合作

一、不断深化双边交流与合作

1. 继续推进中美反垄断对话机制。2016 年 4 月,由国家发展改革委、商务部、国家工商总局和美国司法部、联邦贸易委员会联合举办的第三次中美反垄断高层对话在华盛顿举行。此次对话根据中美两国反垄断执法机构 2011 年签署的《反垄断与反托拉斯合作谅解备忘录》举办。国家发展改革委副主任胡祖才、国家工商总局副局长王江平、商务部部长助理童道驰等反垄断执法官员,以及美国联邦贸易委员会主席拉米雷茨、司法部助理副部长拜尔等执法官员参与本次对话。在对话会议上,中美双方各自介绍了反垄断工作最近进展和关注重点,并就反垄断执法促进创新、竞争倡导、经营者集中反垄断审查工作的进展及相关问题等进行了深入交流和讨论。

2. 继续推进中欧竞争法律与政策交流。2016 年,中国反垄断执法机构与欧盟竞争总司联合举办的第十二届、第十三届中欧竞争周研讨会在北京、海口如期举行。

2016 年 3 月,"第十二届中欧竞争周"研讨会召开,国家发展改革委价监局局长张汉东、国家发展改革委价监局副局长李青、商务部反垄断局副局长韩春霖、国家工商总局反垄断与反不正当竞争执法局副局长陆万里、欧盟委员会竞争总司国际关系部行政主管托本·托夭特(Torben Toft)等出席研讨会,我国反垄断执法机构分别就《横向垄断协议案件宽大制度适用指南》《反垄断案件经营者承诺指南》《关于垄断协议豁免一般性条件和程序的指南》《关于认定经营者垄断行为违法所得和确定罚款的指南》、"关于危害量化和对反垄断侵权责任""关于确定适当的兼并补救措施及高科技产业兼并"等问题与欧盟总司及部分欧盟成员国的执法官员、专家进行研讨。

2016 年 10 月,"第十三届中欧竞争周"研讨会召开,国家发展改革委价监局局长张汉东、商务部反垄断局副局长韩春霖、国家工商总局反垄断与反不正当竞争执法局副局长陆万里以及三家反垄断执法机构的官员、代表,欧盟竞争总司国际关系部行政主管托本·托夫特、德国反垄断局、意大利竞争管理局的官员及代表出席并参加会议。研讨会以圆桌会议的形式举行,分别讨论了"剥离资产救济措施中先行买方的情况,考察在线合并案例""并购的跨部门协商""法律法规中的竞争评估""竞争法在汽车行业中的应用""双边市场""横向合作协议"及"辛迪加与卡特尔的伪装"等问题。

3. 竞争执法机构互访更加频繁。2016 年 2 月,商务部反垄断局副局长韩春霖会见了来访的新加坡竞争局(CCS)商业与经济司司长冯志豪(Herbert Fung)。3 月,国家发展改革委价监局局长张汉东在委内会见了欧盟驻华使团贸易处主任彭博(Francisco Perez Canado),双方就欧盟委员会与发改委在竞争政策领域合作的有关事宜交换了意见;同月,国家工商总局局长张茅会见了来访的欧盟委员会竞争事务委员玛格丽特·维斯塔格(Margrethe Vestager)一行。5 月,国家发展改革委价监局局长张汉东在委内会见香港竞争委员会主席胡红玉一行;同月,国家发展改革委价监局副局长李青应邀赴新加坡参加相关反垄断交流活动,与新加坡竞争委员会主席 Toh Han Li 及其他管理层成员举行了双边会谈。6 月,国家发展改革委价监局副局长李青、商务部反垄断局副局长韩春霖先后会见了即将离任的日本驻华使馆经济参赞大矢一夫先生和继任经济参赞山田卓先生,双方回顾了近几年中日反垄断合作成果和进展,并就进一步深化合作交换了意见。10 月,商务部反垄断局副局长韩春霖会见了来访的加拿大竞争局高级副委员珍妮·普拉特(Jeanne Pratt);同月,商务部反垄断局局长吴振国会见了美国联邦贸易委员会委员莫林·奥赫豪森(Maureen Ohlausen)、司法部反托拉斯局国际交流处主任琳达·马歇尔(Lynda Marshall),双方就反垄断立法执法进展、案件执法合作、知识产权反垄断等问题进行了工作交流。10 月 31 日,商务部反垄断局局长吴振国会见了新加坡竞争委员会首席执行官杜汉立(Toh Han Li)一行;12 月 6 日,国家工商总局局长张茅会见来访的欧亚经济联盟竞争和反垄断委员努尔兰·阿尔达伯格诺夫一行。

4. 与主要反垄断国家和地区签署备忘录。2016 年 5 月,第六届“圣彼得堡国际法律论坛”在俄罗斯举行。该论坛是向国家高层、国际法律界代表、法律及国际关系专家、大型集团法务部领导人提供交流对话平台的论坛。国家工商总局副局长王江平、国家发展改革委反垄断局局长张汉东、商务部反垄断局副局长韩春霖、国家工商总局反垄断与反不正当竞争执法局副局长陆万里等中国反垄断执法官员和代表出席。论坛期间,国家工商总局副局长王江平代表我国竞争机构与巴西、俄罗斯、印度、南非竞争机构代表共同签署了《竞争机构竞争法律与政策领域合作谅解备忘录》。

二、更广泛地参与多边交流活动

2016 年 6 月,由美国律师协会(ABA)反垄断委员会主办的第三届“反垄断法在亚洲”国际研讨会在香港举行。应大会邀请,国家发展改革委反垄断局局长张汉东、国家工商总局反垄断局局长任爱荣、商务部反垄断局副局长韩春霖出席会议。会议期间,我国反垄断执法官员共同参加了由对外经济贸易大学竞争法主任、法学院教授黄勇主持的“中国反垄断行政执法”圆桌会议,并就中国反垄断执法的最新发展、竞争政策地位的提高、建立公平竞争审查制度、反垄断执法的国际合作等议题展开讨论。此外,香港竞争委员会主席胡红玉、首席执行官罗斯·韦伯(Rose Webb)、美国联邦贸易委员会主席埃迪斯·拉米雷斯(Edith Ramirez)、美国联邦贸易委员会委员莫林·

K. 奥赫豪森(Maureen K. Ohlhausen)、美国司法部反垄断局副助理司法部部长索尼娅·K. 普拉芬洛斯(Sonia K. Pfaffenroth)、英国公平交易委员会非执行委员、美国乔治华盛顿大学法学院教授、美国联邦贸易委员会前主席威廉·科瓦西克(William Kovacic)、美国乔治梅森大学竞争法中心主任、美国联邦贸易委员会前委员约书亚·D. 赖特(Joshua D. Wright)教授、竞争法中心前主任科伦·W. 王－尔文(Koren W. Wong-Ervin)教授、日本公平交易委员会委员小田弘之(Hiroyuki Odagiri)、韩国公平交易委员会委员金成夏(Sung-ha KIM)、印度竞争委员会总法律顾问 P. K. 辛格(P. K. Singh)、新加坡竞争委员会官员李照汉(LEE Cheow Han)等业内专家出席会议并参加交流讨论。此次会议是我国反垄断执法官员在海外非官方高端论坛上的首次亮相,体现了我国反垄断执法的影响力不断加大。

2016 年 9 月,第 43 届国际反垄断法与竞争政策年会在美国纽约福特汉姆大学举行。该会议是世界范围内反垄断学术界历史最悠久、最负盛名的国际竞争法和政策研究平台,至今已有四十多年的历史,国际竞争网络(ICN)就是在此会议的基础上诞生的。此次会议主题为“亚洲反垄断法的未来”(The Future of Antitrust in Asia),议题涵盖竞争政策、反垄断与数字经济、反垄断与知识产权、卡特尔执法、国际反垄断合作等热点问题。美国联邦贸易委员会主席埃迪斯·拉米雷斯(Edith Ramirez)、美国司法部副部长雷内塔·海塞(Renata Hesse)、欧盟竞争总司司长约翰内斯·雷顿伯格(Johannes Laitenberger)、新加坡竞争委员会首席执行官杜汉立(Toh Han Li)、墨西哥竞争委员会主席亚历杭德罗·帕拉西奥斯·普列托(Alejandra Palacios Prieto)、南非竞争委员会主席泰宾科斯·波纳可勒(Tembinkosi Bonakele)、中国香港竞争事务委员会主席胡红玉以及来自日本、智利、法国、瑞典、丹麦等国的反垄断执法负责人及国际反垄断法学与经济学知名学者等参加了会议。国家发展改革委反垄断局副局长李青、国家工商总局反垄断局副局长陆万里、商务部反垄断局副处长蔡俊峰应邀出席会议分别介绍了中国反垄断执法的最新进展、业内关注的热点和焦点问题。此外,国务院反垄断委员会专家咨询组成员、对外经济贸易大学法学院黄勇教授应邀出席并在专题讨论中发表了演讲。

2016 年 10 月,由国务院反垄断委员会专家咨询组主办、对外经济贸易大学竞争法中心承办的第五届“中国竞争政策论坛”在北京举行。来自中国发改委、商务部、工商总局、美国司法部、美国联邦贸易委员会、欧盟竞争总司、英国竞争委员会、日本公平贸易委员会、加拿大竞争局、新加坡竞争委员会、中国香港地区竞争事务委员会、美国哥伦比亚特区联邦上诉巡回法院的官员与代表,来自中国对外经济贸易大学、美国乔治华盛顿大学、乔治梅森大学、澳大利亚墨尔本大学等的专家学者以及国内外知名企业、律所等社会各界人士出席会议。论坛以“供给侧结构性改革中的竞争政策实施”为主题,在开幕仪式上,国家工商总局副局长王江平、国家发展改革委价监局局长张汉东、商务部反垄断局局长吴振国分别致辞。国务院反垄断委员会专家咨询组召集人张穹、美国司法部副部长雷内塔·海塞(Renata Hesse)、欧盟竞争总司 E 部主任保罗·希萨(Paul Csiszar)、美国联邦贸易委员会委员莫林·奥赫豪森(Maureen Ohlhausen)、英国公平交易委员会非执行委员、美国乔治华盛顿大学法学院教授威廉·科瓦西克(William Kovacic)发表主旨演讲。此后,与会各界人士就“竞争政策在改革中的重要作用、竞争政策实施中的程序和透明度、竞争政策在互联网行业的适用、信息交换、跨国交易的多发于申报与审查异同、标准必要专利与反垄断、反垄断经济分析”等议题进行深入分析。在国务院反垄断委员会专家咨询组成员、对外经济贸易大学竞争法中心主任黄勇教授主持的大型国际反垄断执法圆桌论坛上,国家工商总局反垄断与反不正当竞争执法局局长任爱荣、国家发展改革委价监局副局长李青、商务部反垄断局副局长韩春霖、美国司法部副部长雷内塔·海塞(Renata Hesse)、美国联邦贸易委员会委员莫林·奥赫豪森(Maureen Ohlhausen)、欧盟竞争总司 E 部主任保罗·希萨(Paul Csiszar)、日本公平贸易委员会委员山本和史、新加坡竞争委员会首席助理执行官李照汉(Lee Cheow Han)、加拿大竞争局高级副委员珍妮·普拉特(Jeanne Pratt)、中国香港特区竞争事务委员会主席胡红玉,就全球主要法域竞争政策的实施和竞争执法的经验展开广泛而深入的交流和对话。

2016 年 12 月，由国家法官学院上海分院、美国乔治·梅森大学法学院全球反垄断研究所主办，对外经济贸易大学竞争法中心协办的“法经济学·反垄断”高级研修班于上海开讲。这是中美首次合作对法官进行经济学专题系统性培训，上海市法院系统 130 余名法官以及来自全国多个省、市、自治区各级法院的 75 名知识产权法官代表参加了研修。研修班主讲人包括英国竞争与市场局（CMA）非执行管委会委员、英国国王大学法学院教授、美国联邦贸易委员会前主席威廉·科瓦西克（William E. Kovacic），美国哥伦比亚特区上诉巡回法院高级法官、乔治·梅森大学教授道格拉斯·H. 金斯伯格（Douglas H. Ginsburg），乔治·梅森大学教授、被美国当选总统特朗普提名担任过渡时期美国反垄断执法组组长的约书亚·D. 赖特（Joshua D. Wright）教授，全球顶级经济分析公司 Compass Lexecon 的高级副总裁王晓茹博士、乔治·梅森大学研究与发展部门副主任布鲁斯·小林（Bruce Kobayashi）教授，前司法部反垄断经济局副局长、曾在美国联邦贸易委员会（FTC）与司法部任职多年的乔治·梅森大学教授肯尼斯·海耶（Kenneth Heyer）、对外经济贸易大学法学院黄勇教授等。课程囊括了“经济学与经济思维介绍”“财产权利与财产交换”“代理成本与契约订立”“寡占理论、卡特尔与制裁”“中国反垄断执行的主要问题”等法经济学和反垄断领域的核心问题，并以经济学视角分析垄断协议、滥用市场支配地位、经营者集中等反垄断领域问题。研修班的开设对增进中美司法合作与交流，进一步提升中国法官经济学理论水平和审判反垄断案件的司法能力具有重要意义。

当然，我国反垄断执法机构及其官员在反垄断执法的国际交流中越发活跃，其具体活动远不止于此，限于篇幅，在此不一一列举。总的来说，2016 年，我国反垄断执法机构进一步加强了与其他国家和地区反垄断执法机关或组织的沟通与对话，扩大并深化了双边、多边竞争法律及其执行的交流与合作。与上一年度相比，2016 年竞争法律与政策的国际交流与合作主要体现在两方面，一是进一步加强了官方之间的交流与合作，二是更广泛地参与非官方组织、机构举办的国际性会议，加强与国际行业组织的对话。加强与各国反垄断执法机构的交流与合作,广泛参与竞争法律、竞争政策等国际性会议,有利于及时了解全球范围内的反垄断执法动态与执法理念,有利于向其他国家和地区宣传我国竞争政策与反垄断工作成效,增进各国、各地区在反垄断领域的理解互信,为进一步深化合作,促进各国、各地区反垄断事业的发展奠定良好的基础。

第二章　中国竞争法律与政策实施的现状与发展

第一节　垄断协议的反垄断规制*

一、立法概况

在禁止垄断协议领域里，中国反垄断法律制度目前是"一一五"体系，即一部基本法（《反垄断法》）、一部指南（《国务院反垄断委员会关于相关市场界定的指南》）与五大规章①。在具体执法过程中，《行政处罚法》的适用以及《价格行政处罚程序规定》和《国家工商行政管理总局关于工商行政管理机关正确行使行政处罚自由裁量权的指导意见》等配套程序规定的适用也起到很重要的辅助作用。随着执法工作的常态化与逐步深入，我国反垄断执法机关越来越重视反垄断指南在细化和明确具体反垄断法律实施问题方面的强大功能。根据《反垄断法》第9条的规定，国务院反垄断委员会的职责之一是"制定、发布反垄断指南"。然而，自《反垄断法》生效以来，该委员会仅于2009年5月发布了《关于相关市场界定的指南》。在国家发展改革

---

* 本节撰写人为王晓晔、叶高芬。王晓晔，中国社会科学院法学所研究员，湖南大学教授，中国经济法研究会副会长。本章在王晓晔教授指导下，由中国社会科学院国际法研究所竞争法研究中心组织撰写。叶高芬，法学博士，中国社会科学院国际法研究所竞争法研究中心研究人员，浙江理工大学法政学院副教授，墨尔本大学法学院访问学者。

① 这里的五大规章是指：由国家发展与改革委员会与国家工商行政管理总局陆续出台的《反价格垄断规定》《反价格垄断行政执法程序规定》《工商行政管理机关禁止垄断协议行为的规定》《工商行政管理机关查处垄断协议、滥用市场支配地位案件程序规定》和《关于禁止滥用知识产权排除、限制竞争行为的规定》。

委的呼吁声中,2015 年 6 月,国务院反垄断委员会授权国家发展改革委牵头起草涉及汽车领域、垄断协议豁免程序、垄断协议宽大制度、罚款与违法所得的计算、中止与终止调查程序以及知识产权滥用等方面,以期更好地完善反垄断法律制度。目前,“反垄断六指南”——《关于认定经营者垄断行为违法所得和确定罚款的指南》《关于滥用知识产权的反垄断指南》《关于垄断协议豁免一般性条件和程序的指南》《横向垄断协议案件宽大制度适用指南》《反垄断案件经营者承诺指南》和《关于汽车业的反垄断指南》都已经向社会公布了征求意见稿。以上六个指南都与垄断协议的规制密切相关。

(一)《关于认定经营者垄断行为违法所得和确定罚款的指南(征求意见稿)》

《反垄断法》第 46、47 条规定了从事垄断行为的经营者的行政法律责任,《反垄断法》第 49 条规定了反垄断执法机关确定具体罚款数额时的考虑因素,但对如何认定违法所得和确定罚款比例尚无明确指引,在执法实践中出现处罚不均的现象。为了对认定经营者垄断行为违法所得和确定罚款提供指导,提高反垄断执法透明度,增强经营者对反垄断行政处罚的可预期性,国家发展改革委于 2015 年 6 月正式启动了关于认定经营者垄断行为违法所得和确定罚款的指南的研究起草工作,并于 2016 年 6 月 17 日公布了《关于认定经营者垄断行为违法所得和确定罚款的指南(征求意见稿)》,[①] 向社会公开征求意见直到 2016 年 7 月 6 日。

该征求意见稿内容主要包括“违法所得的认定”“罚款的确定”和“相关数据资料”等,详细规定了违法所得认定的两种方法、罚款确定的三个步骤以及相关数据资料等适用规则,基本设定了从违法所得认定到罚款幅度确定的一整套行政法律责任体系。

---

① 《〈关于认定经营者垄断行为违法所得和确定罚款的指南〉(征求意见稿)公开征求意见》,载国家发展和改革委员会官网:http://www.sdpc.gov.cn/gzdt/201606/t20160617_807545.html,最后访问时间:2016 年 8 月 1 日。

（二）《关于滥用知识产权的反垄断指南（征求意见稿）》

反垄断与保护知识产权具有共同的目标，即促进竞争和创新，维护消费者利益。但是，滥用知识产权排除、限制竞争行为损害了公平竞争，不仅不利于促进创新，反而会阻碍创新，背离知识产权保护的宗旨。[①] 在我国《反垄断法》第 55 条原则性规定和国家工商总局 2015 年颁布的《关于禁止滥用知识产权排除、限制竞争行为的规定》的基础上，为了建立滥用知识产权反垄断规制的指引性规则，提高反垄断执法的透明度，引导经营者正当行使知识产权，同时给市场提供更为明确的合理预期，国家发展改革委和国家工商总局在这一年里先后发布了两个版本的《关于滥用知识产权的反垄断指南（征求意见稿）》：

1. 国家发展改革委版本的《滥用知识产权指南（征求意见稿）》

国家发展改革委于 2015 年 6 月正式启动了关于“知识产权反垄断执法指南”的起草工作，并于 2015 年 12 月 31 日对外公布了《滥用知识产权指南（征求意见稿）》，[②]向社会公开征求意见直到 2016 年 1 月 20 日。该征求意见稿内容主要包括：“序言”“基本问题”（相关市场界定等）、“可能排除、限制竞争的知识产权协议”和“涉及知识产权的滥用市场支配地位行为”等；其中，“可能排除、限制竞争的知识产权协议”被进一步细分为“具有竞争关系的经营者达成的协议”（横向协议）和“不具有竞争关系的经营者达成的协议”（纵向协议），“涉及知识产权的滥用市场支配地位行为”则包含“禁令救济”在内的 6 类滥用行为的规定。亮点之一是，该征求意见稿将具有竞争关系的经营者和不具有竞争关系的经营者行使知识产权行为的“安全港”分别设为相关市场上不超过 15% 的市场份额和不超过 25% 的市场份额。

---

① 《〈关于滥用知识产权的反垄断执法指南（国家工商总局第七稿）〉的起草说明》，载国家工商行政管理总局官网：http://www.saic.gov.cn/fldyfbzdjz/gzdt/201602/t20160204_166524.html，最后访问时间：2016 年 8 月 1 日。

② 《〈关于滥用知识产权的反垄断指南〉（征求意见稿）公开征求意见》，载国家发展和改革委员会官网：http://jjs.ndrc.gov.cn/fjgld/201512/t20151231_770233.html，最后访问时间：2016 年 8 月 1 日。

2. 国家工商总局版本的《滥用知识产权指南(征求意见稿)》

国家工商总局于 2009 年启动了关于滥用知识产权反垄断指南的起草和制定工作,并于 2016 年 2 月 4 日公布了《关于滥用知识产权的反垄断执法指南(国家工商总局第七稿)》,[1]向社会公开征求意见直到 2016 年 2 月 23 日。[2] 该征求意见稿内容主要包括:“序言”“相关市场界定”“涉及知识产权的垄断协议”“涉及知识产权的滥用市场支配地位”“涉及知识产权的若干特定行为的反垄断分析”和“附则”(包括法律责任与救济)等。总体来说,结构体例更接近于《反垄断法》的体例安排。亮点之一是,该征求意见稿也为具有竞争关系的经营者和不具有竞争关系的经营者行使知识产权行为设置了“安全港”规则,前者为在相关市场上不超过 20% 的市场份额或者市场上存在 4 个(含)以上能够以合理成本得到的被其他经营者独立控制的替代性技术;后者为在相关市场上不超过 30% 的市场份额或者市场上存在 2 个(含)以上替代性技术。

值得一提的是,在《滥用知识产权指南(第五稿)》的基础上,国家工商总局已于 2015 年出台并实施了《关于禁止滥用知识产权排除、限制竞争行为的规定》,该规定明确了工商部门在查处滥用知识产权的非价格性垄断协议和滥用市场支配地位方面的分析框架。

(三)《关于垄断协议豁免一般性条件和程序的指南(征求意见稿)》

根据《反垄断法》第 15 条的规定,经营者达成的横向和纵向垄断协议在满足一定条件下可以获得豁免。在执法实践中,尽管偶有涉案主体申请豁

---

① 《〈关于滥用知识产权的反垄断执法指南(国家工商总局第七稿)〉公开征求意见》,载国家工商行政管理总局官网:http://www.saic.gov.cn/fldyfbzdjz/gzdt/201602/t20160204_166524.html,最后访问时间:2016 年 8 月 1 日。

② 实际上,国家工商总局早在 2012 年就形成了《滥用知识产权指南(第五稿)》,后又公布了第六稿与第七稿,并向社会公众征求意见。参见《〈关于滥用知识产权的反垄断执法指南〉(国家工商总局第七稿)的起草说明》,载国家工商行政管理总局官网:http://www.saic.gov.cn/fldyfbzdjz/gzdt/201602/t20160204_166524.html,最后访问时间:2016 年 8 月 1 日。

免的案例，[①]但尚未见一例成功适用豁免者。考虑到为明确垄断协议豁免的一般性条件和程序，便于经营者理解和使用垄断协议豁免制度，指导反垄断执法机关适用该制度，提高反垄断执法的透明度和可预期性，按照国务院反垄断委员会的部署，国家发展改革委于 2015 年 6 月正式启动了关于垄断协议豁免条件与程序指南的研究与起草工作，并于 2016 年 5 月 12 日公布了《关于垄断协议豁免一般性条件和程序的指南（征求意见稿）》，[②]向社会公开征求意见直到 2016 年 6 月 1 日。

该征求意见稿的内容主要内容包括："总体规定""豁免申请""豁免咨询"和"附则"等。重点在于豁免申请和豁免咨询两大类规则，对豁免申请的条件、申请程序、是否豁免考虑因素、豁免申请的审查和决定的作出，以及豁免咨询受理范围、条件、提交材料和咨询意见等方面进行了细化。也指出了本指南作为程序性指南在配合未来的相关实体性反垄断指南顺利落实方面起到的关键作用。

值得一提的是，上海市物价局早在 2015 年 9 月 25 日就发布了《中国（上海）自由贸易试验区中小企业垄断协议豁免指导意见（试行）》，[③]于 2015 年 10 月 25 日起试行，试行期为两年。该指导意见细化规定了《反垄断法》第 15 条规定的各种适用情形。它是我国第一个对于垄断协议豁免适用的具体规定。

（四）《横向垄断协议案件宽大制度适用指南（征求意见稿）》

宽大制度被视为击破隐蔽横向垄断协议最有效的工具而受到各国反垄

---

① 例如，在 2012 年辽宁省工商局查处的辽宁省建筑材料工业协会组织本行业经营者从事垄断协议案中，辽阳冀东水泥有限公司辩称其与辽中地区 11 家水泥企业签订的《自律公约》不属于垄断协议，因为辽宁省水泥产能过剩，产需失衡，签订《自律公约》是为了实现供需平衡，节约能源，保护环境，属于《反垄断法》第 15 条的可豁免情形。但该辩称未获执法机关的认可。

② 《〈关于垄断协议豁免一般性条件和程序的指南〉（征求意见稿）公开征求意见》，载国家发展和改革委员会官网：http://jjs. ndrc. gov. cn/fjgld/201605/t20160512_801559. html，最后访问时间：2016 年 8 月 1 日。

③ 《上海市物价局关于印发〈中国（上海）自由贸易试验区中小企业垄断协议豁免指导意见（试行）〉的通知》，载上海市发展和改革委员会官网：http://www. shdrc. gov. cn/xxgk/cxxxgk/15048. htm，最后访问时间：2016 年 8 月 1 日。

断执法机关的推崇与重视,我国《反垄断法》第 46 条第 2 款对宽大制度作了非常原则性的规定,国家工商总局和国家发展改革委也在各自的配套规章里对宽大制度作了细化规定,但是相关规定仍然太笼统,且两大执法机关的所持立场差异甚大,在执法实践中,对宽大制度的适用也标准不一,执法机关的自由裁量权较大。为指导在横向垄断协议案件中适用宽大制度,提高执法机关工作的透明度,便于经营者申请适用宽大制度,国家发展改革委于 2015 年 6 月正式启动了关于宽大制度具体适用指南的起草工作,并于 2016 年 2 月 2 日公布了《横向垄断协议案件宽大制度适用指南(征求意见稿)》[①],向社会公开征求意见直到 2016 年 2 月 22 日。

该征求意见稿规定了宽大制度的适用范围(只适用于横向垄断协议)、适格主体条件(对组织者和胁迫他人者原则上不予宽大)和获得宽大的具体要求(尤其是对"重要证据"进行了细化说明);引入了标记制度,细化了罚款减免幅度的规定,并规定了执法机关的信息公开及保密义务。

(五)《反垄断案件经营者承诺指南(征求意见稿)》

《反垄断法》第 45 条规定了经营者承诺制度,因经营者的承诺而中止调查。终止调查是反垄断执法中的一项灵活性制度。在执法实践中,两大反垄断执法机关都曾经适用该制度查处反垄断案件,有的已经以终止调查的决定结案。[②] 但由于对中止调查的适用情形和程序尚不明确,反垄断执法机关的自由裁量权较大。为了指导在反垄断案件调查过程中适用经营者承诺及中止调查、终止调查程序,提高反垄断执法机关执法工作的透明度,维护经营者和消费者的合法权益,国家发展改革委于 2015 年 6 月启动了关于"反垄断案件经营者承诺指南"的起草工作,并于 2016 年 2 月 2 日公布了《反垄

① 《〈横向垄断协议案件宽大制度适用指南〉(征求意见稿)公开征求意见》,载国家发展和改革委员会官网:http://www.ndrc.gov.cn/fzgggz/jgjdyfld/fjgld/201602/t20160203_774288.html,最后访问时间:2016 年 8 月 1 日。

② 中止调查的案件,如 2011 年国家发展改革委启动调查的"中国电信和中国联通涉嫌价格垄断案";终止调查结案的案件,如 2013 年浙江省工商局查处的"浙江慈溪市建设工程检测协会组织本行业经营者从事垄断协议案"。

断案件经营者承诺指南(征求意见稿)》,[①]向社会公开征求意见直到2016年2月22日。

该征求意见稿的主要内容包括:经营者承诺制度的适用范围,中止调查及终止调查决定的法律后果,经营者提出承诺和执法机关作出中止调查乃至终止调查的详细步骤与程序要求。征求意见稿着重指出横向价格垄断协议不适用承诺制度,还规定了对经营者商业秘密的保护,以及邀请第三方参与承诺措施的协商谈判和对承诺措施进行监督的机制。

(六)《关于汽车业的反垄断指南(征求意见稿)》

汽车行业是国民经济的支柱产业,整个产业链发展过程因垄断而出现的问题日益凸显,而2005年的《汽车品牌销售管理实施办法》被指其规定的汽车品牌授权经营模式因赋予汽车生产厂商过多的管理销售系统的权力而成为垄断现象的症结。2014年以来的一系列汽车垄断案显示,汽车业的限制竞争问题中纵向价格限制行为尤为突出。为预防和制止汽车业垄断行为,降低行政执法和经营者合规成本,推进科学、有效的反垄断监管,保护公平竞争,维护消费者利益和社会公共利益,促进汽车业健康发展,国家发展改革委于2015年6月启动关于汽车业反垄断指南的研究起草工作,并于2016年3月23日公布了《关于汽车业的反垄断指南(征求意见稿)》,[②]向社会公开征求意见直到2016年4月12日。

该征求意见稿的内容包括汽车业的相关市场界定、横向和纵向垄断协议、滥用市场支配地位、经营者集中和行政垄断的适用规则。侧重于阐述汽车业反垄断执法的分析思路、框架、原则和方法,重点对汽车销售和售后市场上可能排除、限制竞争的协议以及滥用市场支配地位行为的评估路径给

---

① 《〈反垄断案件经营者承诺指南〉(征求意见稿)公开征求意见》,载国家发展和改革委员会官网:http://www.sdpc.gov.cn/gzdt/201602/t20160203_774296.html,最后访问时间:2016年8月1日。

② 《〈关于汽车业的反垄断指南〉(征求意见稿)公开征求意见》,载国家发展和改革委员会官网:http://www.sdpc.gov.cn/fzgggz/jgjdyfld/fjgld/201603/t20160323_795741.html,最后访问时间:2016年8月1日。

出具体指引;[①]体现了执法机关对于纵向限制行为的执法态度和思路——即进行个案分析,更多关注行为效果而非行为形式;还对“二手车限迁”作了禁止性规定。

值得一提的是,商务部于 2016 年 1 月 6 日也发布了《汽车销售管理办法(征求意见稿)》,向社会公开征求意见期截至 2016 年 2 月 6 日。该新规在放开汽车销售的非授权经营方式方面作了规定。我们相信,随着《关于汽车业的反垄断指南》和《汽车销售管理办法》的正式出台,加诸 2015 年 1 月 1 日起实施的《关于促进汽车维修业转型升级提升服务质量的指导意见》[②]和 2016 年 1 月 1 日起实施的《汽车维修技术信息公开实施管理办法》[③],汽车业多部政策文件的合力,将更好地保护市场竞争,更加科学有效地防范和监管汽车业垄断行为,并降低企业合规成本,从而促进汽车业健康发展,维护消费者利益和社会公共利益。

二、行政执法情况

(一)执法概况

2016 年,我国两大竞争执法机关在垄断协议领域的执法活动都非常积极并成果卓著。其中,价格主管部门共查处 9 起价格垄断协议案件(国家发展改革委查处 3 起,省级价格主管部门查处 6 起),工商部门共查处 7 起非价格垄断协议案件(全部由省级工商部门查处)。此外,汽车业反垄断调查风暴仍在持续,相关调查不再限于高端品牌汽车,已经向大众品牌汽车领域拓展。查处涉及的行业除了汽车业,还包括国际海运服务业、药品业、建筑材

---

① 《王晓晔谈汽车业的反垄断与消费者保护》,载中国法学网:http://www.iolaw.org.cn/showNews.aspx? id = 50063,最后访问时间:2016 年 8 月 1 日。

② 该文件由交通运输部、国家发展改革委、国家工商总局、国家质检总局、中国保监会等 10 部门于 2014 年 9 月 18 日联合发布。参见《关于促进汽车维修业转型升级、提升服务质量的指导意见》(交运发〔2014〕186 号)。

③ 该文件由交通运输部、环保部、商务部、国家工商总局等八部委于 2015 年 9 月 29 日联合发布,参见《打破垄断 汽车维修技术公开管理办法出台》,载新华网:http://news.xinhuanet.com/auto/2015 - 09/30/c_128284246.htm,最后访问时间:2016 年 8 月 1 日。

料业、专业服务机构和保险业等。比较典型的案件有8家滚装货物国际海运企业串通投标价格垄断案和安徽信雅达等3家密码器企业分割市场垄断案，前者由于高达4.07亿元的罚款总额和宽大制度的适用引起社会关注；后者因其作为“首例工商部门认定协同行为案”及其案中案“首例工商部门对不配合反垄断执法调查开出罚单”引起社会热议。从两大执法系统的以下执法实践可以看出，我国垄断协议领域的反垄断行政执法已经稳步走入常态化和专业化。

（二）主要案例

1. 东风日产价格垄断案

广东省发展改革委于2014年8月起依法对东风日产汽车销售有限公司（以下简称东风日产）开展反垄断调查，于2015年9月对当事人作出行政处罚。

经查明，2012年至2014年，东风日产通过下发价格管理办法和考核制度等方式严格限定广东省内经销商整车销售报价和最终成交价，并对违反价格管控措施的广州经销商进行处罚。另查明，该期间内，广州区域经销商在东风日产广州地区协会组织下，多次召开会议，达成并实施了固定相关车型价格的垄断协议。

执法机关认为，东风日产的行为排除、限制了相关市场的竞争，损害了消费者利益，系达成并实施了固定商品转售价格的纵向垄断协议；广东省内经销商的行为系达成并实施固定商品价格的横向垄断协议，均违反了《反垄断法》。

鉴于东风日产能够积极配合调查，并在调查开始后立即停止违法行为并进行整改，执法机关对东风日产处以上一年度相关市场销售额3%的罚款，计1.233亿元。鉴于广州经销商停止了价格协商，废除了区域价格协议，对达成并实施垄断协议的经销商处以上一年度相关市场销售额2%～4%的罚款,计 1912 万元。本案罚款额总计人民币 1.4242 亿元。[①]

2.8 家滚装货物国际海运企业串通投标价格垄断案

根据企业的主动报告,国家发展改革委于 2014 年 8 月对日本邮船株式会社、川崎汽船株式会社、株式会社商船三井、威克滚装船务有限公司、华轮威尔森物流有限公司、智利南美轮船有限公司、日本东车轮船有限公司和智利航运滚装船务有限公司 8 家企业进行立案调查,于 2015 年 12 月对涉案当事人作出行政处罚决定。

经查明,8 家滚装货物国际海运企业在往返于中国与其他国家和地区的滚装货物(包括汽车、卡车以及工程机械等)海运服务市场上,针对滚装货物制造商发出的进出口中国的海运业务招标、询价等事项,通过电话、会议、聚餐、电子邮件、专程拜访等方式频繁进行双边或多边沟通、交换敏感信息、进行价格协商、商讨投标意向、分配客户及航线,多次达成报高价或不报价的协议并予以实施,协助具有竞争关系的海运企业获得了海运订单。该价格垄断行为存续时长不少于 4 年。

执法机关指出,8 家滚装货物国际海运企业达成并实施价格垄断协议(串通投标)的行为排除、限制了相关市场竞争,抬高了滚装货物国际海运费率,损害了中国相关滚装货物进出口商和终端消费者的利益,系固定价格、分割市场的横向垄断协议行为,违反了我国《反垄断法》。

国家发展改革委区别情形适用宽恕制度,对 8 家滚装货物国际海运企业的日本邮船株式会社免除了处罚,其余 7 家分别处以上一年度(2014 年度)与中国市场相关的滚装货物国际海运服务销售额 4% ~9% 的梯度罚款(详见表 2 -1)。罚款额共计人民币 4.07 亿元。[②]

---

① 《东风日产在广东省实施价格垄断被处罚》,载广东省发展和改革委员会官网:http://210.76.72.13:9000/pub/gdsfgw2014/zwgk/gzdt/gzyw/201509/t20150910_328993.html,最后访问时间:2016 年 8 月 1 日。

② 《8 家滚装货物国际海运企业串通投标行为被处罚款 4.07 亿元》,载国家发展和改革委员会官网:http://jjs.ndrc.gov.cn/gzdt/201512/t20151228_769084.html,最后访问时间:2016 年 8 月 1 日。

表2－1　8家滚装货运企业价格垄断案行政处罚一览

受反垄断调查的八家滚装货物国际海运企业	罚款梯度	罚款考虑情节	受罚金额（人民币）
日本邮船株式会社	免除处罚	宽大：第一家主动报告并提供重要证据（虽情节严重）	0
川崎汽船株式会社	处以上一年度销售额4%罚款	宽大：第二家主动报告并提供重要证据，但情节严重	2398.09万元
智利航运滚装船务有限公司		从轻：情节较轻（仅起到协助配合作用）	119.84万元
日本东车轮船有限公司	处以上一年度销售额5%罚款	达成并实施垄断协议持续时间长，但涉及品牌、事件和航线数量较少	1126.86万元
智利南美轮船公司	处以上一年度销售额6%罚款		307.67万元
株式会社商船三井	处以上一年度销售额7%罚款	宽大：第三家主动报告并提供重要证据，但情节严重	3812.11万元
华轮威尔森物流有限公司	处以上一年度销售额8%罚款	情节严重，但提供了执法机关未掌握的违法事实与证据	4506.13万元
威克滚装船务有限公司	处以上一年度销售额9%罚款		28400万元

3. 重庆青阳等4家公司别嘌醇片垄断协议案

根据举报，国家发展改革委于2015年10月16日对重庆青阳药业有限公司、世贸天阶制药（江苏）有限责任公司、上海信谊联合医药药材有限公司和商丘市华杰医药有限公司的垄断行为进行立案调查，于2015年12月28日依法作出行政处罚。

经查明，2014年4月以来，上述4家药企先后4次召开会议，达成了上涨销售价格和分割销售市场的垄断协议，并实施了垄断协议：提高了别嘌醇片销售价格，并按分割的市场范围销售别嘌醇片，约定招投标工作。持续时间为一年半。

执法机关认为,4 家药企的行为严重排除、限制了别嘌醇片的市场竞争,对 2014 年 4 月以来别嘌醇片价格上涨具有重要影响,增加了广大患者的药费负担,损害了消费者利益,系固定商品价格、分割销售市场的横向垄断协议行为,违反了《反垄断法》。因此,对 4 家药企处以上一年度(2014 年度)销售额 5% ~8% 的罚款(详见表 2 -2),罚款额共计人民币 399.54 万元。①

表 2 -2 重庆青阳等 4 家公司别嘌醇片垄断协议案行政处罚一览

<table>
<tr><th>受反垄断调查的四家药企</th><th>罚款梯度</th><th>罚款考虑情节</th><th>受罚金额(人民币)</th></tr>
<tr><td>重庆青阳公司
重庆大同公司</td><td>处以上一年度销售额 8% 罚款</td><td>从重:处于主导地位,不积极配合调查,曾否认相关事实</td><td>180.52 万元</td></tr>
<tr><td>世贸天阶制药(江苏)公司</td><td rowspan="3">处以上一年度销售额 5% 罚款</td><td>积极配合调查,及时提供相关材料,如实陈述相关事实</td><td>118.41 万元</td></tr>
<tr><td>上海信谊公司</td><td rowspan="2">积极配合调查,如实陈述事实</td><td>49.56 万元</td></tr>
<tr><td>商丘市华杰公司</td><td>51.06 万元</td></tr>
</table>

4. 华中药业等 3 家公司艾司唑仑药品价格垄断案

国家发展改革委于 2016 年 4 月 20 日至 22 日对华中药业、山东信谊和常州四药 3 家公司进行反垄断调查,于 2016 年 7 月 27 日对上述当事人作出行政处罚决定。

经查明,2014 年,上述 3 家企业通过会议、邮件和下发调价函等方式,在艾司唑仑原料药市场达成并实施了联合抵制交易的垄断协议,在艾司唑仑片剂市场达成并实施了固定或变更商品价格的垄断协议。2014 年 10 月以后,3 家企业陆续停止对外正常供货,生产的原料药仅供自用;2014 年 12 月

① 《国家发展改革委行政处罚决定书》(〔2016〕1 号文件);《国家发展改革委行政处罚决定书》(〔2016〕2 号文件);《国家发展改革委行政处罚决定书》(〔2016〕3 号文件);《国家发展改革委行政处罚决定书》(〔2016〕4 号文件);载国家发展和改革委员会官网,http://jjs.ndrc.gov.cn/fjqld/,最后访问时间:2016 年 8 月 1 日。

以后,3 家企业均大幅提高艾司唑仑片的价格,涨价时机高度一致;2015 年以后,3 家企业的艾司唑仑片出厂价格均涨至约 1 角/片。

执法机关认定,3 家企业在艾司唑仑原料药市场和艾司唑仑片剂市场上达成的垄断协议,严重排除、限制了片剂市场的竞争,直接导致 2015 年以来艾司唑仑片剂价格的大幅上涨,增加了广大患者的药费负担,损害了消费者利益。3 家企业的行为系联合抵制交易和固定或变更商品价格的横向垄断协议,违反了《反垄断法》。国家发展改革委区别情形对 3 家企业分别处以上一年度(2015 年度)销售额 2.5% ~7% 不等的罚款(详见表 2 -3),罚款额共计 260.3823 万元。[①]

表 2 -3　华中药业等 3 家公司艾司唑仑药品价格垄断案行政处罚一览

受反垄断调查的3 家药企	罚款梯度	罚款考虑情节	受罚金额(人民币)
华中药业	处以上一年度销售额7% 的罚款	从重:起主导作用	157.1829 万元
山东信谊	处以上一年度销售额2.5% 的罚款	从轻:参与者,配合调查且有立功表现	54.7563 万元
常州四药	处以上一年度销售额3% 的罚款	从轻:跟随者,违法程度较轻且积极整改	48.4431 万元

值得关注的是,本案为我国反垄断协同行为行政处罚第一案。

5. 上海韩泰轮胎销售有限公司限定最低转售价垄断案

在国家发展改革委的指导下,上海市物价局于 2016 年 4 月对上海韩泰轮胎销售有限公司达成并实施价格垄断协议一案作出行政处罚决定。

经查明,2012 年至 2013 年,上海韩泰公司在销售卡客车轮胎及乘用车轮胎过程中,与上海地区经销商签订了含有限定最低转售价格条款的《特约经销合同书》及《市场稳定化管理合同》,以终止合同或扣除市场规范保证金

① 《国家发展改革委依法查处艾司唑仑药品垄断协议案》,载国家发展和改革委员会官网:http://jjs.ndrc.gov.cn/gzdt/201607/t20160727_812589.html,最后访问时间:2016 年 8 月 1 日。

作为违反最低转售价格条款的处罚措施;并向部分经销商收取市场规范保证金,制定了包含最低批发价的指导价格表以及市场规范公函,要求经销商不得低于指导价格销售产品。

执法机关认为,上海韩泰轮胎销售有限公司与相关经销商达成并实施“限定向第三人转售商品的最低价格”的垄断协议,排除、限制了市场价格竞争,扰乱了正常的市场竞争秩序,损害了其他经营者和消费者的合法权益,系限定向第三人转售商品的最低价格的纵向垄断协议,违反了《反垄断法》。鉴于上海韩泰轮胎销售有限公司在调查前有主动停止部分违法行为、调查过程中积极配合、主动提供反垄断执法机关未掌握的部分证据、及时退还市场规范保证金、主动减轻违法后果等情节,责令其立即停止违法行为,并处以上一年度相关市场销售额 1% 的罚款,共计 217.52 万元。[①]

6. 陕西省机动车检测机构固定价格案

基于对机动车检测收费大幅上调的前期排查,陕西省物价局对陕西省机动车辆检测协会及西安、商洛、杨凌三市(区)的 31 家机动车检测公司涉嫌达成并实施价格垄断协议一案展开反垄断调查,于 2016 年 4 月对上述当事人作出行政处罚决定。

经查明,涉案机动车检测机构在陕西省机动车辆检测协会西安分会的组织下,自 2015 年 11 月上旬起在微信群内讨论集体涨价事宜,并召开三次会议,协商统一上调机动车检测收费标准、约定涨价时间,并制定罚则,督促各检测机构必须执行统一商定的最低收费标准。[②]

执法机关指出,当事人的行为系固定或变更商品价格的横向垄断协议,

---

① 《上海市物价局依法查处上海韩泰轮胎销售有限公司价格垄断案》,载国家发展和改革委员会官网:http://www.sdpc.gov.cn/fzgggz/jgjdyfld/jjszhdt/201604/t20160413_798068.html,最后访问时间:2016 年 8 月 1 日。

② 《陕西省部分地区机动车检测机构实施价格垄断行为被依法查处》,载国家发展和改革委员会官网:http://www.sdpc.gov.cn/fzgggz/jgjdyfld/jjszhdt/201604/t20160413_798067.html,最后访问时间:2016 年 8 月 1 日。

违反了《反垄断法》。因此，对陕西省机动车辆检测协会处以25万元罚款，[①]并适用宽大制度区别情形对第一个报告并主动提供证据的西安博世车辆检测公司免予行政处罚，[②]对后续的主动报告者——西安博世车辆检测公司和西安城南汽车综合检测公司分别处以上一年度(2015年度)销售额3%的罚款；对涉案的其他28家机动车检测公司处以上一年度销售额3% ~8%的罚款[③](详见表2－4)。罚款额合计576.9561万元。

表2－4　陕西机动车检测机构价格垄断案行政处罚一览

<table>
<tr><th>序号</th><th>受反垄断调查的当事人</th><th>罚款梯度</th><th>罚款考虑情节</th><th>受罚金额（人民币）</th></tr>
<tr><td>1</td><td>陕西省机动车辆检测协会</td><td>无</td><td>无</td><td>25万元</td></tr>
<tr><td>2</td><td>西安博世车辆检测公司</td><td>免除处罚</td><td>宽大：第一家主动报告并提供重要证据，停止违法行为，配合调查，进行整改</td><td>0</td></tr>
<tr><td>3</td><td>西安市城南汽车综合检测公司</td><td rowspan="4">处以上一年度销售额3%的罚款</td><td rowspan="2">宽大：主动报告并提供重要证据，停止违法行为，配合调查，进行整改</td><td>26.7426万元</td></tr>
<tr><td>4</td><td>陕西外远汽车检测修造公司</td><td>14.7108万元</td></tr>
<tr><td>5</td><td>杨凌运升机动车检测公司</td><td rowspan="2">从轻：做好收费公示牌后，停止了违法行为</td><td>5.1642万元</td></tr>
<tr><td>6</td><td>西安博恒机动车检测公司</td><td>15.8392万元</td></tr>
</table>

① 《陕西省物价局行政处罚决定书陕价反垄断处罚》(〔2016〕1号)，载陕西省物价局官网：http://www.snprice.gov.cn/admin/pub_newsshow.asp?id=1014099&chid=100439，最后访问时间：2016年8月1日。

② 《陕西省物价局免予行政处罚决定书陕价反垄断免处罚》(〔2016〕1号)，载陕西省物价局官网：http://www.snprice.gov.cn/admin/pub_newsshow.asp?id=1014100&chid=100439，最后访问时间：2016年8月1日。

③ 《陕西省物价局行政处罚决定书陕价反垄断处罚》(〔2016〕2－15号，18－31号)，载陕西省物价局官网，最后访问时间：2016年8月1日。

续表

序号	受反垄断调查的当事人	罚款梯度	罚款考虑情节	受罚金额（人民币）
7	陕西安驰机动车检测公司	处以上一年度销售额6%的罚款	无	43.5887 万元
8	陕西恒正汽车检测公司		无	36.2118 万元
9	西安东升汽车检测维修公司		无	2.7699 万元
10	西安市临潼区顺安车辆检测公司		无	21.4669 万元
11	西安城东汽车综合性能检测公司		无	23.4360 万元
12	西安市新盛机动车检测公司		无	17.0181 万元
13	西安城西汽车综合检测公司		无	19.8166 万元
14	陕西安远机动车检测服务有限公司		无	0.1423 万元
15	西安博阳机动车检测公司		无	15.2437 万元
16	陕西安达装备安全检测科技公司		无	27.0551 万元
17	西安外远汽车检测公司		无	34.5571 万元
18	西安城北汽车综合性能检测公司		无	26.3155 万元
19	西安岭南机动车检测公司		无	15.3398 万元

续表

序号	受反垄断调查的当事人	罚款梯度	罚款考虑情节	受罚金额（人民币）
20	西安新元汽车检测维修公司	处以上一年度销售额6%的罚款	无	17.4506万元
21	陕西省汽车检测站		无	23.2461万元
22	西安长城汽车检测维修有限公司		无	24.9666万元
23	商洛市泛华机动车检测公司		无	12.4092万元
24	商洛市鹤雄机动车安全检测公司		无	7.3397万元
25	陕西西部国际车城公司		无	23.0066万元
26	西安瑞源车辆检测服务公司		无	15.7576万元
27	西安关中机动车检测服务公司		无	19.1128万元
28	西安宏林实业有限公司		无	21.5389万元
29	陕西永智科工贸公司		无	6.3592万元
30	周至县顺安车辆检测公司		无	12.9654万元
31	洛南县宏安车辆检测公司		无	2.1942万元
32	西安特律机动车综合检测公司	处以上一年度销售额8%的罚款	从重：在垄断协议中起主导、示范作用，性质严重	20.1909万元

7. 江苏连云港致诚化工等五家企业固定价格案

江苏省物价局于 2015 年 3 月对 5 家江苏化工生产企业(连云港致诚化工有限公司、连云港拜尔特化工有限公司、灌云金安化工有限公司、连云港恒贸化工有限公司和滨海鸿嘉化工有限公司)以及一家销售企业(上海焦点生物技术有限公司)涉嫌价格垄断进行立案调查,于 2016 年 5 月 24 日作出行政处罚决定。

经查明,上述 5 家江苏化工生产企业共同组成价格同盟,多次召开同盟会议,统一氯代苯酚系列产品最低销售价格,通过上海焦点生物技术有限公司统一对外销售。各家企业还通过缴纳保证金、互派监督员、对违反协议行为进行罚款等方式监督垄断协议实施。

执法机关认为,5 家江苏化工生产企业组成价格同盟共同提高商品价格的行为,排斥、限制了相关市场竞争,损害了下游公司及最终消费者的利益,系固定价格的横向垄断协议行为,违反了《反垄断法》。鉴于涉案的 6 家企业均有积极整改等从轻处罚情节,执法机关对 6 家企业分别处以上一年度(2014 年度)销售额 1% 的罚款,罚款额共计 381 万元。[①]

8. 四川报废机动车回收拆解行业协会组织本行业经营者固定价格案

根据群众举报,四川省发改委于 2014 年 2 月对四川省报废机动车回收拆解行业协会以及自贡市报废汽车专营有限责任公司等 9 家报废机动车回收拆解企业涉嫌垄断案件进行调查,于 2015 年 2 月对上述 10 家涉案主体作出行政处罚决定。

经查明,2012 年至 2013 年,四川报废机动车回收拆解行业协会召集全省 39 家报废机动车回收拆解企业召开会议,达成《四川省报废机动车回收拆解行业自律公约》和《四川省报废机动车行业指导价》等固定报废机动车收购价格的协议,自贡市报废汽车专营有限责任公司等 9 家企业达成协议,并在《川南四市自觉遵守四川省报废机动车回收拆解行业自律公约》文件上

---

① 《6 家化工企业价格垄断被查》,载新华日报网:http://xh.xhby.net/mp2/html/2016-05/25/content_1418927.htm,最后访问时间:2016 年 8 月 1 日。

签名，承诺严格执行。

执法机关认为，四川报废机动车回收拆解行业协会组织具有竞争关系的成员单位达成垄断协议，系组织本行业经营者从事垄断协议行为；9家经营者达成垄断协议并承诺严格执行的行为，系固定商品价格的横向垄断协议。以上行为排除、限制了市场竞争，破坏相关市场竞争秩序，损害报废机动车交售单位或个人的合法权益，均违反了《反垄断法》。

四川省发改委对尚未造成严重影响且能够配合调查的四川省报废机动车回收拆解行业协会处以30万元的罚款，[①]并区别情形对9家报废机动车回收拆解企业处以不同数额的罚款（详见表2－5），共计26万元。本案总罚款额共计56万元。[②]

表2－5 四川报废机动车回报拆解行业协会组织固定价格案行政处罚一览

受反垄断调查的当事人	罚款考虑情节	受罚金额（人民币）
自贡市报废汽车专营有限责任公司	从轻：未严格实施垄断协议，积极配合调查	2万元
泸州市再生资源回收利用有限公司		2万元
泸州市佳诚报废汽车回收有限公司		2万元
宜宾市诚意报废汽车回收有限公司		2万元
四川省宜宾市物资回收公司		2万元
宜宾市金特报废汽车回收有限责任公司		2万元
内江市供销社报废汽车回收有限公司		2万元
德阳市旌龙再生资源有限公司		2万元
成都兴原再生资源投资有限公司	从重：虽未严格实施垄断协议，积极配合调查，但积极推动协议的达成	10万元

① 《四川省发展和改革委员会行政处罚决定书川发改价检处》（〔2015〕9号），载四川省发展和改革委员会官网：http://www.scdrc.gov.cn/dir1118/179217.htm，最后访问时间：2016年8月1日。

② 《四川省发展和改革委员会行政处罚决定书川发改价检处》（〔2015〕3－8号，10－12号），载四川省发展和改革委员会官网，最后访问时间：2016年8月1日。

9. 四川资阳道路运输协会组织本行业经营者固定价格案

根据群众举报,四川省发改委对资阳市道路运输协会以及简阳市贾家镇邓候渠汽车修理厂等 31 家机动车维修企业进行立案调查,于 2015 年 2 月作出行政处罚决定。

经查明,2012 年 6 月,资阳市道路运输协会召开会议,召集简阳市贾家镇邓候渠汽车修理厂等 31 家机动车维修企业讨论并通过了《资阳市营运车辆二级维护企业自律公约》,共同约定"严格按照统一收费标准收取维护费,不许任意提高或降低标准收费",并通过公约附件《资阳市汽车二级维护工时定额最低收费标准》,固定了各类车型二级维护工时费最低标准。各机动车维修企业从 2014 年 4 月开始按照协议标准收费。

执法机关认为,资阳市道路运输协会组织资阳市机动车维修经营者达成、实施固定二级维护工时费价格的垄断协议之行为,系行业协会组织本行业经营者从事垄断协议的行为;31 家机动车维修企业达成并实施了固定机动车二级维护工时费价格的垄断协议,系达成实施固定商品价格的横向垄断协议。以上行为排除、限制了相关市场竞争,降低了相关市场的经济效率,损害了消费者利益,均违反了《反垄断法》。

鉴于当事人皆具有从轻情节,四川省发改委对资阳市道路运输协会处以 20 万元罚款;①对 31 家经营者分别处以上一年度(2013 年度)二级维护工时费收入 3% 的罚款,罚款额为 10.412 万元。② 本案总罚款额共计 30.412 万元。

10. 广州市番禺动漫游艺行业协会联合抵制垄断案

经国家工商行政管理总局授权,广东省工商行政管理局于 2014 年 7 月对广州市番禺动漫游艺行业协会涉嫌垄断行为进行立案调查,于 2015 年 7

---

① 《四川省发展和改革委员会行政处罚决定书川发改价检处》(〔2015〕16 号),载四川省发展和改革委员会官网:http://www.scdrc.gov.cn/dir1118/179224.htm,最后访问时间:2016 年 8 月 1 日。

② 《四川省发展和改革委员会行政处罚决定书川发改价检处》(〔2015〕13 - 15 号,17 - 44 号),载四川省发展和改革委员会官网,最后访问时间:2016 年 8 月 1 日。

月 9 日对涉案当事人作出行政处罚决定。

经查明,2012 年,当事人召集召开“第二届理事工作会议”,在会议上,当事人组织与会企业讨论并通过了其草拟的《展会联盟协议书》,并以“会议记录”形式明确,最终有 52 家本行业的会员企业成为《展会联盟协议书》的签约企业。《展会联盟协议书》倡议会员企业只参加由协会主导或协会承办的展览会。

执法机关认为,《展会联盟协议书》的内容涉及相同或类似行业有竞争关系的动漫游艺企业,在行业展会的选择上,联合抵制当事人主办、主导或承办以外的行业展会,排除、限制了广州地区动漫游艺展览行业的自由竞争,破坏了市场竞争秩序。当事人的行为系联合抵制交易的横向垄断协议行为,违反了《反垄断法》。执法机关没有采纳当事人的抗辩理由,但鉴于当事人能配合调查,态度较好,对其处以罚款 10 万元。①

11. 湖北 12 家保险公司建设工程意外险垄断案

经国家工商行政管理总局授权,湖北省工商行政管理局于 2014 年 10 月对中国太平洋人寿保险股份有限公司湖北分公司等 12 家保险公司涉嫌从事垄断协议行为进行立案调查,于 2015 年 6 月对涉案当事人分别下达了行政处罚决定。

经查明,12 家保险公司与武汉建筑安全技术中心共同签订了《建设工程以外伤害保险共保协议书》,成立“武汉市建设工程人意险共保体”。中国太平洋人寿保险湖北分公司作为首席承保人,代表 11 家保险公司统一收费,按约定比例将当月保险费划入 11 家保险公司的账户。中国太平洋人寿保险湖北分公司占总保额比例为 12%,其他 11 家公司作为一般共同保险人,各占总保额比例 8%。

执法机关指出,12 家保险公司达成并实施横向垄断协议的行为扰乱了武

① 《竞争执法公告 2015 年第 11 号 广州市番禺动漫游艺行业协会垄断协议案》,载国家工商行政管理总局官网:http://www.saic.gov.cn/zwgk/gggs/jzzf/cfjd/201512/t20151208_164678.html,最后访问时间:2016 年 8 月 1 日。

汉市市管建设工程领域保险行业的正常竞争秩序,损害了建筑企业、其他保险公司等该市场直接参与者的利益,并最终损害了消费者的利益,严重扭曲了公平竞争的市场机制,系分割销售市场的横向垄断协议行为,违反了《反垄断法》。

2015 年 6 月,湖北工商行政管理局对 12 家保险公司作出处罚决定:责令立即停止违法行为,没收违法所得,对中国太平洋人寿保险股份湖北分公司处以上一年度(2013 年度)销售额 6% 的罚款,对其余 11 家处以上一年度(2013 年度)销售额 2% 的罚款(详见表 2-6),罚款额共计 22.48 万元;没收违法所得共计 444.09 万元。本案罚没款总额计人民币 466.57 万元。[①]

表 2-6　湖北十二家保险公司建设工程意处险垄断案行政处罚一览

受反垄断调查的 12 家保险公司	罚款梯度	罚款金额(人民币)	没收违法所得数额(人民币)
中国太平洋人寿保险湖北分公司	处以上一年度销售额 6% 的罚款	6.53 万元	91.4 万元
富德生命人寿保险湖北分公司	处以上一年度销售额 2% 的罚款	1.45 万元	43.32 万元
泰康人寿保险湖北分公司		1.45 万元	43.32 万元
中国人寿保险武汉市汉阳区支公司		1.45 万元	43.32 万元
中国太平洋财产保险湖北分公司		1.45 万元	43.32 万元
中国大地财产保险湖北分公司		1.45 万元	43.32 万元
永诚财产保险湖北分公司		1.45 万元	43.32 万元
中国人民财产保险武汉市江汉支公司		1.45 万元	25.99 万元

① 《竞争执法公告 2015 年第 13 号 中国太平洋人寿保险股份有限公司湖北分公司等 12 家保险公司垄断协议案》,载国家工商行政管理总局官网:http://www.saic.gov.cn/zwgk/gggs/jzzf/201512/t20151229_165445.html,最后访问时间:2016 年 8 月 1 日。

续表

受反垄断调查的12家保险公司	罚款梯度	罚款金额（人民币）	没收违法所得数额（人民币）
中国平安财产保险湖北省分公司	处以上一年度销售额2%的罚款	1.45万元	0
合众人寿保险湖北分公司		1.45万元	11.77万元
平安养老保险湖北分公司		1.45万元	42.01万元
太平财产保险湖北分公司		1.45万元	13万元

12. 湖南永州奥都混凝土等7家混凝土公司分割市场垄断案

根据永州市人大代表反映的情况，经国家工商行政管理总局授权，湖南省工商行政管理局于2013年4月15日对湖南永州奥都混凝土有限公司等7家公司涉嫌垄断协议行为立案调查，于2015年11月对涉案当事人分别下达了行政处罚决定书。

经查明，2011年9月30日，该7家混凝土公司签订了《混凝土公司合伙协议》，约定各公司以资产入股合伙经营，组建综合办公室进行统一管理，实行统一营销、统一调度、统一生产，按各公司所占股份进行利润分配。但因存在分歧，协议签订后未有效实施，2011年12月彻底废除。

执法机关指出，该7家混凝土公司签订《合伙协议》，拟对各公司混凝土生产方量进行调控，划分销售商品数量，使得7家具有明显竞争关系的混凝土公司结成利益同盟体，具有排除、限制竞争的效果，系达成分割销售市场的横向垄断协议行为，违反了《反垄断法》。但由于所签的协议生效后并未有效实施，系“尚未实施所达成的垄断协议”的违法行为。

2015年11月，湖南省工商行政管理局对永州市双园建材有限责任公司适用宽大制度给予免除处罚；对湖南永州奥都混凝土公司等6家企业分别处以 3 万元罚款(详见表 2-7),罚款额共计人民币 18 万元。①

表 2-7 湖南永州奥都混凝土等七家混凝土公司分割市场垄断案行政处罚一览

受反垄断调查的七家混凝土公司	罚款考虑情节	罚款金额(人民币)
永州市双园建材公司	宽大:调查前主动提供重要材料;立案后第一个主动报告,提供重要证据并全面主动配合调查	0
永州奥都混凝土公司	违法行为持续时间不长,尚未实施达成的垄断协议,且主动停止垄断协议行为	3 万元
永州市嘉信混凝土公司		3 万元
永州市海腾混凝公司		3 万元
永州市鑫海混凝土公司		3 万元
永州市珊瑚高科混凝土公司		3 万元
永州湘奥混凝土公司		3 万元

值得关注的是,本案为工商部门适用宽大制度第一案。

13. 中国人寿、泰康人寿等保险公司江西分公司建筑工程意外险垄断案

根据举报,经国家工商行政管理总局授权,江西省工商行政管理局于 2013 年 6 月对中国人寿、泰康人寿等保险公司江西分公司涉嫌达成、实施划分销售市场的垄断协议案件行为进行立案调查,于 2015 年 12 月 28 日对涉案当事人作出行政处罚决定。

经查明,中国人寿保险江西分公司、泰康人寿江西分公司于 2009 年 12 月分别与其他 10 家保险公司江西省分公司,又于 2012 年 12 月分别与其他 16 家保险公司江西省分公司签订《江西省建筑工程意外伤害保险共保协议》《南昌市建筑工程团体意外伤害保险共保协议》,划分江西省工程建筑意外伤害保险市场,还对保险代理公司、代理手续费比例、保险费率等作了约定,规定了履约基本保证金、份额保证金制度和对违约公司的罚款制度。上述

① 《竞争执法公告 2015 年第 14 号 永州奥都混凝土有限公司等 7 家公司垄断协议案》,载国家工商行政管理总局官网:http://www.saic.gov.cn/zwgk/gggs/jzzf/201512/t20151229_165504.html,最后访问时间:2016 年 8 月 1 日。

公司持续实施共保协议多年。

执法机关认为，中国人寿保险江西省分公司等17家保险公司分公司是具有竞争关系的经营者，他们达成并实施垄断协议划分对建筑工程意外伤害保险的保险地域、保费份额，使市场份额相对固化，直接排除了彼此之间的竞争，也弱化了经营者为争取消费者而不断提升质量和服务的动力，削弱了各公司通过吸引优质代理人拓展市场的竞争，阻碍了各公司在保险产品、价格和服务质量方面的竞争，降低了商业保险及其代理市场的经济效率；系分割销售市场的横向垄断协议，违反了《反垄断法》。

2015年12月，江西省工商行政管理局对中国人寿保险江西省分公司和泰康人寿保险江西省分公司分别处以上一年度（2013年度）共保销售额5%的罚款，对其余15家保险公司分别处以上一年度共保销售额3%的罚款，罚款额共计2319.8209万元。[①]

14. 山东天元同泰会计事务所临沂分所等25家会计事务所分割市场垄断案

根据群众举报，经国家工商行政管理总局授权，山东省工商行政管理局于2014年8月19日对山东天元同泰会计师事务所有限公司临沂分所等涉嫌达成、实施划分销售市场的垄断协议行为进行立案调查，于2016年3月21日对涉案当事人作出行政处罚决定。

经查明，2012年至2013年，临沂市25家会计师事务所共同达成了《关于实行业务收入统筹的决议》《业务收入统筹及分配方案》和《关于统筹款收交和分配的有关规定》等协议，并付诸实践。所有会员单位每月将临沂本地实行业务报备的审计、验资等相关业务收入交纳至某专用银行账户，再按照各会员单位以往年度收入占全体收入的市场份额和注册会计师人数等指标，对各会员单位的当年收入进行重新分配。实施协议的行为一直持续至

---

① 《竞争执法公告2016年第1号　中国人寿、泰康人寿等保险公司江西分公司垄断协议案》，载国家工商行政管理总局官网：http://www.saic.gov.cn/zwgk/gggs/jzzf/201602/t20160203_166468.html，最后访问时间：2016年8月1日。

2014 年 7 月。

执法机关认为,临沂地区会计师事务所的审计、验资相关业务是一个公平竞争的市场。该 25 家会计事务所达成并实施涉案协议的行为限制了企业的竞争活力和积极性,违背了市场经济公平竞争和优胜劣汰的规律,系分割销售市场的横向垄断协议行为,违反了《反垄断法》。

2016 年 3 月,山东工商行政管理局区别情形对 23 家①会计师事务所处以上一年度(2013 年度)销售额 1% ~3% 的罚款(详见表 2 - 8),罚款额共计人民币 198.2665 万元。②

表 2 - 8　山东 23 家会计事务所分割市场垄断案行政处罚一览

受反垄断调查的 23 家会计师事务所	罚款梯度	罚款考虑情节	罚款金额(人民币)
山东天元同泰会计师事务所临沂分所	处以上一年度销售额 3% 的罚款	组织者,但能积极配合调查,主动改正并停止违法行为,无违法所得	30.4859 万元
新联谊会计师事务所临沂分所			24.664 万元
临沂元真会计师事务所			22.7513 万元
山东鸿城会计师事务所			8.904 万元
临沂恒正会计师事务所			11.4154 万元
平邑沂蒙会计师事务所			8.1828 万元
山东鸿信会计师事务所			7.6838 万元

① 本案涉案主体为 25 家,但受罚主体仅 23 家,另 2 家会计事务所,在执法机关作出行政处罚前进行了企业注销登记,由于这种情况如何处理目前没有明确的法律规定,山东省工商局拟待国家工商总局作出答复后再行处理。

② 《竞争执法公告 2016 年第 3 号　山东天元同泰会计师事务所有限公司临沂分所等涉嫌达成、实施划分销售市场的垄断协议案》,载国家工商行政管理总局官网:http://www.saic.gov.cn/zwgk/gggs/jzzf/201605/t20160517_168642.html,最后访问时间:2016 年 8 月 1 日。

续表

受反垄断调查的23家会计师事务所	罚款梯度	罚款考虑情节	罚款金额（人民币）
临沂恒达信会计师事务所	处以上一年度销售额2%的罚款	积极配合调查，主动改正并停止违法行为，无违法所得	5.3792万元
新联谊会计师事务所费县分所			4.1376万元
山东大乘联合会计师事务所			10.6714万元
临沂启阳联合会计师事务所			9.0143万元
山东万兴德会计师事务所			7.0054万元
山东大宇会计师事务所			1.596万元
山东恒宇会计师事务所			8.2946万元
山东新华会计师事务所临沂分所			1.1281万元
临沂沂州会计师事务所			9.4355万元
临沂中昊会计师事务所	处以上一年度销售额1%的罚款	从轻：曾明确提出反对意见，积极配合调查，主动改正并停止违法行为，无违法所得	2.8018万元
山东天恒信会计师事务所			4.743万元
临沂安丰联合会计师事务所			5.9893万元
临沂信德金桥联合会计师事务所			3.3374万元
山东泰信会计师事务所临沂分公司			2.6262万元
临沂盛大联合会计师事务所			5.7703万元
山东汇正联合会计师事务所			2.2492万元

15. 湖北省保险行业协会组织四公司新车保险垄断案

经国家工商行政管理总局授权,湖北省工商行政管理局于 2013 年 3 月 27 日对湖北省保险行业协会涉嫌组织本行业经营者涉嫌垄断协议行为进行立案调查,于 2016 年 5 月 6 日对湖北省保险行业协会作出行政处罚决定。

经查明,2003 年 5 月,湖北省保险行业协会组织中国人民保险公司湖北省分公司、中国太平洋财产保险股份有限公司武汉分公司、中国平安财产保险股份有限公司武汉分公司、天安保险股份有限公司武汉分公司 4 家保险公司签订《武汉市车辆市场集中统一办理新车保险合作协议书》,并成立"武汉市新车保险领导小组"和"武汉市新车保险服务中心",还对保费划转、费用分摊、份额的控制和检查、人员管理、违约责任等进行了规定。2004 年 8 月,在湖北省保险行业协会的监证下,4 家发起保险公司、太平保险有限公司湖北分公司、大地财险武汉分公司共同签订《统一办理新车保险继续合作协议》,协议对市场份额进行调整。

执法机关认为,湖北省保险行业协会的上述行为系组织本行业经营者达成垄断协议划分市场份额的行为,违反了《反垄断法》。鉴于当事人主动废除与《反垄断法》相抵触的文件、公约;当事人积极配合调查,对其处以罚款 20 万元。①

16. 安徽信雅达等 3 家密码器企业分割市场垄断案

经国家工商行政管理总局授权,安徽省工商行政管理局于 2015 年 2 月 5 日对信雅达系统工程股份有限公司、上海海基业高科技有限公司、北京兆日科技有限责任公司涉嫌垄断行为进行立案调查,并于 2016 年 9 月 18 日对涉案当事人作出行政处罚决定。

经查明,2010 年 10 月,上述 3 家公司在人民银行合肥中心支行组织召开的安徽省支付密码产品选型评审会议中被确定为安徽省范围内推荐使用

---

① 《竞争执法公告 2016 年第 6 号　湖北省保险行业协会组织本行业经营者从事垄断协议案》,载国家工商行政管理总局官网:http://www.saic.gov.cn/zwgk/gggs/jzzf/201608/t20160816_170435.html,最后访问时间:2016 年 8 月 1 日。

支付密码器供应商。2010 年 12 月,3 家公司与安徽省 20 家银行业金融机构共同参加人民银行合肥中心支行组织召开的安徽省支付密码推广工作会议,会议就安徽省支付密码器销售市场分配、产品型号、市场价格、推广宣传、销售措施、培训及相关费用等事项达成一致意见。自 2011 年 1 月至 2015 年 9 月,一致按照分配方案划分的对象进行供货,持续时间达 5 年。

执法机关认为,信雅达公司、海基业高科技公司和兆日公司是具有横向竞争关系的独立法人,采取协调一致的行为分割销售市场,排除、限制了竞争,扰乱了市场竞争秩序,影响了经济运行效率,系以协同行为的方式达成并实施分割销售市场的横向垄断协议行为,违反了《反垄断法》。因此,对 3 家公司分别处以 2014 年度销售额 8% 的罚款,并没收违法所得(详见表 2 - 9)。本案(支付密码供应商垄断协议案)罚没款合计 2975.92 万元。[①]

表 2 - 9　安徽信雅达等三家密码器企业分割市场垄断案行政处罚一览

受反垄断调查的当事人	罚款梯度	受罚金额(人民币)	没收违法所得(人民币)
海基业公司	处以 2014 年度销售额 8% 的罚款	7.591 万元	1985.487 万元
信雅达公司		7.617 万元	411.369 万元
兆日公司		25.85 万元	538.026 万元

值得一提的是,该案调查期间,信雅达公司因拒绝提供有关材料[②]而被认定为拒绝配合反垄断调查工作,于 2015 年 9 月 18 日被安徽省工商行政管

① 《竞争执法公告 2016 年第 9 号　安徽信雅达等三家密码器企业垄断协议案》,载国家工商行政管理总局官网:http://www.saic.gov.cn/zwgk/gggs/jzzf/201611/t20161104_172076.html,最后访问时间:2016 年 11 月 4 日。

② 2015 年 6 月 18 日,安徽省工商行政管理局向信雅达送达了《调查通知》,要求其在 10 个工作日内提供自 2010 年以来在安徽省推广支付密码器有关协议、单证、会计账簿、业务函电、电子数据等文件、资料,截至 7 月 3 日期满,信雅达未提供任何相关材料。2015 年 7 月 8 日,该局再次向信雅达送达了《限期接受调查的通知》,限其 3 个工作日(截至 7 月 13 日期满)内按照要求配合调查。截至 7 月 14 日,信雅达仅寄送一份表达其不构成垄断行为的《信雅达系统工程股份有限公司关于贵局反垄断调查的申述意见》,仍未按照规定要求提供相关材料。

理局处以 20 万元的行政处罚。[①] 这起“首例工商部门对不配合反垄断执法调查开出罚单”案件引起社会的热议。

三、存在问题和未来展望

从这一年的行政执法实践看,两大执法机关共查处的 16 起垄断协议案件中,只有 2 起纵向垄断案件(上海韩泰轮胎垄断案和东风日产价格垄断案[②]),其余 14 起均为横向垄断案件。涉及行业协会的案件 4 起,占总比的 25%;保险业仍是垄断行为的重灾区,相关案件 3 起,占总比的 18.75%。适用宽大制度的案件 3 起,占总比的 18.75%。此外,出现了我国协同行为行政处罚第一案(司唑仑药品价格垄断案)和第二案(支付密码供应商垄断协议案),还出现了工商部门适用宽大制度第一案(湖南永州奥都混凝土等 7 家混凝土公司分割市场垄断案),这说明经过历练的两大竞争执法机关的执法水平已经有了很大的提升。然而,我们的反垄断执法体系还很年轻,犹存改善空间。

(一)尽快出台相关指南

规范的法治必须以透明而不留模糊空间的法律作为实施依据。从经营者角度,需要一杆可以衡量自己市场行为“合法经营”与“违规受罚”之间界限的守法标尺;从执法者角度,也需要一杆可做参照并尽量压缩执法模糊空间的执法标尺。所以,法律实施细则和指南文件的出台对指引执法,提高反垄断执法透明度,统一执法标准以及指导守法,稳定市场主体法律预期,降低经营者合规成本等方面有着极其重要的作用。

我国《反垄断法》实施以来,不少配套规章已经出台,并和《反垄断法》合力发挥行政执法和企业守法的指引作用。但是,在《反垄断法》实施过程中,也不断涌现出许多新问题。例如,“知识产权合法行使行为”与“滥用知识产权限制竞争的行为”二者边界应如何划定? 再如,在反垄断执法调查中,当

---

① 《竞争执法公告 2015 年第 9 号 对信雅达系统工程股份有限公司拒绝配合调查的行为的处罚决定书》,载国家工商行政管理总局官网:http://www.saic.gov.cn/zwgk/gggs/jzzf/201511/t20151105_163657.html,最后访问时间:2016 年 8 月 1 日。

② 确切地说,东风日产垄断协议案既是纵向垄断协议案件,也是横向垄断协议案件。

被调查的经营者承诺在反垄断执法机关认可的期限内采取具体措施消除涉嫌垄断行为的消极后果时，反垄断执法机关可能出于提高行政效率和节约行政成本的考虑，决定采取非行政处罚的方式结案，但关于中止调查和终止调查的适用情形和具体程序应如何？又如，在适用宽大制度时，国家发展改革委与国家工商总局所持态度仍未统一。这些问题和执法重点亟须配套规章或实施细则的支撑。因此，由国务院反垄断委员会尽快出台统一的指南已成大势所趋。值得欣慰的是，我国"反垄断六指南"的征求意见稿均已陆续推出并广泛征求意见。这些指南的出台有望增强《反垄断法》的可操作性和可预见性，维护和促进公平竞争，从而提高消费者福利和资源分配效率。

然而，在出台这些指南的过程中，不同反垄断执法机关之间的协调情况和融合程度是决定指南出台进度的一个关键因素。以《关于滥用知识产权的反垄断指南》为例，目前我国的《关于滥用知识产权的反垄断指南（征求意见稿）》存在两个版本：一个是国家工商总局于 2016 年 2 月 4 日对外公布的《关于滥用知识产权的反垄断指南（第七稿）》；另一个是国家发展改革委于 2015 年 12 月 31 日对外公布的《国务院反垄断委员会关于滥用知识产权的反垄断指南（征求意见稿）》。我们认为，虽然国家发展改革委的版本冠以"国务院反垄断委员会"的字眼，但从两大执法机关发布征求意见稿的时间顺序分析，该版本不能算是已经交由国务院反垄断委员会办公室统筹形成的正式版本，因此，宜将其视为国家发展改革委的版本。两个版本的征求意见稿在结构体系和"安全港"规则等方面尚有明显差异。

我们呼吁，国家发展改革委、国家工商总局和其他相关部门[1]就相关指南内容尽快协调，融合形成正式、统一的版本，并尽快出台，以发挥指南协力现有反垄断法律制度在公平公正打击垄断行为、维护市场秩序、维护消费者利益和增进社会福祉方面的重要作用。

---

① 例如，根据国务院反垄断委员会有关工作部署，《国务院反垄断委员会关于滥用知识产权的反垄断执法指南》需由商务部、工商总局、国家发展改革委、知识产权局四家单位依据职责分别起草，由委员会办公室统筹形成正式版本。

(二)着力统一执法尺度

我们注意到,这一年来,竞争执法机关既能够按照《反垄断法》的实体规定对已查明的事实进行正确的法律定性,也注重在程序上充分保障涉案当事人的权利。但是,在部分案件中仍然出现执法尺度不一的现象。

1. 部分案件处罚不完整

例如,在广州市番禺动漫游艺行业协会联合抵制垄断案中,只查见关于广州市番禺动漫游艺行业协会被处罚的信息,未见在《展会联盟协议书》中签名盖章的 52 家会员企业的相关受罚信息或进行另案处理的说明。再如,在支付密码供应商垄断协议案中,安徽省工商局在对兆日公司的行政处罚决定书说明了“当事人和人民银行合肥中心支行的行为均违反了《反垄断法》相关规定,应依法承担各自相应的法律责任……”但遗憾的是,3 份处罚决定书里均未见对人民银行合肥中心支行行政性垄断行为的具体法律定性与处理意见,抑或进行另案处理的说明。又如,在湖北省保险行业协会组织 4 家公司新车保险垄断案中,只见湖北省保险行业协会的受罚信息,未见关于 4 家保险公司的处罚信息,处罚决定书里查见“没有发现新车保险市场 2014 年以后存在划分市场份额的行为,各保险公司是在自由竞争”的字句,是否以此作为对 4 家公司不予处罚的依据,尚不得而知。

然而,我们也看到,同是湖北省工商局查处的湖北 12 家保险公司建设工程意外险垄断案中,对于所签《建设工程意外伤害保险共保协议书》合同一方的武汉建筑安全技术咨询中心,处罚决定书里明确指出“另案处理”。在山东天元同泰会计事务所临沂分所等 25 家会计事务所分割市场垄断案中,山东省工商局在对 23 家会计事务所作出行政处罚的同时,鉴于其余 2 家会计师事务所的特殊情形,所以向国家工商总局提交了《关于在办理行政处罚案件中对已注销登记当事人如何结案的请示》等候处理意见。以上两个案件的处理都是比较完整和严谨的做法。

2. 违法所得的并处情况不均

我国《反垄断法》第 46 条第 1 款规定:“经营者违反本法规定达成并实施垄断协议的,由反垄断执法机构责令停止违法行为,没收违法所得,并处上一年度销售额百分之一以上百分之十以下的罚款；尚未实施所达成的垄断协议的，可以处五十万元以下的罚款。”从这一年来的垄断协议案件行政处罚情况看，16 起案件中仅 3 起案件[①]有关于“违法所得”的处理意见，且该 3 起案件均为工商部门所查处；而价格主管部门查办的 9 起价格垄断案件无一涉及“违法所得”处理意见。在 3 起提及“违法所得”的案件中，支付密码供应商垄断协议案不仅对 3 家公司的“违法所得”作了计算并给出没收的处理意见，还虚心采纳了信雅达公司提出的“违法所得计算不当”的申辩主张——改为根据当事人的实际销售收入和实际所得（330 元/台）来计算其“违法所得”，安徽省工商局在处理“违法所得”问题上的做法值得肯定，反映出工商部门执法力量已经走向成熟化。总体上来看，与工商部门相比，价格主管部门对涉案当事人的罚款比例较高，这其中是否有“不予没收违法所得，但在罚款时更加体现惩罚性”的考量，尚不得而知。

我们认为，既然我国反垄断法律制度规定了“违法所得”应该与“罚款”并处，“违法所得”的计算固然比较烦琐且困难，执法机关不应回避“违法所得”问题。这与《违法所得和罚款指南（征求意见稿）》指出的“……无法科学合理认定的，反垄断执法机关可以不予没收违法所得，在确定罚款时予以考虑”并不相悖。该征求意见稿指出了计算违法所得陷入困境时的最后解决方案，但这个解决方案的公示也应基于必要的说明。因此，即便在最后的处罚决定里执法机关没有作出关于“没收违法所得”的处理意见，但是也应说明原因。关于这一点，部分工商部门执法机关已经作出了努力。例如，在湖北 12 家保险公司建设工程意外险垄断案中，与其他 11 个处罚决定书不同，对中国平安财产保险湖北省分公司的处罚决定书没有“没收违法所得”一项，但湖北省工商局在该决定书里说明了原因——“当事人未取得违法所得”；同样地，在山东大元同泰会计事务所临沂分所等 25 家会计事务所分割市场垄断案中，山东省工商局也都说明了“当事人未取得违法所得”。湖北省工商局

① 这 3 起案件分别是湖北 12 家保险公司建设工程意外险垄断案、山东天元同泰会计事务所临沂分所等 25 家会计事务所分割市场垄断案和支付密码供应商垄断协议案。

和山东省工商局的严谨态度值得推崇。关于违法所得的计算,《违法所得和罚款指南(征求意见稿)》已经说明了认定违法所得的主要考虑因素、认定方法和特殊情形以及可认定为无违法所得和不予没收违法所得的情形。我们相信,在我国未来的反垄断执法中,“违法所得”的处理将更加体系化和规范化。

总而言之,无论是价格主管部门与工商部门之间的,还是各部门内部的执法尺度的统一都是非常重要的,既有助于提高执法机关行政执法的公信力和透明度,也有助于提高对潜在违法市场主体的威慑力。

(三)积极应对执法挑战

在我国与欧盟、美国已经并列形成世界三大反垄断司法辖区的今天,反垄断执法常态化已成必然趋势。我国《反垄断法》实施以来,反垄断执法机关所查处的垄断协议案件绝大多数都是具有直接证据的协议案件,即通常都有“协议”或“决议”之类的直接证据,但是,随着对垄断协议的执法力度加大,一方面企业可能加强竞争合规,减少或停止垄断行为,另一方面垄断的高额利润也会诱使某些企业仍然铤而走险,垄断行为将越来越隐蔽,这就给执法机关带来新的挑战。例如,如何认定更隐蔽的协同行为? 如何分辨协同行为与平行行为(合法的一致行为)?

司唑仑药品价格垄断案和支付密码供应商垄断协议案的执法实践表明,协同行为这种新型的垄断协议已经引起我国竞争执法机关的深切关注。我国《反垄断法》第 13 条第 2 款规定:“本法所称垄断协议,是指排除、限制竞争的协议、决定或者其他协同行为。”国家发展改革委《反价格垄断规定》第 6 条和国家工商总局《工商行政管理机关禁止垄断协议行为的规定》第 3 条都对认定“其他协同行为”的考量因素作了规定,包括:经营者的市场行为是否具有一致性;经营者之间是否进行过意思联络或者信息交流以及市场结构和市场变化等情况,后者还给予经营者“合理解释”的空间。

在司唑仑药品价格垄断案中,国家发展改革委对常州四药“没有垄断协议”的申辩主张予以反驳:其一,常州四药参加了协商不对外供货和联合涨价的会议,与竞争者交流了敏感信息,且未表示明确反对这两项安排,即存在“意思联络”;其二,常州四药停止供应艾司唑仑原料药和对艾司唑仑片剂进行涨价的时间点与另两家药企的高度一致,涨价幅度也基本一致,即存在“一致行为”。在支付密码供应商垄断协议案中,安徽省工商局对三公司“不构成垄断行为”的申辩主张也予以反驳。首先,“虽然三家公司之间没有直接签订书面协议,但在实际经营活动中,共同参加了人民银行合肥中心支行组织召开的相关会议进行意思联络”,认定存在“意思联络”;其次,“三家公司一致按照分配方案划分的对象对应销售且不交叉供货,一致固定和调整销售价格,统一支付和取消代理服务费……多项协同一致行为”,认定存在“一致行为”;最后,在合理解释方面,海基业主张“一致行动”是中标后响应人民银行合肥中心支行统一要求的结果,兆日则以人民银行合肥中心支行的“行政垄断”在先为由主张自己的“后罚”抗辩权。安徽省工商局不回避本案中的行政垄断问题,指出其违法性,①但没有因此采纳当事人的抗辩主张,认定“合理解释不成立”。国家发展改革委和安徽省工商局都较好地遵循了上述分析思路,值得肯定。

不难发现,竞争关系的经营者之间有无“意思联络”是区分平行行为和协同行为的最关键因素。在支付密码供应商垄断协议案和艾司唑仑药品垄断协议案(我国协同行为行政处罚第一案)中,由于涉案企业参加了相关会议,其“意思联络”的证据不难获取。然而,设想一下,如果涉案企业并没有参加相关会议,可能就很难证明“意思联络”。这种情形下,对“轴辐”协议的思考将有助于解决这一执法难题(见图2-1)。

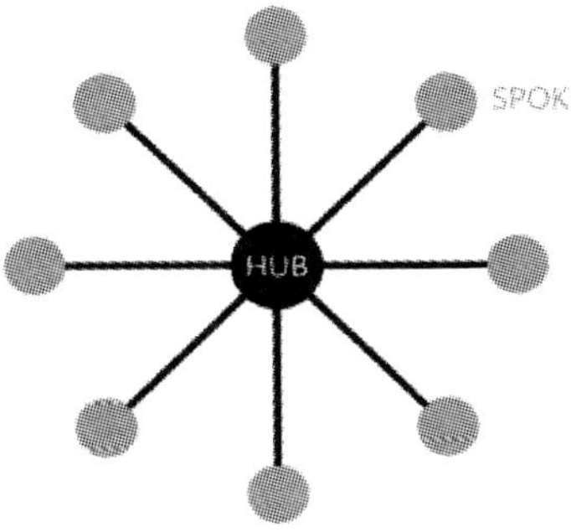

图2-1 “轴辐”协议

① 然而,本案中,人民银行合肥中心支行的行为既然已经被定性为违法,国家发展改革委应对该行为给出法律处理意见。

“轴辐”协议这种更为隐蔽的协同行为(垄断协议)其运作原理如图 2-1 所示——外圈这些“轴端”(spoke)可看作具有竞争关系的经营者,他们之间似乎没有任何交集,但其实他们可以通过这个“轴心”(hub)相互传递和交换信息并达成垄断协议。因此,在具体调查中,可以从深挖该“轴心”(居间方)着手,只要该“轴心”与“轴端”的多条连线(“轴辐”)成立,即可证明相关经营者之间存在“意思联络”,因为,作为一个媒介,居间方起到了沟通并代替经营者做彼此间交流的作用。在此背景下,经营者在市场上的一致行为,就很可能是协同行为,而非平行行为。

因此,在可能面对越来越隐蔽和新型的垄断协议的未来,执法机关可以运用各种执法资源和政策以积极应对新挑战。在这些资源中,宽大制度是一个很有效的制度,我们也欣喜地看到工商部门以湖南永州奥都混凝土等 7 家混凝土公司分割市场垄断一案实现了零适用宽大制度的突破。我们相信,《横向垄断协议案件宽大制度适用指南》的正式出台能够更好地提高执法机关发现并查处垄断协议行为的效率。

第二节　滥用市场支配地位的反垄断规制*

一、立法概况

在禁止滥用市场支配地位方面,中国反垄断制度目前也是“一一五”体系,即一部基本法(《反垄断法》)、一部指南(《国务院反垄断委员会关于相关市场界定的指南》)与五大规章①(该五大规章与垄断协议规制领域里的略有差异)。同样地,在具体执法过程中,《行政处罚法》的适用以及《价格行政

---

* 本节撰写人为叶高芬,法学博士,中国社会科学院国际法研究所竞争法研究中心研究人员,浙江理工大学法政学院副教授,墨尔本大学法学院访问学者。

① 这里的五大规章是指《工商行政管理机关禁止滥用市场支配地位行为的规定》《工商行政管理机关查处垄断协议、滥用市场支配地位案件程序规定》《反价格垄断规定》《反价格垄断行政执法程序规定》和《关于禁止滥用知识产权排除、限制竞争行为的规定》。

处罚程序规定》等配套程序都起到了重要的作用。正在紧锣密鼓推进中的、由国家发展改革委牵头起草的“反垄断六指南”里，除了《关于垄断协议豁免一般性条件和程序的指南》和《横向垄断协议案件宽大制度适用指南》以外，《关于滥用知识产权的反垄断指南》《关于汽车业反垄断指南》《关于认定经营者垄断行为违法所得和确定罚款的指南》和《反垄断案件经营者承诺指南》4 个指南都与滥用市场支配地位的规制密切相关。目前，上述 4 个指南都已经对社会公布了征求意见稿，鉴于上一章节已作简单介绍，这里不再赘述。

二、行政执法情况

（一）执法概况

这一年来，我国两大竞争执法机关保持在滥用市场支配地位领域的执法力度并形成执法新常态。相比于价格主管部门，工商部门的执法活动较为活跃，前者仅查处 1 起滥用案件，后者共查处 6 起。比较有代表性的案件是重庆青阳药业有限公司涉嫌滥用市场支配地位拒绝交易案，该案是我国首例滥用市场支配地位拒绝交易行政处罚案，充分展示了我国越来越成熟和专业化的竞争执法力量。

（二）主要案例

1. 辽宁省烟草公司抚顺市公司滥用市场支配地位案

经国家工商行政管理总局授权，辽宁省工商行政管理局于 2014 年 6 月对辽宁省烟草公司抚顺市公司涉嫌滥用市场支配地位行为立案调查，于 2015 年 6 月对涉案当事人下达了行政处罚决定。

经查明，当事人为了完成卷烟销售目标，提高卷烟销量，通过后台管理软件“货源分配系统”——新商盟网站对烟草零售商可订购卷烟的品牌种类和数量进行限制，以紧俏品牌卷烟的可订购数量为资源，按比例与某些特定品牌卷烟订购数量实行捆绑销售。

执法机关指出，当事人捆绑销售畅销卷烟和非畅销卷烟的行为构成了滥用市场支配地位的行为，违反了《反垄断法》，鉴于当事人在反垄断调查期间能够自查整改,积极消除影响,对其处以上一年度(2013 年度)捆绑销售卷烟销售额 1% 的罚款,计 433.4498 万元。①

2. 中国移动通信集团内蒙古有限公司垄断行为案

源于媒体曝光和消费者举报,经国家工商行政管理总局授权,内蒙古工商行政管理局于 2014 年 4 月 21 日对中国移动通信集团内蒙古有限公司涉嫌滥用市场支配地位行为立案调查,于 2015 年 9 月 1 日对本案中止调查。

经查明,至 2015 年 3 月 31 日,当事人共有在网用户 1557.7584 万,占全区总户数的 64%。当事人在提供手机上网服务时,通过制定和使用格式合同的方式,将消费者每月未使用的套餐数据流量"月末清零"。在调查过程中,当事人承认不当行为,表示要积极整改,并随后向内蒙古工商行政管理局提交了《中国移动内蒙古公司关于中止涉嫌垄断行为调查的申请》。

执法机关认为,反垄断执法的目标是制止垄断、保护竞争,维护消费者合法权益。考虑到当事人在案件调查过程中能够配合调查,对滥用市场支配地位行为及危害性认识比较深刻,其提出并积极予以落实的整改措施能够消除和挽回其行为所造成的影响,达到了反垄断执法的目标。因此决定中止调查,并将对当事人履行承诺的情况进行监督。②

3. 重庆青阳药业有限公司涉嫌滥用市场支配地位拒绝交易案

源于当事人主动到执法机关的法律咨询,经国家工商行政管理总局授权,重庆市工商行政管理局于 2014 年 12 月对重庆青阳药业有限公司涉嫌滥用市场支配地位拒绝交易行为进行立案调查,于 2015 年 10 月 28 日对涉案当事人作出行政处罚决定。

执法机关认为,首先,在抗痛风药物中,别嘌醇是唯一能阻止尿酸生成、价格便宜且被列为国家基本医疗保险药品目录中的甲类药品,该案的相关

---

① 《竞争执法公告 2015 年第 7 号　辽宁省烟草公司抚顺市公司滥用市场支配地位案》,载国家工商行政管理总局官网:http://www.saic.gov.cn//zwgk/gggs/jzzf/cfjd/201508/t20150813_160207.html,最后访问时间:2016 年 8 月 1 日。

② 《竞争执法公告 2015 年第 8 号　中国移动通信集团内蒙古有限公司垄断行为案》,载国家工商行政管理总局官网:http://www.saic.gov.cn//zwgk/gggs/jzzf/cfjd/201509/t20150917_161789.html,最后访问时间:2016 年 8 月 1 日。

市场应界定为全国范围内的别嘌醇原料药市场；由于当事人 2012 年以来在全国别嘌醇原料药市场占据 100% 的市场份额，原料药产业的市场准入门槛较高，其他经营者进入市场较难；当事人具有控制别嘌醇原料药价格、供应与否、如何供应及其他相关交易条件的能力，别嘌醇制剂生产企业对当事人有很强的依赖性，因此可以认定其在相关市场上具有市场支配地位。其次，当事人签订别嘌醇原料药全国独家代理销售协议，约定“缓冲期”条款，当事人以合同约束作为其拒绝供货的理由不正当，拒绝供货只是其排除竞争，实现垄断利润的经营模式。

执法机关指出，当事人长达半年的拒绝供货行为排除了其他别嘌醇制剂生产企业的竞争，侵害了其他别嘌醇制剂生产企业的利益，扰乱了别嘌醇市场秩序。该行为系利用其市场支配地位拒绝交易行为，违反了《反垄断法》。鉴于当事人的主动配合执法工作并主动改正违法行为，对其处以上一年度（2013 年度）销售收入 3% 的罚款，计 43.9308 万元。①

4. 山东青岛新奥新城燃气有限公司滥用市场支配地位案

经国家工商行政管理总局授权，山东省工商局于 2014 年 9 月对青岛新奥新城燃气有限公司涉嫌滥用市场支配地位实施附加不合理交易条件的垄断行为进行立案调查，于 2016 年 3 月 21 日对涉案当事人作出行政处罚决定。

执法机关分析并指出，当事人在青岛市城阳区行政管辖规划区域内的管道燃气供应服务市场具有市场支配地位。当事人通过“不交纳预付气款将不能保证稳定的燃气供应”“交纳预付气费款在日常购气中不能冲抵燃气费”等强迫措施，无正当理由强行要求工商业户交纳预付气费款的行为，损害了工商业户的合法权益和社会公共利益，破坏了公平竞争的市场交易规则，构成了无正当理由在交易时附加不合理交易条件的滥用市场支配地位

---

① 《竞争执法公告 2015 年第 12 号　重庆青阳药业有限公司涉嫌滥用市场支配地位拒绝交易案》，载国家工商行政管理总局官网：http://www.saic.gov.cn/zwgk/gggs/jzzf/cfjd/201512/t20151221_165120.html，最后访问时间：2016 年 8 月 1 日。

行为,违反了《反垄断法》。鉴于当事人能主动消除违法行为的危害后果,对其处以没收违法所得5.23万元,并处以上一年度(2013年度)销售收入3%的罚款,计681.85万元。[①] 本案罚没款总计687.08万元。

5. 内蒙古自治区阿拉善左旗城市给排水公司滥用市场支配地位案

经国家工商行政管理总局授权,内蒙古自治区工商行政管理局于2015年7月对阿拉善左旗城市给排水公司涉嫌滥用市场支配地位实施附加不合理交易条件的垄断行为进行立案调查,于2016年4月22日对涉案当事人作出行政处罚决定。

执法机关分析指出,当事人在阿拉善左旗巴彦浩特镇所辖地域范围内的城市公共供水服务市场具有市场支配地位。当事人通过"不购买安装当事人提供的水表则不予供水"无正当理由搭售商品(水表),以及通过"不由当事人自行施工城市供水管网则不予供水"限定交易的行为,破坏了公平竞争秩序,剥夺了用户的自主选择权,侵犯了其他生产企业和经营者的合法权益。上述行为构成滥用市场支配地位行为,违反了《反垄断法》。鉴于当事人能够积极配合调查,并采取了整改措施,对其处以没收违法所得30.0741万元,并处以上一年度销售收入2%的罚款,计45.16万元。[②] 本案罚没款总计75.2341万元。

6. 内蒙古广播电视网络集团有限公司锡林郭勒分公司滥用市场支配地位案

源于执法机关的市场调查,经国家工商行政管理总局授权,内蒙古自治区工商行政管理局于2015年11月对内蒙古广播电视网络集团有限公司锡林郭勒分公司涉嫌垄断的行为进行立案调查,于2016年6月7日对涉案当事人作出行政处罚决定。

---

① 《竞争执法公告2016年第2号　青岛新奥新城燃气有限公司滥用市场支配地位案》,载国家工商行政管理总局官网:http://www.saic.gov.cn/zwgk/gggs/jzzf/cfjd/201605/t20160517_168617.html,最后访问时间:2016年8月1日。

② 《竞争执法公告2016年第4号　内蒙古自治区阿拉善左旗城市给排水公司滥用市场支配地位案》,载国家工商行政管理总局官网:http://www.saic.gov.cn/zwgk/gggs/jzzf/cfjd/201605/t20160531_168925.html,最后访问时间:2016年8月1日。

执法机关分析指出，本案相关商品市场应界定为通过有线电视和 IPTV 传送的电视服务，因为政策因素、信号稳定性问题和用户收视习惯，互联网电视（OTTTV）和手机电视服务并不能与上述服务具有较为紧密的替代关系；相关地域市场则应界定为锡林郭勒盟锡林浩特市所辖城区。由于当事人在锡林浩特市城区的有线电视用户数占 98.6% 的市场份额，当事人在锡林浩特市城区相关商品市场具有控制能力等因素，可以认定当事人在相关市场上具有市场支配地位。当事人在向用户收取“26 元电视基本收视维护费”的同时，强制用户缴纳本可以自由选择和自愿订购的“4 元基本付费节目包”服务费，剥夺了用户的自主选择权，侵犯了消费者的合法权益。该行为系“没有正当理由搭售商品或者在交易时附加不合理交易条件”的滥用市场支配地位行为，违反了《反垄断法》。鉴于当事人能够积极配合调查，并于受到反垄断调查后主动停止违法行为，对其处以没收违法所得 9.16 万元，并处以上一年度销售收入 1% 的罚款，计 9.8 万元。[①] 本案罚没款总计 18.96 万元。

7. 湖北中石油昆仑燃气等五公司索取不公平高价案

在国家发展改革委指导下，湖北省物价局对中石油昆仑燃气有限公司咸宁分公司、仙桃中石油昆仑燃气有限公司、大冶华润燃气有限公司、江夏华润燃气有限公司和石首市天然气有限公司 5 家天然气公司涉嫌滥用市场支配地位案进行了查处。

经查明，自 2013 年以来，上述 5 家天然气公司，凭借在相关区域内管道天然气供应及相关服务的特许经营权，通过与非居民用户签订管道燃气设施建设安装合同的形式，取得了在相关区域内非居民管道燃气设施建设安装市场的市场支配地位。在非居民管道燃气设施建设安装经营成本、市场价格没有显著变化的情况下，剥夺了交易相对人自行选择设计、施工、监理

---

① 《竞争执法公告 2016 年第 5 号　内蒙古广播电视网络集团有限公司锡林郭勒分公司滥用市场支配地位案》，载国家工商行政管理总局官网：http://www.saic.gov.cn/zwgk/gggs/jzzf/cfjd/201606/t20160628_169404.html，最后访问时间：2016 年 8 月 1 日。

等单位以及自行购买建设安装材料的权利,以不公平的高价收取非居民管道燃气设施建设安装费用。

执法机关指出,上述5家公司的行为系以不公平的高价销售商品的滥用市场支配地位行为,违反了《反垄断法》。据此,对中石油昆仑燃气有限公司咸宁分公司、仙桃中石油昆仑燃气有限公司和大冶华润燃气有限公司分别处以上一年度相关市场销售额4%的罚款,对在调查过程中能够主动配合调查自觉整改的江夏华润燃气有限公司和石首市天然气有限公司则分别处以上一年度相关销售额2%的罚款,上述罚款共计295.5万元。①

此外,利乐公司涉嫌滥用市场支配地位案和微软公司涉嫌滥用市场支配地位案,国家工商总局仍在调查中。

三、存在问题与未来展望

从这一年来的执法实践看,滥用市场支配地位领域的执法已经完全进入新常态并持续深化。虽然相比于垄断领域的查处力度,在滥用市场地位地域的总体罚款比例较低,最高者仅为上一年度销售额的4%(尤其是工商部门,其对涉案企业的罚款幅度基本保持在上一年度销售额的1% ~3%)。但是两大执法机关持续适用《反垄断法》对公用企业以及具有特殊市场力量经营者(如燃气、烟草和电视通讯服务的供应商)的市场行为进行查处,并积极探索在竞争行业(如药品)的执法实践,切实解决了不少民生热点问题,实现了《反垄断法》在保护消费者利益方面的重要功能;两大执法机关保持严格检视、有案必查的高压态势,也对潜在的市场主体能够产生较强的威慑力。在该领域未来的行政执法展望主要为三个方面:

(一)继续提高执法透明度

案件的公开程度彰显执法的透明程度,执法案件的公示过程既是执法

① 《湖北省物价局对5家天然气公司价格垄断行为进行处罚》,载国家发展和改革委员会官网:http://www.sdpc.gov.cn/xwzx/xwfb/201607/t20160712_811004.html,最后访问时间:2016年8月1日。

机关接受公众监督的过程，也是体现反垄断执法机关的执法信心和执法水平的过程，更是“以儆效尤”从而有效宣传《反垄断法》的过程。

近年来，我国竞争执法的透明度工作已经有了质的飞跃。尤其是国家工商总局和国家发展改革委分别于2013年7月和2014年9月建立起反垄断案件公布机制之后，执法机关既通过案件公示平台向外披露案件具体查处情况，也积极地通过媒体、执法人员撰写办案体会等渠道回应了社会的舆论关切。相关反垄断执法活动得到社会公众的广泛理解和支持。我们可以看到，国家工商总局的案件公示是通过一个统一平台即国家工商总局的“竞争执法公告”这一版块对外公布全国范围内的工商部门反垄断案件查处情况；而国家发展改革委则是在两个不同的平台上公示反垄断案件：一是在价格监督检查与反垄断局的“反垄断”板块上公布国家发展改革委自己查办的案件；二是在价格监督检查与反垄断局的“综合情况”板块概括性介绍地方部门的反垄断执法个案。

总体来说，国家工商总局的案件公示平台更加明了和及时，授权机制的差异应是主要原因之一。国家工商总局对省级工商部门采取个案授权，这一授权机制要求总局必须及时对省级部门呈请授权案件进行研究和批复，并始终保持沟通状态，这在某个层面上限制了国家工商总局本身有限的执法力量亲自查办案件的时间和精力，使得像利乐案和微软案这样的重案久拖不决；但从另一个方面看，正是由于国家工商总局对其省级部门的相关执法活动从初始阶段就保持跟进状态，其案件公示平台对全国工商部门反垄断执法案件的公布比较及时，且基于统一的平台公布的相关行政处罚决定书也比较系统化和规范化。不同的是，国家发展改革委对省级价格主管部门采取“一揽子”授权的模式，这样的授权机制一方面使国家发展改革委不必分散精力去兼顾省级部门的执法活动，得以集中精力查办高通案等影响深远的重案大案，为中国反垄断行政执法立下赫赫战功；另一方面由于无法对省级部门的个案进行及时跟进和统一指导，国家发展改革委案件的公示平台上对地方价格主管部门查处的案件也难以做到及时和全面的公开，可能出现执法透明度方面的质疑。例如，在广东省发改委查办的东风日产价格垄断案中,尽管经销商也是受罚主体,但从国家发展改革委和广东省发改委的相关公示中均无从查知这些经销商企业的身份和具体分别适用的罚款幅度。当然,我们也注意到,不少地方价格主管部门的官方网站可以作为国家发展改革委案件公示机制的补充渠道,但不够便捷和明了。我们期待更多可以提高执法透明度和执法公信力的举措。

(二)持续加大执法力度

《国务院关于促进市场公平竞争维护市场正常秩序的若干意见》明确了执法部门要严厉惩处垄断行为,加大反垄断执法力度是完善市场监管体系、促进市场公平竞争、维护市场正常秩序的有效手段。《反垄断法》实施 8 年以来,国家与地方两级的工商部门和价格主管部门反垄断执法机关的监管广度、深度和处罚的力度在进一步加大,在维护公平竞争市场秩序方面已经取得了积极的成效。同时,随着垄断案件数量和难度的提升,经过历练的两大执法机关执法能力有很大的提升。

相关市场界定可以说是滥用市场支配地位反垄断案件中最困难但又是最基础的一环。到目前为止,在我国滥用领域的行政执法案件中,除了国家发展改革委所查处的高通案已经拓展到知识产权领域以外,其他案件多数集中于电信、烟草、自来水和燃气等公用行业领域,由于法律法规对这些公用行业市场的特殊规定,执法机关对案件相关市场的界定较为容易,在此基础上的市场支配地位认定和滥用行为认定也大都比较顺理成章。但是,在重庆青阳拒绝交易案中,重庆市工商局挑战了新领域即药品这个充满竞争的行业。该案是我国首例滥用市场支配地位拒绝交易行政处罚案,更是我国工商部门查处滥用案件从公用行业领域向竞争行业领域拓展的标志性案件,案中对涉案药品相关市场的界定堪称亮点。执法机关遵循《国务院反垄断委员会关于相关市场界定的指南》,结合非常专业的医药知识,从产品需求替代性方面分析得出“别嘌醇是唯一的能阻止尿酸生成、价格便宜且被列为国家基本医疗保险药品目录中的甲类药品”,从而将相关产品市场界定为别嘌醇原料药市场。相关分析非常详尽并准确到位,其对市场支配地位的论证和认定也非常合理与充分,唯在拒绝交易滥用行为的论证方面可以更加深入一些。

重庆青阳拒绝交易案和高通案证明了我国反垄断执法机关完全有能力查处竞争行业领域的滥用市场支配地位案件,并不限于公用行业领域的案件。此外,鉴于在滥用市场支配地位领域的行政罚款总体比例偏低,我们建议可以适当提高该罚款比例。在未来的执法实践中,我们期待执法机关继续大刀阔斧地加大执法力度,查处民生热点领域的垄断行为,提高普通消费者的福祉。

(三)行政指导与行政执法并举

随着《中共中央关于全面深化改革若干重大问题的决定》①和《国务院关于在市场体系建设中建立公平竞争审查制度的意见》②的发布,竞争政策已经成为国家的基础性经济政策,反垄断则成为确保市场在资源配置中起决定性作用,贯彻竞争政策的重要法律手段。《反垄断法》实施以来,两大执法机关严查垄断大要案件不仅有效树立了执法机关的执法权威,更让"反垄断"成为社会关注热点,推动企业竞争合规,增强社会公众的反垄断意识。

但是,我们也注意到,在滥用市场支配地位领域和垄断协议领域的反垄断案件越来越多,一方面,说明我国反垄断执法已经进入常态化;另一方面,也说明制止垄断行为仍然任重而道远。因此,在这个法律实施的过程中,可以考虑行政指导与行政执法的并举,也就是说,在依法查办一些典型案件的同时,对一些轻微的违法案件或事例则可以行政指导的方式处理,突出教育、纠正和宣导功能。

行政指导是国家行政机关在其管辖事务的范围内,对于特定的人、企业、社会团体等,运用非强制手段,获得相对人的同意或协助,以实现一定行政目的的行为。行政执法可以节约行政执法资源,促进执法效能的提升。

---

① 《授权发布:中共中央关于全面深化改革若干重大问题的决定》,载新华网:http://news.xinhuanet.com/politics/2013-11/15/c_118164235.htm,最后访问时间:2016年8月1日。

② 《国发〔2016〕34号　国务院关于在市场体系建设中建立公平竞争审查制度的意见》,载中共中央人民政府门户网站:http://www.gov.cn/zhengce/content/2016-06/14/content_5082066.htm,最后访问时间:2016年8月1日。

通常来说,行政指导伴随着行政执法的过程,其功能主要体现在立案之前和调查过程两个层面。第一个层面,在立案之前,对于违法性质轻微和危害后果不大的事例,可以通过行政指导加以点醒和教育,不予立案处理,可重点针对那些对竞争法律和调查程序有误解但行为性质不严重的初犯者。从这个意义上来说,"累犯者"和横向垄断协议行为因其危害性极大,应尽量不适用,以免产生纵容效应。第二个层面,在执法过程中,作出行政处罚之前,可以指导涉案主体采取一些纠正措施,如在山东青岛新奥新城燃气有限公司滥用市场支配地位案中,山东省工商局督促涉案当事人退还已向工商业户收取的预付气费款,消除了危害后果,这个做法就是很有成效的行政指导。一般来说,如涉案主体认识深刻并主动纠正,执法机关在作罚款决定时可以在罚款幅度方面从轻考虑。

行政指导工作可通过提醒、规劝和建议等多种方式进行。在实施时,也应注意遵循自愿、公平、合法、合理和效率等原则。法律的生命力在于实施,行政指导与行政执法同为法律实施的手段。二者并举,必有裨益。

第三节 经营者集中的反垄断规制*

一、立法概况

我国《反垄断法》第 4 章对经营者集中反垄断规制的基本内容有原则性规定,在此基础上,国务院及相关部委还颁布了配套性法规、规章及规定性文件,具体包括《国务院关于经营者集中申报标准的规定》《国务院反垄断委员会关于相关市场界定的指南》《金融业经营者集中申报营业额计算办法》《经营者集中申报办法》《经营者集中审查办法》《关于实施经营者集中资产或业务剥离的暂行规定》《关于评估经营者集中竞争影响的暂行规定》《未依

* 本节撰写人为韩伟,法学博士,中国青年政治学院法学院讲师,中国社会科学院国际法研究所竞争法研究中心研究人员。

法申报经营者集中调查处理暂行办法》《关于经营者集中简易案件适用标准的暂行规定》《关于经营者集中附加限制性条件的规定（试行）》等。2015年11月，商务部反垄断局还在其官网对外发布了《监督受托人委托协议（示范文本）》。

二、执法情况

（一）执法概况

商务部反垄断局依季度公布了无条件批准案件的基本情况：2015年第三、四季度以及2016年第一、二季度公布的无条件批准案件数量分别为79件、[①]80件、[②]81件[③]以及93件。[④]

除绝大部分无条件批准案之外，2015年8月至2016年7月，商务部还对3起交易以附加限制性条件的方式予以批准：诺基亚收购阿尔卡特朗讯股权案[⑤]（以下简称诺基亚案）、恩智浦收购飞思卡尔全部股权案[⑥]（以下简称恩智浦案）、百威英博啤酒集团收购英国南非米勒酿酒公司股权案[⑦]（以下简称百威案）。此外，商务部还变更了西部数据收购日立存储案[⑧]（以下简称西

---

① 《2015年第三季度无条件批准经营者集中案件列表》，载商务部网站：http://fldj.mofcom.gov.cn/article/zcfb/201510/20151001128985.shtml，最后访问时间：2016年8月1日。

② 《2015年第四季度无条件批准经营者集中案件列表》，载商务部网站：http://fldj.mofcom.gov.cn/article/zcfb/201601/20160101230538.shtml，最后访问时间：2016年8月1日。

③ 《2016年第一季度无条件批准经营者集中案件列表》，载商务部网站：http://fldj.mofcom.gov.cn/article/zcfb/201604/20160401290524.shtml，最后访问时间：2016年8月1日。

④ 《2016年第二季度无条件批准经营者集中案件列表》，载商务部网站：http://fldj.mofcom.gov.cn/article/zcfb/201607/20160701353023.shtml，最后访问时间：2016年8月1日。

⑤ 中华人民共和国商务部公告〔2015〕第44号，载商务部网站：http://fldj.mofcom.gov.cn/article/ztxx/201510/20151001139743.shtml，最后访问时间：2016年8月1日。

⑥ 中华人民共和国商务部公告〔2015〕第64号，载商务部网站：http://fldj.mofcom.gov.cn/article/ztxx/201511/20151101196182.shtml，最后访问时间：2016年8月1日。

⑦ 中华人民共和国商务部公告〔2016〕第38号，载商务部网站：http://fldj.mofcom.gov.cn/article/ztxx/201607/20160701369044.shtml，最后访问时间：2016年8月1日。

⑧ 中华人民共和国商务部公告〔2015〕第41号，载商务部网站：http://fldj.mofcom.gov.cn/article/ztxx/201510/20151001139040.shtml，最后访问时间：2016年8月1日。

数案)以及希捷收购三星电子硬盘驱动器业务案[①](以下简称希捷案)的限制性条件,并解除了沃尔玛收购纽海控股 33.6% 股权案[②](以下简称沃尔玛案)的限制性条件。商务部还依据 2008 年的英博收购 AB 公司案[③]所附条件,对百威英博认购珠江啤酒非公开发行股份进行了审核,并同意该交易进行。[④] 另外,2015 年 8 月至 2016 年 7 月,商务部还对 7 起应报未报案依法进行了行政处罚。

(二)附条件案

1. 限制性条件的类型

就 3 起附条件案而言,限制性条件的类型涉及结构性条件和行为性条件。以个案为单位,纯粹适用结构性条件的案件有 2 起(恩智浦案、百威案),[⑤]纯粹适用行为性条件的案件有 1 起(诺基亚案)。

(1)结构性条件

在恩智浦案中,决定文书指出,鉴于此项经营者集中可能会对全球射频功率晶体管市场产生排除、限制竞争的效果,商务部要求恩智浦完全剥离其射频功率晶体管业务。该案决定文书还附带了恩智浦最终承诺的全文,并明确指出 2015 年 10 月 27 日、2015 年 11 月 19 日恩智浦分别向商务部提交的《桑巴协议》及最终承诺对恩智浦也具有法律约束力。

在百威案中,决定文书指出,鉴于此项经营者集中对相关市场(涉及中国区域性大众化啤酒以及中高档啤酒市场)具有排除、限制竞争的效果,商

---

① 中华人民共和国商务部公告〔2015〕第 43 号,载商务部网站:http://fldj.mofcom.gov.cn/article/ztxx/201510/20151001144105.shtml,最后访问时间:2016 年 8 月 1 日。

② 中华人民共和国商务部公告〔2016〕第 23 号,载商务部网站:http://fldj.mofcom.gov.cn/article/ztxx/201606/20160601335200.shtml,最后访问时间:2016 年 8 月 1 日。

③ 中华人民共和国商务部公告〔2008〕第 95 号,载商务部网站:http://fldj.mofcom.gov.cn/article/ztxx/200811/20081105899216.shtml,最后访问时间:2016 年 8 月 1 日。

④ 中华人民共和国商务部公告〔2015〕第 35 号,载商务部网站:http://fldj.mofcom.gov.cn/article/ztxx/201508/20150801090985.shtml,最后访问时间:2016 年 8 月 1 日。

⑤ 对个案限制性条件类型的统计,各界存在一些理解上的分歧。对于确保结构性"条件"实施的某些行为性"义务"(比如,剥离过渡期向买方提供特定服务),本文未将其视为独立的行为性条件。严格意义上的限制性条件应该是能够直接处理交易可能导致的竞争损害的"条件",确保"条件"实施的措施,不适合作为独立的"条件"类型,应视为"非条件性义务"。

务部要求剥离南非米勒持有的华润雪花 49% 的股权。该案决定文书还附带了百威英博和南非米勒向商务部提交的限制性条件最终方案全文，并明确指出 2016 年 7 月 14 日百威英博向商务部提交的限制性条件最终方案和其与华润啤酒（控股）有限公司签订的《买卖协议》对百威英博具有法律约束力，2016 年 7 月 21 日南非米勒向商务部提交的限制性条件最终方案对南非米勒具有法律约束力。

（2）行为性条件

诺基亚案的决定文书指出，鉴于交易对无线通信标准必要专利许可市场可能具有排除、限制竞争效果，诺基亚需要履行下列条件，即诺基亚就其在收购阿尔卡特朗讯交易完成之日拥有的 2G、3G 和 4G 蜂窝通信标准必要专利（以下称 SEPs），包括阿尔卡特朗讯拥有的 2G、3G 和 4G 蜂窝通信标准必要专利，履行以下承诺：第一，诺基亚确认其支持如下原则：在对等的前提下，不应通过执行基于 SEPs 的禁令来阻止附有公平、合理、无歧视（以下称 FRAND）承诺的标准实施，除非专利权人已经提供了符合 FRAND 原则的许可条件，而潜在被许可人却没有善意签订 FRAND 许可并遵守这些许可条款。第二，当诺基亚在未来将 SEPs 转让给第三方时，诺基亚将在这些专利转让完成后，将专利转让的情况及时通知其现有的中国被许可人以及任何正在与其积极进行许可谈判的中国公司，特别是以下细节内容：受让方的名称与地址，转让生效的日期以及所转让的具体权利。如果某些 SEPs 被转让给第三方，从而对即将许可给中国被许可人的诺基亚 SEPs 组合的价值产生重大影响，任何在转让前已经存在的中国被许可人在其现有（许可）协议到期之时应有权利就费率重新进行谈判。同样，对于在这些 SEPs 转让给第三方时正在与诺基亚积极进行谈判的中国潜在被许可人，如果这些转让的 SEPs 对诺基亚 SEPs 组合的价值产生重大影响，诺基亚同意就其提供的许可费率作出考虑。为避免疑义，除了潜在可能被转让的 SEPs 之外，该重新谈判或提供的费率也应考虑潜在可能被纳入诺基亚专利组合的新 SEPs。第三，当诺基亚未来将标准必要专利转让与新的所有人时，诺基亚仅会在新所有人接受诺基亚就这些标准基本专利已对标准化组织承诺的 FRAND 义务

(包括在此同意的)约束的条件下进行转让,从而将 FRAND 义务同时转移给新所有人。决定文书还指出,为履行上述义务,诺基亚应制定详细操作方案提交商务部审查,并在商务部批准后执行。商务部有权通过监督受托人或自行监督检查诺基亚履行上述义务的情况。

2. 限制性条件的实施

(1)结构性条件的实施

在恩智浦案中,决定文书明确,恩智浦应严格按照其向商务部提交的《桑巴协议》向北京建广出售上述业务。自公告之日起至剥离完成,恩智浦严格履行商务部发布的《关于经营者集中附加限制性条件的规定(试行)》第 20 条的规定,确保剥离业务的存续性、竞争性和可销售性。且在剥离业务交割后的过渡期间内,恩智浦严格按照相关协议规定及承诺向剥离业务的买方提供相关服务。剥离业务交割之前,恩智浦与飞思卡尔之间的股权收购交易不得实施。决定文书还明确商务部有权通过监督受托人或自行监督检查恩智浦履行上述义务的情况。值得注意的是,该案被剥离业务的买家在决定文书已经被确定(北京建广)。①

在百威案中,决定文书明确,交易方应严格按照百威英博向商务部提交的《买卖协议》向华润啤酒出售华润雪花 49% 的股权,并且要确保剥离于百威英博收购南非米勒股权交易完成后 24 小时内完成。自公告之日起至剥离完成,严格遵守商务部发布的《关于经营者集中附加限制性条件的规定(试行)》第 20 条的规定,确保剥离股权的存续性、竞争性和可销售性。值得注意的是,该案被剥离业务的买家也在决定文书中被确定(华润啤酒)。

(2)行为性条件的实施

在诺基亚案中,为履行承诺,诺基亚应当在每一日历年结束后 45 日内就上述义务的执行情况向商务部进行报告。该报告应包括:第一,诺基亚就受诺基亚 FRAND 承诺限制的 SEPs 要求执行禁令以阻止相关标准实施的案

① 相关理论探讨可参见韩伟:《经营者集中附条件批准下的买家先行与定资先行》,载《现代经济探讨》2013 年第 4 期。

例;第二,报告诺基亚向第三方转让 SEPs 的案例及已签署的合同;第三,诺基亚履行向中国公司通报其所完成的专利剥离交易义务的情况;第四,就以上第一至第三项说明诺基亚遵守本承诺的情况。这些报告应受到《反垄断法》及相关规定中保密条款的全面保护。该报告义务自案件公告生效之日起,持续执行 5 年,直到 2020 年 10 月 18 日终止。

2008 年的英博收购 AB 公司案所附条件要求,若英博公司增加其在珠江啤酒的持股比例,须事先向商务部进行申报,商务部批准前不得实施。2015 年 7 月 29 日,商务部收到百威英博啤酒集团关于认购珠江啤酒股份有限公司非公开发行股份的申请。经过审查,商务部认为,本次交易增持比例较小,不会导致珠江啤酒的控制权发生实质变化,决定批准本次股份认购交易。本次交易完成后,百威英博如进一步增加珠江啤酒的持股比例,必须事先向商务部进行申报,未经批准不得实施。

值得注意的是,前文提及的百威案,实际上也是 2008 年的英博收购 AB 公司案所附行为性条件实施的体现。商务部 2008 年第 95 号公告提及,百威英博不得寻求持有华润雪花啤酒(中国)有限公司和北京燕京啤酒有限公司的股份。上述任何一项承诺,英博公司必须事先向商务部及时进行申报,商务部批准前,不得实施。在百威案中,由于交易完成后,百威英博将取代南非米勒持有华润雪花 49% 的股权,根据公告规定,百威英博应事先取得商务部的批准,未经批准不得实施交易。

3. 限制性条件的变动

(1)条件的变更

2012 年 3 月,商务部附条件批准西部数据收购日立存储。2014 年 3 月,西部数据提出解除 2012 年第 9 号公告第(一)、(二)项义务的申请。因其当时有两项行为涉嫌违反公告正在被立案调查,该申请未予受理。2015 年 1 月 30 日,在对西部数据违反公告行为处理完毕后,商务部正式受理并启动了对其申请的评估工作。商务部重点考察了 2012 年第 9 号公告的执行情况、市场竞争状况的变化等,综合评估了解除限制性条件的理由和影响。商务部对西部数据履行义务的情况进行了评估,认为市场竞争状况分析显示可以考虑解除部分限制性条件,但解除全部限制性条件仍可能对市场产生限制竞争影响。解除生产、研发等方面的保持独立义务,继续保持品牌和销售独立,可以使西部数据节省成本,且提供全系列硬盘产品,全面参与竞争,有利于客户采购。同时,在市场上继续保持两个独立的销售团队和两个独立品牌间的竞争,可以减少完全集中可能产生的限制竞争影响。最终,商务部同意变更限制性条件,西部数据应当履行以下义务:第一,西部数据应当继续保持西部数据和 HGST 的销售和品牌独立。第二,西部数据不得实质性改变此前的商业模式,强制或变相强制客户从该公司排他性地采购其硬盘产品。第三,西部数据将以近年一贯的速度,继续在创新领域投入研发资金,以确保给客户带来更多的创新性产品和解决方案。上述义务自公告发布之日起 2 年终止。如果西部数据能够提供充分证据证明市场状况发生显著变化,西部数据可在 2 年期限届满前向商务部提出解除有关义务的申请。

2011 年 12 月 12 日,商务部发布 2011 年第 90 号公告,附条件批准希捷科技公司收购三星电子有限公司的硬盘驱动器业务(以下简称三星硬盘)。2013 年 5 月,希捷提出解除 2011 年第 90 号公告第(一)、(二)项义务的申请。商务部认为市场竞争状况分析显示可以考虑解除部分限制性条件,但解除全部限制性条件仍可能对市场产生限制竞争影响。解除 2011 年第 90 号公告第(一)、(二)项义务不会对市场竞争产生实质不利影响,并可以使希捷节省生产、研发成本。同时,要求希捷继续履行 2011 年第 90 号公告规定的其他尚未履行完毕的义务,可以减少完全集中可能产生的限制竞争影响。最终,商务部同意变更限制性条件,希捷应当履行以下义务:第一,希捷不得实质性改变此前的商业模式,强制或变相强制客户从该公司排他性地采购其硬盘产品。第二,希捷不得迫使东电化排他性地向希捷或任何受希捷控制的其他公司供应硬盘磁头,或限制东电化向其他硬盘生产商供应磁头的数量。第三,希捷将以近年一贯的速度,继续在创新领域投入研发资金,以确保给客户带来更多创新性产品和解决方案。上述义务自公告发布之日起 2 年终止。如果希捷能够提供充分证据证明市场状况发生显著变化,希捷可在 2 年期限届满前向商务部提出解除有关义务的申请。

(2)条件的解除

2012 年 8 月,商务部附条件批准了沃尔玛公司收购纽海控股有限公司 33.6% 的股权,要求沃尔玛公司履行如下义务:第一,沃尔玛公司间接控股的纽海信息技术(上海)有限公司(以下简称纽海上海)对上海益实多电子商务有限公司(以下简称益实多)持有的 1 号店网上购物平台的收购,仅限于利用自身网络平台直接从事商品销售的部分;第二,在未获得增值电信业务许可的情况下,纽海上海在此次收购后不得利用自身网络平台为其他交易方提供网络服务;第三,本次交易完成后,沃尔玛公司不得通过 VIE 架构从事之前由益实多运营的增值电信业务。2015 年 7 月,沃尔玛公司提出解除 2012 年第 49 号公告所附加的限制性条件的申请。评估过程中,商务部与当事方进行了多次会谈,要求其补充了证据材料,通过座谈会和书面形式征求了相关单位意见。商务部重点核查了 2012 年第 49 号公告的执行情况,研究了市场竞争状况的变化等,综合评估了解除限制性条件的理由和影响。商务部评估认为,在执行期间,沃尔玛公司履行了 2012 年第 49 号公告要求的各项义务。商务部还重点评估了解除限制性条件对市场竞争状况的影响,认为相关市场竞争状况已发生实质性变化,解除 2012 年第 49 号公告附加的限制性条件难以对相关市场的竞争产生排除、限制影响。

(三)应报未报案

2015 年 9 月 29 日,商务部发布了针对 4 起应报未报案的行政处罚决定书,涉及的交易包括:福建省电子信息(集团)有限责任公司收购深圳市中诺通讯有限公司 35% 的股权(以下简称电子信息集团案),[①]上海复星医药产业发展有限公司苏州二叶制药有限公司 35% 的股权(以下简称复星案),[②]南京南车浦镇车辆有限公司与庞巴迪运输集团瑞典有限公司设立合营企业

① 中华人民共和国商务部商法函〔2015〕第 668 号,载商务部网站:http://fldj.mofcom.gov.cn/article/ztxx/201509/20150901124887.shtml,最后访问时间:2016 年 8 月 1 日。

② 中华人民共和国商务部商法函〔2015〕第 669 号,载商务部网站:http://fldj.mofcom.gov.cn/article/ztxx/201509/20150901124896.shtml,最后访问时间:2016 年 8 月 1 日。

(以下简称南京南车案),[①]百视通新媒体股份有限公司与微软公司设立合营企业上海百家合信息技术发展有限公司(以下简称百视通案)。[②] 经过审查,商务部认为这 4 起交易都不会产生排除、限制竞争的影响。电子信息集团案中,考虑到福建电子信息(集团)间接控股的福日电子收购中诺通讯 100% 的股权主动向商务部进行了申报,商务部对福建省电子信息(集团)有限责任公司处以 15 万元罚款。在复星案中,商务部考虑到上海复星医药产业发展有限公司的母公司复星医药收购二叶制药 65% 的股权主动向商务部进行了申报,但在与商务部商谈期间,上海复星医药产业发展有限公司未经批准即完成对二叶制药 35% 股权的收购,因此对该公司处以 20 万元罚款。在南京南车案中,考虑到南车浦镇和庞巴迪瑞典在设立合营企业后主动向商务部进行了补报,且能积极配合调查工作,商务部对南车浦镇和庞巴迪瑞典分别处以 15 万元的罚款。在百视通案中,商务部考虑到百视通和微软在被举报后进行了补报,且能积极配合调查工作,商务部对百视通和微软分别处以 20 万元罚款。

2016 年 5 月 4 日,商务部发布了针对 3 起应报未报案的行政处罚决定书,涉及的交易包括:大得控股有限公司收购吉林四长制药有限公司 50% 的股权(以下简称大得控股案),[③]新誉集团有限公司与庞巴迪运输集团瑞典有限公司设立合营企业(以下简称新誉集团案),[④]北京北车投资有限责任公司与株式会社日立制作所设立合营企业(以下简称北京北车案)。[⑤] 经过审查,商务部认为这 3 起交易都不会产生排除、限制竞争的影响。大得控股案中,

---

① 中华人民共和国商务部商法函〔2015〕第 670 号,载商务部网站:http://fldj.mofcom.gov.cn/article/ztxx/201509/20150901124899.shtml,最后访问时间:2016 年 8 月 1 日。

② 中华人民共和国商务部商法函〔2015〕第 671 号,载商务部网站:http://fldj.mofcom.gov.cn/article/ztxx/201509/20150901124903.shtml,最后访问时间:2016 年 8 月 1 日。

③ 中华人民共和国商务部商法函〔2016〕第 173 号,载商务部网站:http://fldj.mofcom.gov.cn/article/ztxx/201605/20160501311079.shtml,最后访问时间:2016 年 8 月 1 日。

④ 中华人民共和国商务部商法函〔2016〕第 174 号,载商务部网站:http://fldj.mofcom.gov.cn/article/ztxx/201605/20160501311081.shtml,最后访问时间:2016 年 8 月 1 日。

⑤ 中华人民共和国商务部商法函〔2016〕第 175 号,载商务部网站:http://fldj.mofcom.gov.cn/article/ztxx/201605/20160501311092.shtml,最后访问时间:2016 年 8 月 1 日。

考虑到大得控股收购吉林四长 50% 的股权后主动向商务部进行了补报，且能积极配合调查工作，商务部对大得控股处以 15 万元罚款。新誉集团案中，考虑到该项交易未依法申报是由于合营企业急于参与某地铁项目投标，交易双方主观故意明显；交易一方庞巴迪瑞典此前因未依法申报接受过行政处罚，此次系再次违法，商务部对新誉集团处以 30 万元罚款，对庞巴迪瑞典处以 40 万元罚款。在北京北车案中，考虑到合营企业设立后，北京北车与日立制作所主动向商务部进行了补报，且能积极配合调查工作，商务部对北京北车和日立制作所分别处以 15 万元罚款。

三、存在的问题与展望

（一）合并审查中的经济证据[①]

经济学证据在并购分析中扮演着举足轻重的角色，但竞争执法部门应当正确看待经济学证据的作用。结合国际经验，合并审查中经济证据的作用，以下几方面值得商务部重点关注。

1. 经济学证据应当是透明的、可复现的，并且能够让非经济学家直观、全面地掌握分析要义，它应当基于明晰的经济学理论。

经济学证据应当依据明晰的经济学理论；阐明其力求解决的是什么问题、为什么这个问题具有相关性；它应当具有透明性、可复现性，使每一方都能理解分析内容，保证经济学证据分析的合理性；从理论上讲，它应当是直观的，这样非经济学家就可以了解证据分析的重要性。

为了确保可以重复适用实证分析，必须一并提交完整的证明文件。这些文件包括采用的方法论以及使用的数据。否则，就意味着不能合理地评估实证分析，裁判者亦不能完全依赖于该证据。同时，为了确保分析的可复现性，当事人不能隐瞒异常的结果或数据。如果存在此等异常，企业应当坦白，并设法解释。另一个后果是分析被判定存在方法论错误或数据错误。

---

① 《合并审查中的经济证据》，张昕译，载韩伟主编：《OECD 竞争政策圆桌论坛报告选译》，法律出版社 2015 年版，第 190～192 页。

2. 如果经济学证据可以在评估并购问题上起到重要作用,那么这种作用应当是建立在长远考虑上的。很多并购并不需要耗时的、高成本的、繁重的经济学评估。当依据经济学证据得到的结果与依据其他证据得到的结果不一致时,弄清楚什么导致了这种分歧就可以理解并购所导致的可能效应。

经济学证据能够在评估并购过程中发挥重要作用。然而,这种作用需要放在长远的视野中。合理有效的经济学分析是耗时的、高成本的以及繁重的,而且并不是所有的并购评估都需要经济学证据。很多并购评估只需依据简单的标准,这些标准与经济学分析并不相关(如市场份额标准)。甚至在经济学证据之于评估并购发挥作用的情况下,这些证据通常也不拥有特殊地位。相反地,经济学证据应当与案件中其他证据(如来自当事人的内部证明问题)相结合。当经济学证据与其他证据一致时,判决得以强化;当经济学证据与其他证据不一致时,应当假定有一类证据是错误的,但是应当积极了解为什么不同类型的证据导致不同的结论。这可能是因为经济学证据指出了其他证据遗漏的内容。同样地,也可能是经济学证据遗漏了某些内容。了解是什么促使分歧的产生有利于理解拟并购的可能效应。

3. 尽管分析并购案件中单边效应、协同效应的经济性框架在概念上是清楚的,但是现如今鲜有运用实证方法评估协同效应的案例。

单边效应的概念型经济框架是清楚的:它涉及两家企业销售替代产品的竞争损失,常适用于区分产品市场。一方面,有许多不同的实证方法可以用来测试单边效应;另一方面,经济学在评估协同效应时的可预测精确度较低。竞争者的损失使得市场状态从竞争均衡转变为共谋均衡,或者从一种共谋均衡转变为另一种更高价格的共谋均衡。在这种情况下精确状况是很难预测的。因此,越来越少的实证方法被用于评估协同效应的案件中。然而,在可能充分说明各家企业需求和成本曲线的情况下,评估共谋交易也是有可能的,至少在理解企业激励机制方面是有用的证据。

（二）大数据在合并审查中的作用①

目前主流观点一般基于大数据的特征来解读其内涵，比如高德纳分析员道格·莱尼（D. Laney）将其概括为“3vs”，即海量（volume）、快速（velocity）和多样（variety），海量——如今是数据爆炸的时代，从线上到线下，数据获得的广度和深度都得到大大的拓展。快速——企业获取、分析和使用新数据的速度快，大数据不仅产生速度快，而且数据分析的速度也必须与之匹配。多样——大数据的来源和形式丰富多样，大数据可以分为结构化、半结构化和非结构化数据，来源包括社交网络、移动设备、传感器等。也有学者将大数据特征概括为“4vs”，除了前面三个特征外，还包括价值大（value）的特征，即通过在商业领域运用大数据技术，对低价值密度的海量数据进行数据挖掘和分析，从而实现广泛的商业价值。

大数据问题近年日益引起全球反垄断理论与实务界（包括部分司法辖区的执法部门）的关注。从反垄断法的角度看待大数据，目前最值得关注的问题是，大数据对相关企业市场力量会带来何种影响？由于大数据可能对企业市场力量产生实质影响，合并审查中（特别是涉及采取数据驱动型商业模式的交易方②）执法部门评估交易的竞争影响时，有必要适当考虑大数据的角色。大体而言，笔者认为可以从三个方面就大数据的影响展开分析：大数据对数据拥有者市场力量的直接影响、大数据对数据拥有者的现行或潜在竞争对手的影响，以及数据拥有者的客户和最终消费者的反应。

分析大数据对数据拥有者市场力量的影响，首先需要考虑大数据对数据拥有者自身带来何种直接的影响，即需要考虑大数据能否直接帮助企业在相关市场上拥有更强的竞争力，甚至帮助企业拥有控制商品或服务的价格、数量或者其他交易条件的能力。在分析大数据对数据拥有者市场力量的影响时，考虑现有及潜在竞争对手对大数据的反应非常关键。如果数据拥有者获取的数据能够轻易地被竞争对手获取，或者竞争对手通过获取相

① 韩伟、李正：《大数据与企业市场力量》，载《中国物价》2016 年第 7 期。
② 微软收购 LinkedIn 这一交易就可能涉及大数据方面的问题。

关数据的替代品同样可以与数据拥有者进行有效竞争,则大数据强化相关企业市场力量的作用就比较有限。具体而言,执法部门可以从数据可获得性、数据收集的范围与规模要求以及数据可替代性来考察大数据对数据拥有者的竞争对手的影响。其中,对于数据的可获得性,在可进一步从数据的非排他性、获取数据的成本、数据拥有者对数据的保护以及从第三方获取数据的可行性这四个方面展开具体的分析。对于采用数据驱动型商业模式的企业而言,通过分析客户及最终消费者面对企业基于其拥有的大数据所提供的产品或服务时的反应,也可以间接观察大数据对这类企业市场力量的影响。客户及最终消费者转向其他供应商的难度或转换成本的高低,对于判断数据拥有者的市场力量,以及大数据对企业市场力量的影响力度,具有一定的参考价值。值得注意的是,在分析大数据拥有者的客户及最终消费者的反应时,"多归属"(multi-homing)问题值得关注。如果消费者从多个供应商那里获取同一类服务,这种情形被称为多归属。多归属被认为是一种可能削弱企业市场力量的因素,该因素值得在个案中予以关注。

第四节 滥用行政权力排除、限制竞争的反垄断规制*

滥用行政权力排除限制竞争,俗称"行政垄断",是我国市场经济建设中一大顽疾,为社会各界所诟病。2016 年,我国试图通过反垄断执法对其予以规制的同时,在借鉴和吸收域外经验基础上设置公平竞争审查制度,以期对市场运行中政府及其职能部门出台的法规、产业政策等规范性文件是否损坏公平竞争进行审查,从而维护市场公平竞争。

一、行政垄断案件的执法概况

行政垄断一直被认为是我国反垄断执法的关注焦点,尽管学界对反

---

* 本节撰写人为金善明,中国社会科学院法学研究所副研究员,法学博士。

垄断法是否应规制以及能否有效规制行政垄断持有不同观点。相较于2015年行政垄断执法浪潮,2016年有关行政垄断的执法则显得冷清了许多。

1. 榆林市环境保护局行政垄断案①

截至目前,2016年度仅有一例行政垄断案件曝光,即2016年10月,陕西省物价局反价格垄断分局依法对榆林市环境保护局行政垄断案开展调查并对其滥用行政权力、排除限制竞争的违法行为进行了纠正。

通过反垄断调查发现,榆林市环境保护局于2016年3月向所属各县区环保局、市环保局属单位、保险机构和相关企业下发《关于大力推进全市环境污染责任保险的工作方案》(榆政环发〔2016〕33号)文件,指定长城保险经纪公司陕西省分公司为榆林市投保环境污染责任保险的企业提供保险经纪服务。该行政行为对榆林市行政区域内环境污染责任保险经纪服务的特定市场进行了限制,侵犯了企业自由选择交易对象的权利,违反了《反垄断法》第37条"行政机关不得滥用行政权力,制定含有排除、限制竞争内容的规定"。在掌握相关证据后,陕西省物价局反价格垄断分局依法向国家发展改革委价格监督检查和反垄断局提请立案调查并获得批准。反价格垄断分局执法人员向榆林市各相关单位依法取证的同时,大力宣传《反垄断法》和《国务院关于在市场体系建设中建立公平竞争审查制度的意见》等竞争法规政策。通过反垄断调查和竞争政策宣讲,榆林市环境保护局充分认识到其行政行为的违法性,迅速下发榆政环发〔2016〕157号文件,明确榆政环发〔2016〕33号文件自榆政环发〔2016〕157号文件发布之日起废止,对其违法行为进行了自行纠正,并表示今后工作中将加强竞争法规政策学习落实。

---

① 《我局依法查处榆林市环境保护局行政垄断案》,载陕西价格信息网:http://www.spic.gov.cn/newstyle/pub_newsshow.asp? id=1015799&chid=100011,最后访问时间:2016年12月16日。

2. 深圳市斯维尔科技有限公司诉广东省教育厅、广联达软件股份有限公司侵犯公平竞争权纠纷案①

2014 年 4 月 1 日,以广东省教育厅、高职院校、行业企业等组成的工程造价广东"省赛"组委会发通知称,大赛由广东省教育厅主办,广州城建职业学院承办,广联达软件股份有限公司协办。在随后组委会公布的《赛项技术规范》和《竞赛规程》中都明确,赛事软件指定使用广联达独家的认证系统、广联达土建算量软件 GCL2013 和广联达钢筋算量软件 GGJ2013。一直在积极介入"工程造价基本技能"国赛和各地省赛的斯维尔公司,认为广东省教育厅指定独家赛事软件的做法,有滥用行政权力之嫌,违反了《反垄断法》。斯维尔表示,独家指定广联达的做法对斯维尔造成的损失很大。因为培训学校为了参加"省赛"和"国赛",就要购买广联达软件。这样斯维尔不仅损失了高职院校市场,更重要的是,这些学生毕业后进入施工单位、造价咨询公司,会倾向性选择广联达软件。从长远市场战略看,如果不对这种行政指定产品的做法加以制止,工程造价技能软件的市场将会造成"一家独大"的局面,斯维尔将无立足之地。为此,斯维尔多次与省教育厅进行口头和书面商洽,要求给予公平竞争的机会。在沟通无效的情况下,2014 年 4 月 26 日,斯维尔向广州市中级人民法院提起行政诉讼,请求法院确认广东省教育厅滥用行政权力指定或变相指定独家使用软件的行为违法,并要求承担合理维权开支 1.08 万元。

(1)如何认定"行政垄断行为"?广州市中院在一审判决中指出,根据《反垄断法》第 32 条的规定,"行政机关和法律、法规授权的具有管理公共事务职能的组织不得滥用行政权力,限定或者变相限定单位或者个人经营、购买、使用其指定的经营者提供的商品。"省教育厅"指定独家参赛软件"行为

① 《指定比赛软件被判行政垄断　省教育厅上诉昨日开庭二审》,载《羊城晚报》2015 年 5 月 29 日第 A9 版;广东省广州市中级人民法院"深圳市斯维尔科技有限公司诉广东省教育厅、广联达软件股份有限公司侵犯公平竞争权纠纷案"行政判决书(〔2014〕穗中法行初字第 149 号)。之所以在此提及该案,是因为该案被媒体渲染为我国行政垄断中提起行政诉讼第一案,而颇受关注。尤其是,在广东省教育厅一审败诉后提起上诉,广东省高院经过庭审后迄今仍未作出裁判,其中原因不得而知。基于此,笔者将该案作为对本年度有一定影响力的案件而予以提及和分析。

符合构成行政垄断的要素条件，即在主体上，省教育厅是“行政机关和法律、法规授权的具有管理公共事务职能的组织”；在行为上，其“指定独家参赛软件行为”符合“限定或者变相限定单位或者个人经营、购买、使用其指定的经营者提供的商品”；至于“滥用行政权力”，法院依据行政诉讼法规定“行政机关应对自己的具体行政行为负有举证责任”，认定省教育厅对自己“指定独家参赛软件”行为不能提供证据证明其合法性，为此教育厅构成“滥用行政权力”。

（2）行政机关发布的各种“文件”“通知”能否作为行政诉讼起诉对象？本案中的广东省工程造价基本技能省级选拔赛，是由广东省教育厅主办的，而省赛组委会发布的各种“赛项通知”“赛项技术规范”“竞赛规程”，也都是经过省教育厅审核通过方才对外公布的。因此，“指定独家参赛软件”行为，是广东省教育厅作出的具体行政行为。因此，该案件属于行政诉讼的受案范围。

广州市中院一审后认为，作为行政机关的广东省教育厅的行政行为已符合法律规定的行政机关排除、限制竞争行为的要件，根据《行政诉讼法》的规定，广东省教育厅应对这一行政行为的合法性负举证责任，但该厅提供的证据不能证明其在涉案的赛项中指定独家使用软件经过了正当程序是合理使用行政权力，应该承担举证不能的责任。因而，广东省教育厅指定独家使用软件的行为符合法律关于行政机关滥用行政权力排除、限制竞争行为的规定，属于违法行为。一审判决后，广东省教育厅和原审第三人广联达公司以原审判决认定省教育厅构成行政垄断属于认定事实及适用法律错误为由，向广东省高院提出上诉。后法庭就原告的起诉是否符合行政诉讼的受案范围、省教育厅在赛事中指定使用广联达公司的软件是否合法等案件争议和焦点予以审理，但法庭没有当庭作出裁判。遗憾的是，法庭至今仍未作出裁判。

二、公平竞争审查制度的确立与初步实施

我国市场经济建设进程中，尽管反垄断执法机构加强了反垄断执法力

度,但行政垄断仍是经济发展中的顽疾,不同程度地损害了市场竞争、减损了经济运行效率,因而一直是国家经济治理和经济决策的重点关注对象。党的第十八届三中全会开创性地提出"发挥市场在资源配置中的决定性作用",政府在干预市场的方式上应当相应地发生变化,即应当转向竞争政策优先于产业政策;经济改革的顶层设计、市场经济的法治建设、创新发展的施行驱动三大事项决定了我国经济治理方式转型的必要性和紧迫性。但竞争政策的推行和实践并非一蹴而就之事,是个需要综合和平衡各方面利益关系和制度措施的过程。这意味着,行政垄断在我国仍将存在,且不可能依赖反垄断执法而一步到位。因此,当下行之有效的做法就是,对行政机关出台的政策文件进行竞争性评估,以维护市场公平竞争。

1. 公平竞争审查制度的确立

2015 年以来,党中央、国务院先后三次下发文件,对建立和实施公平竞争审查制度提出明确要求。3 月,中共中央、国务院印发《关于深化体制机制改革加快实施创新驱动发展战略的若干意见》(中发〔2015〕8 号),提出"探索实施公平竞争审查制度";6 月,国务院印发《关于大力推进大众创业万众创新若干政策措施的意见》(国发〔2015〕32 号),要求"加快出台公平竞争审查制度,建立统一透明、有序规范的市场环境";10 月,中共中央、国务院印发《关于推进价格机制改革的若干意见》(中发〔2015〕28 号),再次强调"加快建立竞争政策与产业、投资等政策的协调机制,实施公平竞争审查制度,促进统一开放、竞争有序的市场体系建设"。2016 年 6 月 14 日,国务院出台了《关于在市场体系建设中建立公平竞争审查制度的意见》(国发〔2016〕34 号,以下简称《意见》),首次详细阐述了建立公平竞争审查制度的重要性、紧迫性,制度的总体要求和基本原则,并对审查的对象、方式、标准和例外情况予以明确规定,这标志着期待已久的公平竞争审查制度落地。据此,"公平竞争审查制度"成为我国落实竞争政策的关键路径。《意见》的出台恰逢其时,是落实和执行中央全面深化改革精神、践行十八大以来的政策文件之有力举措,更回应着我国市场经济转型发展中急切的制度诉求。因此,以法治思维和法治方式,结合《反垄断法》相关规定,将《意见》中的要求和举措细化并认真实施，是当下之要务。

公平竞争审查制度，旨在解决政府干预过多、干预不合理而损害竞争的问题，保障各类市场主体平等地使用生产要素、公平参与市场竞争。从规范意义上讲，公平竞争审查是由竞争主管机构或其他机构通过分析、评价拟订中（或现行）公共政策可能（或已经产生）的竞争影响，提出不妨碍政策目标实现而对竞争损害最小替代方案的制度。为了保障公平竞争审查制度的实施，《意见》提出了“明确工作机制”“有序清理存量”“定期评估完善”“制定实施细则”以及“加强宣传培训”这五项具体任务。与此同时，《意见》将“健全竞争政策”“完善政府守信机制”“加强执法监督”和“强化责任追究”作为公平竞争审查制度的保障机制，从而使得公平竞争审查制度的实施更具有指导性、可操作性和可行性。

2. 公平竞争审查制度的初步实施

《意见》出台后，公平竞争审查在我国经济治理中获得制度认可，并成为确立竞争政策基础性地位的制度工具。但由于《意见》就公平竞争审查制度规定得较为抽象而缺乏相应的可操作性，因而需要各省市结合本地情况予以细化和实施。对此，全国主要省市也出台了相应的“实施意见”，但遗憾的是，此类实施意见充其量只是《意见》实施的通知，并未对其作细化规定而形成“实施意见”，这也是有待完善的地方。

值得注意的是，为贯彻落实《意见》精神，确保有关政策措施的出台符合公平竞争要求和相关法律法规，防止出现排除、限制竞争的情况，国家发展改革委办公厅于 2016 年 7 月 27 日印发了《关于贯彻落实〈关于在市场体系建设中建立公平竞争审查制度的意见〉委内工作程序的通知》。[①] 通知要求国家发展改革委各司局做好公平竞争审查工作：（1）按照“谁起草、谁审查”的原则，各司局分别负责本司局拟出台政策措施的公平竞争审查工作，在起

---

① 国家发展改革委办公厅印发的《关于贯彻落实〈关于在市场体系建设中建立公平竞争审查制度的意见〉委内工作程序的通知》，载国家发展改革委价格监督检查与反垄断局网站：http://jjs.ndrc.gov.cn/zcfg/201608/t20160802_813870.html，最后访问时间：2016 年 12 月 16 日。

草过程中严格对照《意见》明确的审查对象、标准和要求进行自我审查,形成书面审查结论,随相关文件材料一并上报发改委领导;(2)各司局在审查中认为有必要的,可以征求价监局意见。价监局根据《反垄断法》关于禁止滥用行政权力排除、限制竞争的规定和《意见》明确的公平竞争审查标准,对各司局公平竞争审查结论进行把关;(3)各司局应在相关政策措施提交法规司进行合法性审查时,一并提交公平竞争审查结论。法规司在合法性审查中,对各司局是否已履行公平竞争审查程序进行把关。在此基础上,国家发展改革委及其司局应切实做好公平竞争审查工作,防止出台排除、限制竞争的政策措施。不难看出,这一通知也只是原则性地规定了国家发展改革委出台政策措施时进行公平竞争审查的程序,实践中也必然存在这样或那样的问题,亟待作进一步深化。

三、公平竞争审查制度的细化与落实

公平竞争审查制度的确立,意味政府干预经济的手段逐渐转向竞争政策,试图通过维护和促进市场竞争来驱动生产力的发展。这也是我国市场经济法治建设的客观要求。《中华人民共和国国民经济和社会发展第十三个五年规划纲要》(以下简称《纲要》)更是明确要求,“加快形成统一开放、竞争有序的市场体系,建立公平竞争保障机制,打破地域分割和行业垄断,着力清除市场壁垒,促进商品和要素自由有序流动、平等交换”。因此,公平竞争审查制度实施体系的完善与否,关乎该制度能否得到有效实施,继而决定竞争政策能否在政府干预经济的政策体系中居于基础性地位。这客观上需要从以下几方面对公平竞争审查制度的落实和完善进行系统的考量和周密的设计:

1. 与供给侧结构性改革的契合。十八届五中全会公报提出,“释放新需求,创造新供给”。针对当下经济形势,习近平总书记要求推进“供给侧结构性改革”,并强调“在适度扩大总需求的同时,着力加强供给侧结构性改革,着力提高供给体系质量和效率,增强经济持续增长动力”。可见,供给侧结构性改革旨在调整经济结构,使要素实现最优配置,提升经济增长的质量和数量。长期以来,我国市场经济建设中残留着计划经济体制下的行政思维和长官意志,政府及其官员习惯或偏好以命令代替法治、以行政命令代替市场机制,对经济治理和市场运行指手画脚。片面信奉所谓凯恩斯主义,通过政府干预、产业政策刺激,不但未能很好地解决中国市场经济建设中活力不足、效率不高的问题,反而更促使市场不公、竞争不畅,继而严重抑制了市场机制的活力、降低了效率。因此,要解决中国经济存在的中长期问题,根本之道在于推进结构改革。“去产能、去库存、去杠杆、降成本、补短板”,成为当前供给侧改革重点任务,其中包括处置僵尸企业、化解房地产库存、防控金融风险、降低企业成本和补充供给短板等方面具体内容。毫无疑问,供给侧结构性改革绝不是要回到计划经济,其核心是放松管制、释放活力,让市场发挥更大作用,矫正以前过多依靠行政配置资源带来的要素扭曲。这实际就是要摒弃沿袭于计划经济体制下的产业政策思维,而更多地转向以市场竞争为导向的现代市场体系。但这并非易事,也非一蹴而就,需要以法治思维和法治方式塑造供给侧改革中政府推进模式、治理框架和规范体系,以防重蹈以往产业政策优先、行政命令推进之覆辙,从而断送了供给侧改革的美好愿景。

2. 密切关注国际规则。经济全球化和贸易一体化背景下,以要素跨国流动和产品“国际生产分割”为主要内容的全球价值链逐渐形成,中间品、知识、技术、资本、人员、服务等在全球范围内的流动和优化组合,要求各国市场规制的一致性。TTIP 等区域性贸易谈判将这种一致规制界定行为竞争中立,强调“政府必须为所有市场主体提供相同的竞争制度环境”。而公平竞争审查就是实现竞争中立,“纠正或避免对竞争限制、扭曲”的制度路径。

3. 适时制定《公平竞争审查条例》。《纲要》明确要求,“清理废除妨碍统一市场和公平竞争的各种规定和做法。健全竞争政策,完善市场竞争规则,实施公平竞争审查制度”。《意见》进一步指出,国家发展改革委、国务院法制办、商务部、工商总局要会同有关部门,抓紧研究起草公平竞争审查实施细则,进一步细化公平竞争审查的内容、程序、方法,指导政策制定机关开展公平竞争审查和相关政策措施清理废除工作,保障公平竞争审查制度有序实施。因此,为使上述中央精神和指导意见落地,国务院应依据中央深改小组会议要求、《纲要》目标和《意见》措施,并结合《反垄断法》第 8 条和第 5 章有关“滥用行政权力排除、限制竞争”的规定,制定出台《公平竞争审查条例》(以下简称《条例》)。该条例应就审查依据、审查范围、审查标准、审查程序以及审查机构等内容作进一步明确,以细化和完善我国公平竞争审查制度体系。其中,有两方面问题值得特别注意:一是中央与地方的关系问题。中央强调着力建立统一开放、竞争有序的现代市场体系,但地方政府通常基于本地区经济增长效率、产业保护等方面考虑而不排除我行我素,以政策代法治、以行政命令代替市场竞争,从而扭曲了市场竞争、阻碍了竞争政策的实施。二是行业监管与竞争执法的关系问题。行业监管部门基于自身权力和行业利益考虑,以及对行政干预的偏好,习惯于以产业政策管理相关产业或企业,而置市场竞争机制于不顾,从而无视中央文件精神和竞争政策的基础性作用。

4. 完善公平竞争审查的制度体系。公平竞争审查制度旨在规范政府有关行为,防止出台排除、限制竞争的政策措施,逐步清理废除妨碍全国统一市场和公平竞争的规定和做法。因此,这就需要结合党的十八大以来的中央会议精神和《纲要》相关要求,对公平竞争审查制度予以细化。

(1)进一步明确审查范围。建立公平竞争审查制度的目标就在于清理废除妨碍统一市场和公平竞争的各种规定和做法。《意见》指出,破立结合,在规范增量政策的同时,坚持分类处理、不溯及既往,逐步清理废除妨碍全国统一市场和公平竞争的存量政策。这实际包含两方面的工作内容:一方面,应将拟制定的政策法规和做法纳入审查范畴,即审查其是否可能排除市场竞争,破坏市场公平竞争秩序;另一方面,要依据是否具有排除限制竞争效果原则对现存的政策法规和做法进行审查,对不合理的要予以清理废除。但拟制定的《条例》仅适用于增量政策的审查,而存量政策的审查则不在此列。后者通常需要政府及其相关部门深化改革,通过清理废除的方式解决现存的具有排除限制竞争效果的政策法规和做法。

(2)合理设置审查方式。政策法规或做法是否具有排除限制竞争效果,关键在于能否合理地予以审查。审查方式在其中发挥着举足轻重的作用,因为再好的制度设计和程序保障,也需要相应的审查方式予以启动和运行。根据行政机关的权力属性和竞争执法的特点,公平竞争审查方式应采取自我审查、竞争审查和第三方评估三种类型展开:其一,坚持"谁制定、谁审查"原则,要求政策制定机关在政策制定过程中,要严格对照审查标准进行自我审查。经审查认为不具有排除、限制竞争效果的,可以实施;具有排除、限制竞争效果的,应当不予出台,或调整至符合相关要求后出台。其二,在自我审查中,政策制定机关对某些政策措施是否具有排除限制竞争效果难以确定,可以向相关竞争执法机构请求审查并提供相关意见或建议;竞争执法机构也可就自身执法过程中对可能具有排除限制竞争效果的产业政策进行全面分析以科学进行定性并相应地作出行政裁决或建议。其三,在条件成熟的情况下,对拟出台的政策法规或做法进行第三方评估。相较于前两类审查方式,通过第三方对拟议出台的政策法规或做法进行竞争效果评估,更具中立性和客观性,因而其合理性和可信性也增强,更能确保公平竞争得以维护。总之,行政法规和国务院制定的其他政策措施、地方性法规,起草部门应当在起草过程中进行公平竞争审查。未进行自我审查的,不得提交审议。没有进行公平竞争审查的,不得出台。制定政策措施及开展公平竞争审查应当听取利害关系人的意见,或者向社会公开征求意见。有关政策措施出台后,要按照《中华人民共和国政府信息公开条例》要求向社会公开。

(3)科学确立审查标准。一般来说,对拟出台的政策法规和做法进行公平竞争审查旨在促进统一开放、竞争有序的市场体系形成,维护市场公平竞争。在具体审查实践中,这一目标追求应转化为具体标准,方具有可操作性和实际意义,否则只是一纸空文。为此,应本着"尊重市场、竞争优先"和"立足全局、统筹兼顾"的原则,并结合《反垄断法》第 8 条和第 5 章的相关规定,从"市场准入和退出标准""商品和要素自由流动标准""影响生产经营成本标准"和"影响生产经营行为成本标准"等方面进行细化,尤其是,应将经济生活中出现的市场准入机会不均等,以及生产经营中融资、税收、补贴等待遇不公平现象和举措予以重点考虑和规制。唯有设置合理的审查标准,公平竞争审查制度方有合理依据和正当理由。当然,健全而合理的审查标准并非一日即可建成,需要不断的执法经验积累,因而建议在条件成熟的情形下可以制定“公平竞争审查工具书”或者“公平竞争审查指南”等类似指导性操作手册,以增强审查工作的合理性和科学性。

四、结语

行政垄断对市场竞争的危害性不言而喻,但行政垄断的规制,不是简单的反垄断执法所能实现的,而是一项全面推进市场经济体制深化改革的系统工程。尽管行政垄断的后果表现是排除、限制市场竞争,但其成因错综复杂、纵横交错,因而期望通过反垄断法予以有效规制显得尤为不现实。纵使当下反垄断执法对行政垄断的规制产生了一定效果,但并非反垄断法作用的结果,相反可能是因为反垄断执法机构所属部委在国家资源配置中的特殊地位所决定,其本身的合理性就值得商榷。因此,行政垄断的规制,应逐渐摒弃以《反垄断法》予以规制的“治标不治本”方式,而转向宏观顶层设计与微观法治建设并举之路:(1)从宏观层面来说,应积极推进宪法实施,以进一步完善和落实“社会主义市场经济体制”。党的十八大以来,中央政策和文件精神一再强调,要厘清政府与市场之间的关系,发挥市场在资源配置中的决定性作用和更好地发挥政府作用。这就要求将政府与市场关系纳入宪法框架内来考量和设计,更要在法治轨道上予以保障和规约。因此,全面深化改革背景之下,建立健全宪法实施机制、确立违宪审查机制,就显得尤为紧迫,以廓清权力边界、有效保护私权。(2)从微观层面来说,应尽快完善法治实施机制,以有效打击违法行政行为、保护市场公平竞争。这其中的核心便是,要建立法治政府,确保政府及其官员能够确实依法行政、依法办事。政府在市场经济中的作用不应仅仅是管理,更应转向监督和服务,从而在对市场给予规制的同时更加主动积极地引导和服务市场的正常有效运行。与此同时,在充分发挥好新《行政诉讼法》对“行政行为”提供救济的基础上,尽快扩大行政诉讼的范围,从而切实保障行政相对人的权益。

与此同时,行政垄断的规制,还需要将垄断的种子扼杀于萌芽之中,相应地,公平竞争审查制度也就显得异常重要。当然,公平竞争性审查机制的意义不仅在于国家建立相应的规范体系,而更在于能够以此为据全面有效地予以落实和实施。因此,在建构科学而合理的审查体系的基础上,应有理有序地稳步推进和完善我国公平竞争性审查机制:第一步,尽快细化有关产业政策的公平竞争性审查机制,对转型中所依赖的产业政策是否有利于市场竞争进行审查,对于扭曲市场竞争的产业政策要坚决予以纠正甚至否定;第二步,对经济发展中既存的扭曲竞争的产业政策要通过主动执法或赋予当事人诉权的方式予以积极纠正和废止;第三步,在推进依法治国的基础上,对我国法律进行公平竞争性审查,不仅对即将进行的立法进行竞争评估,对业已实施的法律也要进行竞争评估,以防以法律之名扭曲市场竞争。唯有通过反垄断执法和系统的公平竞争审查,方能有效地预防和制止行政垄断,维护市场公平竞争。

第五节　反不正当竞争行为的规制*

一、立法概况

《中华人民共和国反不正当竞争法》(以下简称《反不正当竞争法》)于1993年9月颁布,是我国规范反不正当竞争行为的主要法律依据。在该法基础上,政府部门又发布了系列配套性规定,包括《关于禁止有奖销售活动中不正当竞争行为的若干规定》《关于禁止仿冒知名商品特有的名称、包装、装潢的不正当竞争行为的若干规定》《关于禁止侵犯商业秘密行为的若干规定》《关于禁止商业贿赂行为的暂行规定》《网络商品交易及有关服务行为管理暂行办法》等。随着市场的不断发展,我国出现了一些新型的不正当竞争

* 本节撰写人为韩伟,法学博士,中国青年政治学院法学院讲师,中国社会科学院国际法研究所竞争法研究中心研究人员。

行为,这些行为难以被目前的规则体系有效规范,因此工商部门近年一直在积极地推动《反不正当竞争法》的修订。2016 年 2 月 25 日,国务院法制办发布了《中华人民共和国反不正当竞争法(修订草案送审稿)》公开征求意见的通知。①

二、执法现状

我国负责反不正当竞争行为规制的主要行政执法机关是全国各级工商行政管理机关。2015 年全国工商、市场监管部门围绕人民群众关心、社会关切的突出问题,查处各类竞争违法案件 68,170 件。② 2016 年上半年,全国工商系统共查处各类竞争执法案件 2.5 万件。③

(一)假冒行为规制

假冒是指不正当地利用他人的商业信誉或者商品声誉,目的是使自己的商品或者服务与他人的商品或者服务相混淆的行为。2016 年 1 月 21 日,国家工商总局打击侵权假冒工作领导小组召开第七次全体会议。国家工商总局副局长、领导小组组长刘俊臣主持会议并强调,要进一步提高认识,切实把思想和行动统一到党中央和国务院决策部署上来,努力开创"十三五"时期打击侵权假冒工作新局面。会议强调要统筹兼顾、务求实效,努力开创"十三五"时期打击侵权假冒工作新局面。要全面落实五项重点任务:一要切实抓好互联网等重点领域专项整治,持续深入开展"红盾网剑"专项行动,做到精准打击;二要深入推进打击侵权假冒法治建设,完善顶层设计,创新执法体制,完善执法程序;三要创新监管模式,建立与商事制度改革相适应

---

① 《国务院法制办公室关于公布〈中华人民共和国反不正当竞争法(修订草案送审稿)〉公开征求意见的通知》,载国务院法制办网站:http://www.chinalaw.gov.cn/article/cazjgg/201602/20160200480277.shtml,最后访问时间:2016 年 8 月 2 日。

② 《王江平:开创经济新常态下竞争执法工作新局面》,载国家工商总局网站:http://www.saic.gov.cn/ywdt/gsyw/zjyw/xxb/201604/t20160427_168212.html,最后访问时间:2016 年 8 月 3 日。

③ 《张茅在全国工商和市场监管部门工作座谈会上的讲话》,载国家工商总局网站:http://www.saic.gov.cn/ywdt/gsyw/zjyw/xxb/201607/t20160717_169839.html,最后访问时间:2016 年 8 月 3 日。

的打击侵权假冒工作机制，加快推进信息共享，推动部门间、地区间、政府与社会之间信息互联互通和执法协作；四要支持地方探索开展跨地区、跨部门执法协作，提高打击实效；五要更新监管理念，构建社会共建共治共享新模式。①

以2016年宁夏石嘴山市工商行政管理局大武口区分局查处的一起案件为例，2016年5月9日，该局接到消费者举报称在大武口区游艺西街178－14号金燕宝商行购买的“夏进”牌纯牛奶涉嫌假冒产品，要求查处。5月10日，该局执法人员依法对该店进行了检查，发现当事人销售的“红夏”牌纯牛奶乳味饮品涉嫌仿冒该区知名商品“夏进”牌牛奶的包装、装潢，同时对该店在售的4箱“红夏”牌纯牛奶乳味饮品实施了扣押行政强制措施。该局执法人员制作了现场检查笔录，并对现场情况进行了拍照，同日经机关负责人批准对该案进行立案调查。经查，当事人自2013年10月29日开始在大武口区游艺东街178－14号从事预包装食品、乳制品、烟酒副食、水果零售经营，2016年4月15日，当事人从大武口区晓丽批发部以每箱26.6元的价格购进“红夏”牌纯牛奶乳味饮品9箱，规格（24瓶/箱），以每箱60元的价格出售，截至被查获时当事人共销售5箱，获取违法所得167元。通过调查取证，执法人员发现该“红夏”牌纯牛奶乳味饮品系吴忠市西夏清真乳品有限责任公司生产，其外包装喷绘的图案、颜色都刻意仿冒知名商品“夏进”牌牛奶包装、装潢。故意凸显“纯牛奶”三个大字，其产品商标“红夏”二字则刻意缩小隐藏。足以造成与他人的知名商品相混淆，使购买者误认为是该知名商品，涉嫌构成了仿冒知名商品特有的名称、包装、装潢的不正当竞争行为。最终，工商部门认为，当事人销售的“红夏”牌纯牛奶乳味饮品与他人的知名商品特有的名称、包装、装潢作相同或者近似使用，造成与他人的知名商品相混淆，使购买者误认为是该知名商品的行为，已经构成了仿冒知名商品特有

① 《刘俊臣：充分发挥监管主力军作用，开创打击侵权假冒新局面》，载国家工商总局网站：http://www.saic.gov.cn/ywdt/gsyw/zjyw/xxb/201601/t20160125_166150.html，最后访问时间：2016年8月3日。

的名称、包装、装潢的不正当竞争行为。依据《反不正当竞争法》以及《关于禁止仿冒知名商品特有的名称、包装、装潢的不正当竞争行为的若干规定》,决定对当事人进行如下处罚:(1)收缴“红夏”牌纯牛奶乳味饮品 4 箱;(2)没收非法所得 167 元;(3)罚款 333 元。[①]

(二)商业贿赂规制

商业贿赂是指经营者为销售或者购买商品而采用财物或者其他手段贿赂对方单位或者个人的行为。以 2015 年河南开封市工商局经济检查支队查处的一起案件为例。经查,2014 年 7 月 31 日,当事人河南某医药有限公司与某医院签订了一份药品集中采购配送合作协议书,合同约定当事人为该医院(另案处理)的药品(包含西药、中草药、中草药颗粒剂、中药饮片等,不含精、麻、毒、放药品)独家供货商,当事人须向该医院支付 1000 万元的药品质量保证金。在合同有效期内,该医院无须支付相应的资金利息并不得违反合同约定向其他任何第三方采购药品,否则视为违约。上述协议有效期为 5 年,自协议生效之日起开始计算。协议有效期届满后,当事人与该医院享有优先续约权。随后,当事人分别于 2014 年 8 月 15 日和 9 月 23 日,将 1000 万元给了该医院。另据当事人提供的向该医院销售药品情况一览表,自 2014 年 8 月至 2015 年 4 月,当事人向医院销售的药品价值约为 12,123,493元。办案机关认为,当事人在向某医院销售药品的过程中,与该医院签订提供 1000 万元免息资金的合作协议书,从而获得了独家向该医院供应所需药品的经营权,实质上排挤了其他医药公司向医院销售药品的竞争权。当事人向医院支付所谓的药品质量保证金,实际上是当事人用 1000 万元的使用权及由这笔资金所产生的相应利息向医院行贿。经查,当事人销售价值约 12,123,493 元药品的含税毛利额为 1,127,241 元,除去人工费用 312,786 元、物流费用 628,603 元,税费 186,501 元,实际净利润为 -649

---

① 《王永茂销售仿冒知名商品特有名称假装装潢不正当竞争案》,载宁夏工商行政管理局网站:http://ngsh.gov.cn/zfxxgs/duk1fj/2016/05/26/10582657847.html,最后访问时间:2016 年 8 月 3 日。

元。办案机关认为，当事人的行为违反了《反不正当竞争法》第 8 条第 1 款之规定，属于国家工商总局《关于禁止商业贿赂行为的暂行规定》第 2 条所指的行为，已构成商业贿赂。根据《反不正当竞争法》第 22 条之规定，办案机关责令当事人改正违法行为，并处罚款 15 万元。[①]

再以河北省工商局 2015 年查处的案件为例，2008 年 8 月至 2014 年 12 月期间，当事人河北某大学所属外国语学院假借科研费、校庆费的名义收受外语教学与研究出版社有限责任公司（以下简称外研社）支付的钱款 7 笔，总额 78.6 万元。在收受外研社的 7 笔款项中，有 6 笔为科研费，合计 63.6 万元，记入当事人财务账册其他收入科目或教育事业其他收入科目，摘要均为外国语学院经费；有 1 笔为校庆捐款 15 万元，记入当事人财务账册其他收入科目，摘要为外国语学院校庆捐款。外研社在财务原始凭证中，将其支付的科研费 63.6 万元，记入公司财务账册的营业费用科目，其支付的 15 万元校庆费用记入营业费用科目，支付名义为校庆捐款，备注用途为推广费。当事人外国语学院在经费使用中，未将科研费、校庆费按照相关科研费管理规定专户管理、专项使用的要求用于外语横向课题研究，而是用于报销外国语学院“教师年终奖、加班费、超市购物费、饭费、监考费、评审费”等经费支出。当事人年度教学外语类教材的征订是由当事人外国语学院确定外语类教材使用信息后，教务处再按照外国语学院确定的教材版本等要求，通过公开招标进行采购，故外国语学院在确定使用何种外语教材的过程中起到了关键性作用。河北省工商局认为，外研社为排挤其他竞争者，获得长期向当事人供应学生教材的交易机会，以所谓“科研费”“校庆费”的名义，向外国语学院支付钱款的行为，构成了《反不正当竞争法》第 8 条所指的商业贿赂行为；当事人收受上述钱款的行为，违反了《反不正当竞争法》第 8 条及国家工商总局《关于禁止商业贿赂行为的暂行规定》第 4 条的规定，属于收受商业贿赂的违法行为。鉴于当事人收受钱款的行为与金额已达移送标准，该局将该

---

① 《河南某医药有限公司商业贿赂案》，载国家工商总局网站：http://www.saic.gov.cn/fldyfbzdjz/dxal/201603/t20160307_167062.html，最后访问时间：2016 年 8 月 3 日。

案移送河北省人民检察院,依法没收当事人违法所得,并处罚款。[①]

(三)虚假广告规制

虚假广告是指经营者通过内容与事实不相符合的广告宣传推销商品的行为。2016 年 4 月,上海市浦东新区市场监督管理局处理的一起案件比较典型。该案当事人广东大地影院建设有限公司于 2006 年 10 月 31 日成立,在上海设有上海浦东分公司等 4 个分支机构,4 个分支机构主要从事电影放映活动,对外均以当事人的名义进行经营。2014 年年底,当事人在美团网等团购网站上开展团购促销活动,包括影院地址、团购票价、上映影片简介等信息,并实时对信息进行更新,但不包括影片价格信息。网站发布内容由当事人提供并最终经当事人确认后才能在网站发布。以当事人的上海浦东分公司于 2015 年 8 月在美团网开展的团购活动为例,当事人在美团网页面顶部醒目位置标示:“仅售 75 元! 价值 143 元的双人观影套餐,含电影票 2 张 + 小卖套餐 1 份,可观看 2D/3D。”网页还标示“限价片:补差价规则以影院公告为准。限价片:限价片是影片发行方或相关部门对于某些热门电影设置了最低票价,任何渠道的售价都不得低于某一个数字”等内容。根据《国家计委和国务院有关部门定价目录》,电影票价属于市场定价,非国家或者相关部门定价。影片发行方与院线从双方收益考虑,会根据不同影片约定一个票房分账比例,同时双方约定每部影片最低“限价”,电影院以该限价与院线进行票房结算,影片发行方不直接与电影院发生关系。如果电影院以低于“限价”售票,所产生的差价由电影院承担,非影片发行方对消费者进行限制。如消费者使用团购券兑换电影票观看《复仇者联盟 2:奥创纪元》《速度与激情 7》等影片时需要补差价,如果消费者对补差价有异议时,当事人的工作人员会告知,所要观看的影片由影片发行方限定了最低票价,需要补齐差价后才能观影。自 2015 年 1 月 1 日至 2015 年 10 月 15 日,当事人的上海浦东分公司共兑换团购券 3235 张,需要补差价的为 2021 张,其中当事人存

① 《河北、安徽工商相继查处高校商业贿赂案》,载国家工商总局网站:http://www.saic.gov.cn/fldyfbzdjz/dxal/201604/t20160413_167898.html,最后访问时间:2016 年 8 月 3 日。

在要求消费者补“差价”后的总金额高于影片发行方与院线约定的最低票价（“限价”）的情况。上海市浦东新区市场监督管理局最终根据《消费者权益保护法》第56条第1款第6项、《反不正当竞争法》第24条第1款之规定，对当事人作出罚款12万元的行政处罚决定。①

（四）侵犯商业秘密规制

商业秘密是指不为公众所熟悉、能为权利人带来经济利益、具有实用性并经权利人采取保密措施的经营信息和技术信息。2015年10月21日，全国工商系统商业秘密保护工作推进会暨中美商业秘密保护研讨会在浙江台州举办。会议要求，各地强化竞争执法与知识产权保护工作，提升商业秘密保护能力和水平，发挥好商业秘密推动创新发展的作用。会议指出，商业秘密保护工作不仅关系到企业的创新发展，还关系到小微企业的竞争活力，更与中国企业在国际竞争中的形象和信誉息息相关。会议还要求，各地工商、市场监管部门探索适合本地区的商业秘密保护工作机制，通过政府购买服务的方式解决商业秘密案件涉及的技术或专业问题，加强与法院、学术机构等司法部门或专业机构的沟通联系，进一步提高执法办案能力和效率；加强执法成果宣传，提升执法办案透明度，及时公开处罚结果，增强企业的商业秘密保护意识，树立法律权威和执法形象。②

江苏省如皋市市场监管局2015年便查处了一起典型案件。南通某装饰工程有限公司的法定代表人李某原在广东省江门市华浔品味装饰设计工程有限公司如皋分公司任主管，负责日常管理。在工作期间，李某伙同曾某、黄某利用自身职务的便利，以盗窃的手段复制了该装修企业作为商业秘密进行保护的客户信息资料，随后从华浔装饰公司离职，共同创办了当事人公司。当事人盗窃的客户信息包括客户的名称、地址、联系方式以及交易（本

① 《上海查处广东大地影院建设公司消费侵权虚假宣传案》，载国家工商总局网站：http://www.saic.gov.cn/fldyfbzdjz/dxal/201605/t20160519_168686.html，最后访问时间：2016年8月5日。

② 《工商系统商业秘密保护推进会暨中美商业秘密保护研讨会举办》，载国家工商总局网站：http://www.saic.gov.cn/ywdt/gsyw/zjyw/xxb/201510/t20151026_163208.html，最后访问时间：2016年8月3日。

案中指装修)的习惯、意向、内容等。在客户信息中,有的客户已经意向性交纳了一定的订金,还有的签订了合同,实际上已经成为华浔装饰公司的稳定客户。该客户信息资料花费了华浔装饰公司一定的人力、物力、财力以及大量的时间,有专人登记、汇总、整理,专人保管,且通过外界媒介、网络等公开渠道无法获得。当事人公司成立后,利用上述盗窃的客户信息资料开展业务,通过抵扣订金、降低客户意向性装修工程款等方式拉拢客户。截至案发,当事人已拉拢上述客户信息中两户业主的装修业务,且两户都已向当事人交纳了订金并签订了装修合同,总工程款合计 15.5 万元。如皋市市场监管局认为,当事人的行为违反了《反不正当竞争法》第 10 条第 1 款第 1、2 项和《关于禁止侵犯商业秘密行为的若干规定》第 3 条第 1 款第 1、2 项的规定。根据《反不正当竞争法》第 25 条的规定,南通市如皋市场监管局对当事人作出行政处罚,责令其停止违法行为,罚款 1 万元。①

(五)不正当有奖销售规制

《反不正当竞争法》禁止的有奖销售主要是欺骗性有奖销售和超过 5000 元的抽奖式有奖销售。2015 年 9 月,深圳市市场和质量监督委员会南山市场监督管理局查处了一起涉及互联网的不当有奖销售案件。深圳市前海融资租赁金融交易中心有限公司(以下简称“广金所”)提供融资租赁资产产品的交易业务、现货电子交易平台和市场服务以及以上相关的咨询服务。2014 年 12 月 2 日至 2015 年 1 月 31 日,“广金所”为了促进会员(消费者)在其提供的互联网金融平台上进行交易,在其网站上推出了“年度大礼,尊享马尔代夫豪华双人游”有奖促销活动。在上述时间段,只要会员(消费者)在“广金所”单笔投资满 2 万元,即有机会赢取马尔代夫豪华双人游。经查,马尔代夫豪华双人游市场价值 12,976 元起。执法机关认为,“广金所”举办的抽奖式有奖销售活动最高奖金额超过 5000 元法定限额,其行为违反了《反不正当竞争法》第 13 条的规定,构成了不正当有奖销售行为。根据该法,执法

① 《如皋查办侵犯客户信息商业秘密案》,载中国工商报网:http://www.cicn.com.cn/zggsb/2016-01/13/cms81439article.shtml,最后访问时间:2016 年 8 月 3 日。

机关作出了行政处罚,责令当事人停止违法有奖销售行为,并处以罚款1万元。

因有奖销售最高奖的奖品价值远远高于法定限额,居然之家在新疆克拉玛依、内蒙古呼和浩特、福建福州的分公司分别被罚款1万元、1万元和9万元。克拉玛依居然之家市场管理有限公司于2015年11月28日至29日在克拉玛依国际建材城居然之家门店开展“创世开业百万豪礼奥迪大奖钜惠油城”抽奖销售活动。活动中最高奖的奖品为奥迪A1款汽车一辆(10年使用权),奥迪A1款汽车当时购买价格为16.8万元,在活动中已被消费者抽出。克拉玛依市克拉玛依区工商局依据《反不正当竞争法》第26条对其罚款1万元。呼和浩特市居然之家家居建材市场有限公司玉泉分公司于2015年4月25日至2015年5月3日举办了居然之家玉泉店家博会有奖销售活动,其中最高奖1名,奖品为消费免单上限1.5万元。呼和浩特市工商局玉泉分局依法对其罚款1万元。福州居然之家家居建材市场有限公司于3月22日开展购买商品“开年风暴”抽奖式有奖销售活动。活动期间,消费者交款满2000元即可获得抽奖券一张,最高奖的奖品为3辆一汽－大众捷达轿车,每辆价值7.73万元,当晚全部抽出。福州市工商局依法对其罚款9万元。①

(六)商业诋毁规制

商业诋毁是指经营者捏造、散布虚伪事实,损害竞争对手的商业信誉或者商品声誉的行为。以四川泸州市江阳区为例,2016年江阳区工商局以“治虚假,强维权”为主题,精心部署“红盾春雷行动2016”,启动6个专项行动。其中的治理不正当竞争专项行动重点涉及几个方面:一是查处公用企事业利用独占地位强制消费、收取不合理费用等行为;二是查处个体私营企业虚假宣传、不正当有奖销售等行为;三是查处汽车及配件销售维修行业恶意竞争、相互诋毁等行为。依报道,截至2016年4月,江阳区工商局出动检查人

---

① 《居然之家三个分公司因不正当抽奖被罚》,载中国工商报网:http://www.cicn.com.cn/zggsb/2016－03/30/cms83931article.shtml,最后访问时间:2016年8月4日。

员200余人次,立案调查不正当竞争案件21件。值得注意的是,行动期间还查获了首起商业诋毁的新型违法案件。

2015年山东省济南市市中区工商局查处的一起案件也值得关注。2015年4月3日,山东省济南市市中区工商局接到山东某商贸有限公司(以下简称甲公司)的举报,称济南某电器有限公司(以下简称乙公司)利用微信公共平台发布客流对比信息,涉嫌以不正当的手段诋毁竞争对手。该局于当日立案调查。2015年3月27日,乙公司通过其微信公众号发布了总店、八一旗舰店促销信息,同时发布最近甲公司和乙公司店内客流对比图片。经查,乙公司将其某个时间段客流量大的场景和甲公司某个时间段顾客稀少的场景作对比,客流对比图片拍摄时间不同,涉嫌不正当竞争。该局联合公安机关对3月27日乙公司利用微信发布广告的画面截屏,取得这些信息由乙公司提供并要求发布的证明。由此,该局认为乙公司作了引人误解的虚假宣传。2015年6月11日,该局向乙公司作出停止违法行为、消除影响和罚款10万元的处罚告知书,乙公司在法定时间没有提出听证申请。2015年6月17日,该局向乙公司下达了处罚决定书,认为乙公司违反了《反不正当竞争法》第9条第1款,构成虚假宣传行为。根据该法第24条第1款,市中区工商局对乙公司处以罚款。值得注意的是,该案既是商业诋毁行为,同时又是引人误解的虚假宣传行为。该案属于一个行为同时违反商业诋毁和虚假宣传想象竞合的行为,办案机关将该案按照虚假宣传定性和处罚也是适当的。①

三、存在的问题及展望

《反不正当竞争法》修订问题成为近年来各界关注的热点问题,特别是2016年2月国务院法制办发布《中华人民共和国反不正当竞争法(修订草案送审稿)》(以下简称《送审稿》)公开征求意见后,引发了理论与实务界的热烈讨论,有些问题还出现了争议。

---

① 《济南一公司在微信平台发布对比图片诋毁竞争对手》,载中国工商报网:http://www.cicn.com.cn/zggsb/2015-07/15/cms73980article.shtml,最后访问时间:2016年8月4日。

（一）《反不正当竞争法》如何定位

《送审稿》第2条集中体现了《反不正当竞争法》的定位，但从该条以及送审稿的其他内容来看，该法的整体定位仍欠清晰，有关《反不正当竞争法》的定位在我国理论与务实界并未达成共识。《反不正当竞争法》的修订，首要问题是理顺该法在我国法律体系中的定位。该法主要定位于知识产权兜底保护法、广义的消费者权益保护法，还是市场竞争秩序规制法，不同的定位对于具体条文的设计与理解会存在很大的差异。实际上，该法实施过程中在具体条款的理解与适用上出现的各种争论，很大程度上源自该问题没有梳理清楚。该法定位的不清，直接影响了该法的有效适用，也导致它与其他法律，特别是与《反垄断法》《消费者权益保护法》《专利法》《商标法》《著作权法》《广告法》等的协调性不足。①

将《反不正当竞争法》明确定位于经济法，与《反垄断法》共同构成我国的竞争法体系，后者关注竞争的自由问题（“自由竞争维护法”），而《反不正当竞争法》则关注竞争的公平问题（“公平竞争维护法”），笔者认为这一思路值得考虑。按此思路，《反不正当竞争法》调整的就是公共利益层面的竞争公平问题。基于这种定位，该法对消费者利益的保护是一种整体意义上的间接保护，即通过公平竞争秩序的维系，间接地保障消费者的利益。而知识产权法学界关注的是该法的兜底保护功能，建议通过完善各知识产权单行法来解决。而具体消费者利益的保护（包括保护力度的加大），则应该更多地依赖《消费者权益保护法》。如果按照上述思路改造我国的《反不正当竞争法》，该法定位于与《反垄断法》协调配合的规范市场有效竞争机制的竞争法，则其直接目的应该是确保市场公平竞争。②

---

① 韩伟：《〈反不正当竞争法〉修订之思考》，载《工商行政管理》2013年第24期。

② 笔者认为，以竞争“自由”受损为标准的“竞争损害理论”（单边效应、协同效应、封锁效应等）是反垄断制度体系的核心，也是各类排除、限制竞争行为（负面清单）存在的前提。如果《反不正当竞争法》定位于“公平竞争维护法”，要确保制度的科学性，则有必要建构一套以竞争“公平”受损为标准的“竞争损害理论”，并以此为基础明确受规制的行为类型（负面清单），不过这是该定位思路面临的最大挑战（“公平”较之“自由”更难被评估、被量化，相应的竞争损害理论也更难搭建），相关理论研究仍待深入。

(二)相对优势地位规则是否确立

《送审稿》第 6 条涉及滥用相对优势地位,该条引起了理论与实务界的高度关注,也引发了系列讨论。[①] 笔者不赞成在《反不正当竞争法》中引入滥用相对优势地位条款(也不赞成在《反垄断法》中引入该规则),主要理由是该规则所关注的大型零售商等实践问题可以通过《反垄断法》规则的完善以及对既有规则的灵活实施予以处理,但引入该条款则存在对市场过度规制的风险,且在竞争法规则的理解与适用上还存在混淆与冲突的风险。限于篇幅,笔者就滥用市场支配地位规则的实施以及纵向垄断协议规则的完善在下文中作一简要梳理。

相对优势地位的理论基础是"依赖性理论",但笔者认为随着反垄断规则在适用上的演化,特别是相关市场界定的角色定位变化以及非结构性因素在市场支配地位认定中的权重变化(特别是针对一些高科技行业),使得很难再基于"依赖性理论"将相对优势地位与市场支配地位明确地进行区分。相应地,很难基于"依赖性理论"设计出一套独立于市场支配地位规则的相对优势地位规则。实际上,通过 OECD 召开的相关论坛我们也可以认识到,总体来看,世界各国竞争制度正朝着这样一个方向发展,即对单个企业行为的规定只能被适用于具有实质市场势力的企业。因为相对于不具有或仅有微小市场势力的企业,具有实质市场势力的企业的单边行为更容易扭曲市场竞争机制及损害消费者利益。[②]

目前有关相对优势地位的讨论中被各界所忽视的一点是,我国垄断协议规则的完善很大程度上也可以处理相对优势地位规则针对的问题,即通

① 近期相关讨论的重要理论文献包括:王晓晔:《论"滥用相对优势地位"的法律规制》,载《现代法学》2016 年第 5 期;朱理:《滥用相对优势地位问题的法律规制》,载《电子知识产权》2016 年第 6 期;张昕:《企业滥用相对优势地位规制研究》,载《竞争政策研究》2016 年第 3 期;陈丹舟:《相对优势地位理论基础研究》,载《竞争政策研究》2016 年第 3 期;许光耀:《"相对优势地位"与"市场支配地位"的法理辨析》,载《价格理论与实践》2016 年第 5 期;郑友德、张钦坤、李薇薇、伍春艳:《对〈反不正当竞争法(修订草案送审稿)〉的修改建议》,载《知识产权》2016 年第 6 期。

② 《证明市场支配地位的证据问题》,叶明译,载韩伟主编:《OECD 竞争政策圆桌论坛报告选译》,法律出版社 2015 年版,第 113 ~ 118 页。

过出台规范特定纵向非价格限制竞争协议的规则，有助于解决实践中交易主体力量不对等所产生的问题。[①] 我国《反垄断法》还缺乏纵向非价格限制竞争协议方面的内容，这也是《反垄断法》配套规则的重要完善方向之一。依据《反垄断法》第 14 条第 3 款的规定，工商总局作为负责查处与价格无关的垄断协议的国务院反垄断执法机构，有权将特定的非价格限制协议认定为垄断协议。为配合《反垄断法》的实施，工商总局可以考虑出台规范纵向非价格限制竞争协议的部门规章。

综上，在《反垄断法》框架体系内可以解决目前所谓的滥用相对优势地位问题。结合我国的法律体系与规则现状，为避免规制适用上的冲突，我国当下合理的制度发展方向应该是完善《反垄断法》的纵向垄断协议规则以及灵活适用《反垄断法》的滥用市场支配地位规则，而非在《反不正当竞争法》规则体系中引入滥用相对优势地位规则。

---

① 纵向垄断协议规则与滥用市场支配地位规则在适用上存在一定的竞合，有关纵向非价格限制竞争协议的规则设计，可参见《欧盟纵向限制指南(2010)》，苏华译，载韩伟主编：《美欧反垄断新规选编》，法律出版社 2016 年版，第 109 ~ 179 页。

第三章　中国反垄断和反不正当竞争民事诉讼制度及发展

吴宏伟[*]　董笃笃[**]

2015年至2016年,加强消费者权益保护是我国民事诉讼制度发展的重要议题之一。2015年12月24日公布的《最高人民法院关于当前民事审判工作中的若干具体问题》中提出,消费对推动经济发展具有基础性作用,依法保护消费者权益,不仅涉及老百姓切身利益,也是落实"十三五"规划的重要保障;民事审判既要加大民事赔偿力度,净化消费环境,也要注意消费民事公益诉讼与私益诉讼的衔接和协调。之后,《最高人民法院关于审理消费民事公益诉讼案件适用法律若干问题的解释》(法释〔2016〕10号)于2016年4月24日公布,并于2016年5月1日起施行。

消费者福利经常被表述为竞争政策最重要的价值目标。1966年,美国罗伯特·博克(Robert Bork)法官首次在竞争政策中使用"消费者福利"(consumer welfare)来表述经济学中的"社会整体福利"(social welfare)。与之直接相关的是,"社会总剩余"(total surplus)的变化。① 在经济学中,社会总剩余是指,"消费者剩余"(consumer surplus)与"生产者剩余"(producer surplus)的总和。消费者剩余是指买者愿意为一种物品支付的量减去其为此实际支付的量,生产者剩余是指卖者出售一种物品得到的量减去其生产成

---

* 吴宏伟,法学博士,中国人民大学法学院教授、博士生导师。

** 董笃笃,法学博士,中国人民大学经济学院博士后。

① See Gregory J. Werden, *Essays on Consumer Welfare and Competition Policy*, March 2, 2009. http://ssrn.com/abstract=1352032, pp. 2-5.

本。如果资源配置能够实现社会总剩余最大化,这种资源配置是有效率的。某种资源配置所引起的社会总剩余减少,被称为“无谓损失”。[①] 但必须注意的是,“消费者剩余”和“生产者剩余”这两个概念容易使人产生误解,因为谁在消费谁在生产实际上无关紧要。虽然“需求者剩余”和“供给者剩余”这两个概念比较准确,但尊重传统,经济学一般还是使用“消费者剩余”和“生产者剩余”。[②]

因此,在罗伯特·博克法官的表述中,消费者福利应意指社会总剩余。但不幸的是,在随后的竞争政策论辩中,消费者福利不可避免地被泛化了。它有时被用来指称社会总剩余,有时被用来指称需求者剩余,更多的时候则被相当模糊地使用。[③] 作为竞争政策的价值目标,消费者福利至少存在如下四种不同解释:第一,作为自然人的消费者,相对于经营者居于弱势地位,应受到法律的倾斜保护。这种意义上的消费者福利,指向明确,能为经营者提供具体的行动指引,曾被视为反垄断和反不正当竞争法律制度的实质正当性基础。[④] 第二,需求者剩余。如果供给者的特定行为损害了需求者剩余,无论需求者是经营者还是作为自然人的消费者,都需法律进行规制。这种意义上的消费者福利,实质上涉及公平或交往正义,经营者很难对此达成共识,需由裁判者填充其具体内容。第三,社会总剩余。由于社会总剩余是供给者剩余与需求者剩余的总和,单纯损害供给者剩余或需求者剩余的行为,并不一定损害社会总剩余。如果暂时不考虑外部性问题,只有达到均衡状态时,社会总剩余才实现最大化。一旦偏离均衡状态,便存在无谓损失,需要法律进行调节。这种意义上的消费者福利,是均衡状态的指示器,内涵相当明确,能为经营者提供具体的行动指引,多被视为反垄断经济分析最基础的模型,也构成现代反垄断法最核心的实质正当性理由。第四,包括配置效

---

① ［美］曼昆:《经济学原理:微观经济学分册》(第7版),梁小民、梁砾译,北京大学出版社2015年版,第145、151、171页。

② ［美］哈尔·R.范里安:《微观经济学:现代观点》(第9版),费方域、朱保华等译,格致出版社、上海三联书店、上海人民出版社2014年版,第180页。

③ 兰磊:《反垄断法上消费者利益的误用批判(上)》,载《竞争政策研究》2016年第5期。

④ 徐国栋:《罗马经济法研究》,载《现代法学》2015年第1期。

率、技术进步、产品质量提升等在内的整体市场绩效。法律应通过税收、补贴、产权、规制等各种措施,促进绩效提升。这种意义上的消费者福利,是社会总剩余最大化、技术进步、稳定增长、质量零缺陷、安全零风险、环境保护等诸多价值目标的集合体,具体内容须结合个案情形经权衡而定。

关于消费者福利的不同解释,对应着不同法律制度。消费民事诉讼所牵涉的法律制度也是多重的。一般而言,消费者权益保护法强调第一种解释,以保护居于弱势地位的自然人为核心协调各类价值目标之间的关系。合同法、反不正当竞争法强调第二种解释,以供给者与需求者之间的分配公平为核心协调各类价值目标之间的关系。反垄断法强调第三种解释,以社会总剩余最大化为核心协调各类价值目标之间的关系。包括科技进步法、商标法、专利法、著作权法、标准化法等在内的创新政策强调第四种解释,寻求促进配置效率、动态效率等各类价值目标的政策工具组合。然而,实践总是错综复杂的,法律学说也是充满争议的。在我国维护市场竞争秩序的法律体系中,《合同法》《侵权责任法》《反不正当竞争法》《消费者权益保护法》《反垄断法》《商标法》《著作权法》《电信条例》《零售商供应商公平交易管理办法》等法律法规,调整对象和价值目标都存在不同程度的交叉重复,相互之间的关系也难以澄清。因此,消费民事诉讼制度的落实,也就面临着如何协调这些法律法规之间关系的难题。

为落实消费民事诉讼制度,加强消费者权益保护,法院通过个案裁判,已对《反垄断法》与《消费者权益保护法》之间的协调问题、《反垄断法》与《反不正当竞争法》之间的协调问题、《反不正当竞争法》与知识产权法之间的协调问题、《反不正当竞争法》与《网络安全法》之间的协调问题作出了回应。我们能够据此提炼出亟待立法和亟须法学进一步研究探索的难题。也就是说,个案裁判有助于厘清消费者权益保护的具体内涵,并且依然是我国竞争政策不断发展完善的重要载体。

第一节　《反垄断法》与《消费者权益保护法》之间的协调问题

消费者福利总是被表述为《反垄断法》的价值目标，但消费者福利的内涵却相当模糊。如果将消费者福利理解成，对作为自然人的消费者给予特殊倾斜保护，那么，这种意义上的消费者福利是否构成中国《反垄断法》的核心价值目标？对此，法院借助个案裁判表明了态度。笔者从中国裁判文书网上搜集到17件涉及消费者的垄断民事纠纷，现将其初步整理如下。

表3-1　涉及消费者的垄断民事纠纷

年度	案例	主要争议	裁决
2012	冯永明与福建省高速公路公司滥用市场支配地位纠纷案，(2012)榕民初字第345号，(2012)闽民终字第884号	垄断定价、价格歧视	一审：被告具备市场支配地位，原告并未证明争议行为构成滥用
			二审：维持原判
	戴海波与中国电信重庆电信公司垄断纠纷案，(2012)渝一中法民初字第00446号	服务质量不稳定	原告并未证明被告具有市场支配地位
2013	莫惠芬与北京新网数码公司宁波分公司、互联网名称与数字地址分配机构垄断纠纷案，(2013)浙甬民受初字第1号	涉外民事诉讼的管辖	不予受理
	吴德钧与国网陕西省电力公司、咸阳供电局滥用市场支配地位纠纷案，(2013)西民四初字第00450号	无	撤诉
	徐亮与青岛通宝公司捆绑交易纠纷案，(2013)青知民初字第2号	搭售	原告未能证明被告具有支配地位

续表

<table>
<tr><th>年度</th><th>案例</th><th>主要争议</th><th>裁决</th></tr>
<tr><td rowspan="6">2014</td><td>何海虹诉北京奇虎公司、奇虎 360 公司垄断纠纷案,(2014)沪二中民五(知)初字第 21 号</td><td>无</td><td>撤诉</td></tr>
<tr><td>裘胜诉中广有限公司绍兴分公司滥用市场支配地位纠纷案,(2014)浙绍知初字第 40 号</td><td>无</td><td>撤诉</td></tr>
<tr><td>姚文篡与中国民生银行宁波慈溪支行捆绑交易纠纷案,(2014)浙甬知初字第 181 号</td><td>无</td><td>撤诉</td></tr>
<tr><td>顾芳与中国南方航空拒绝交易纠纷案,(2013)穗中法知民初字第 627 号,(2014)粤高法民三终字第 1141 号</td><td>拒绝交易</td><td>一审:原告认为被告具有支配地位,证据不充分;被告取消航班的行为与是否存在滥用市场支配地位之间并无必然因果关系</td></tr>
<tr><td rowspan="2">王鑫宇与中国电信徐州分公司垄断纠纷案,(2014)宁知民初字第 256 号</td><td rowspan="2">差别待遇</td><td>二审:维持原判</td></tr>
<tr><td>被告虽具有支配地位,但未实施滥用市场支配地位的行为</td></tr>
<tr><td rowspan="4">2015</td><td>广州网易与章凯平限定交易纠纷管辖权异议案,(2015)粤知法商民初字第 11 号,(2015)粤高法立民终字第 535 号</td><td>管辖权异议</td><td>一审:驳回网易公司对本案管辖权提出的异议
二审:维持原制</td></tr>
<tr><td>中国联合网络通信北京市分公司与丁啟东垄断纠纷案,(2015)京知民初字第 339 号,(2015)高民(知)终字第 02509 号</td><td>管辖权异议</td><td>一审:驳回联通北京市分公司对本案管辖权提出的异议
二审:维持原判</td></tr>
<tr><td>中国联合网络通信北京市分公司与井姣垄断纠纷案,(2015)京知民初字第 340 号,(2015)高民(知)终字第 02510 号</td><td rowspan="2">管辖权异议</td><td>一审:驳回联通北京市分公司对本案管辖权提出的异议
二审:维持原判</td></tr>
<tr><td>杨景顺与中国联合通信网络沈阳市分公司、中国联合网络滥用市场支配地位纠纷案,(2015)沈中民四初字第 00297 号</td><td>撤诉</td></tr>
</table>

续表

年度	案例	主要争议	裁决
2015	杨志勇与中国电信、中国电信上海分公司滥用市场支配地位纠纷案,(2013)沪一中民五(知)初字第208号,(2015)沪高民三(知)终字第23号	不兼容	一审:原告并非直接利害关系人,并非适格原告
			二审:被告并非故意设置障碍
		垄断高价	一审:被告不具有市场支配地位
			二审:产生严重损害市场竞争效果是对市场行为进行反垄断干预的必要前提,原告并未对此提供充分证据
2016	田军伟与北京家乐福双井店、雅培贸易垄断纠纷案,(2014)京知民初字第146号,(2016)京民终214号	转售价格维持,反垄断行政处罚的跟进诉讼	一审:原告并未证明行政处罚的行为囊括了本案争议行为
			二审:维持原判
	吴小秦与陕西广电捆绑交易纠纷案,(2012)西民四初字第00438号,(2013)陕民三终字第38号,(2014)民申字第278号,(2016)最高法民再98号	搭售	一审:被告未告知消费者享有选择权,又无正当理由,构成滥用
			二审:搭售并未损害消费者自主选择权,不构成滥用
			再审:搭售违背了消费者意愿,损害了消费者自主选择权,又无正当理由,构成滥用

(资料来源:中国裁判文书网)

这些案件呈现出两方面倾向:第一,就诉讼程序而言,在垄断民事纠纷中,作为自然人的消费者,应当承担同经营者一样的举证责任。第二,就实体规范而言,在滥用市场支配地位纠纷中,搭售的违法性以经营者具有市场支配地位、违背消费者意愿或损害消费者自主选择权为要件。这两方面倾向均值得进一步讨论和完善。

一方面,现有案例认为,在诉讼程序中,作为自然人的消费者应当承担与经营者一样的举证责任。然而,由于垄断行为违法性和损害后果的认定,大多需要相对复杂的经济学分析、特定行业的专业知识和经验等,作为自然人的消费者居于弱势地位,往往难以承担相应的举证成本,举证能力明显不足,反垄断民事诉讼制度因此将很难切实保障消费者在《反垄断法》上的权益。在以上 17 件涉及消费者的垄断纠纷中,除 9 件管辖权异议或撤诉的纠纷外,消费者胜诉的只有 1 件(吴小秦案),消费者因举证不足而败诉的则有 7 件。其中,有 4 件(戴海波案、徐亮案、顾芳案和杨志勇案)是消费者没有证明被告具有市场支配地位,有 3 件(冯永明案、顾芳案和王鑫宇案)是消费者没有证明被告行为因严重损害市场竞争而构成滥用,有 1 件(田军伟案)是消费者在跟进诉讼中没有证明被告行为被囊括进反垄断行政处罚之中的。

面对这种现实,如果以加强消费者权益保护为由采用举证责任倒置,那么,正如杨志勇案二审法院所强调的,可能导致诉讼泛滥,对被告不尽公平,也将降低司法审查的质量与效率。① 基于此,德国、美国、日本、韩国均在反垄断法、反不正当竞争法或消费者权益保护法领域将反竞争行为损害赔偿诉讼的主体资格赋予消费者团体,希望借此保障消费者在竞争法上的权益。我国在《反垄断法》《最高人民法院关于审理因垄断行为引发的民事纠纷案件应用法律若干问题的规定》(法释〔2012〕5 号)中并未对消费者团体的诉讼主体资格作出明确规定,而是在《消费者权益保护法》第 47 条规定,对侵害众多消费者合法权益的行为,中国消费者协会以及在省、自治区、直辖市设立的消费者协会,可以向人民法院提起诉讼。2016 年《最高人民法院关于审理消费民事公益诉讼案件适用法律若干问题的解释》第 2 条规定:“经营者提供的商品或者服务具有下列情形之一的,适用消费者权益保护法第四十七条规定:(一)提供的商品或者服务存在缺陷,侵害众多不特定消费者合法权益的;(二)提供的商品或者服务可能危及消费者人身、财产安全,未作出真实的说明和明确的警示,未标明正确使用商品或者接受服务的方法以

① 杨志勇与中国电信、中国电信上海分公司滥用市场支配地位纠纷案,(2015)沪高民三(知)终字第 23 号。

及防止危害发生方法的；对提供的商品或者服务质量、性能、用途、有效期限等信息作虚假或引人误解宣传的；（三）宾馆、商场、餐馆、银行、机场、车站、港口、影剧院、景区、娱乐场所等经营场所存在危及消费者人身、财产安全危险的；（四）以格式条款、通知、声明、店堂告示等方式，作出排除或者限制消费者权利、减轻或者免除经营者责任、加重消费者责任等对消费者不公平、不合理规定的；（五）其他侵害众多不特定消费者合法权益或者具有危及消费者人身、财产安全危险等损害社会公共利益的行为。"据此，关于消费者协会能否针对垄断行为提起民事诉讼的问题，目前尚不明确。能否通过将诸如拒绝交易、拒绝兼容、降低服务质量等垄断行为界定为"其他侵害众多不特定消费者合法权益的行为"，进而借助《消费者权益保护法》赋予消费者协会提起反垄断民事诉讼的主体资格，仍有待进一步探索。

另一方面，正如徐亮案和吴小秦案所呈现的，搭售是否构成滥用市场支配地位，应以经营者具有市场支配地位并且违背消费者意愿（或损害消费者自主选择权）为要件。尤其是吴小秦案，该案看似复杂，但一审、二审和再审法院对于搭售违法性要件的态度却是一致的，三者不同之处仅在于，搭售是否事实上损害了消费者自主选择权：一审和再审法院认定被告因损害消费者自主选择权而构成违法，二审法院则以被告并未损害消费者自主选择权为由认定其不构成违法。

法院以经营者具有市场支配地位并且损害消费者自主选择权为核心认定搭售违法性的观点，与内蒙古广电集团锡林郭勒分公司滥用市场支配地位行政处罚案①所体现出的观点相一致，即只要具有市场支配地位的经营者实施了搭售安排，违背消费者意愿或损害消费者自主选择权，便构成滥用市场支配地位，无须再对搭售具体如何损害了哪个特定相关市场中的市场竞争作出详细解释。在吴小秦案中，最高人民法院认为："广电网络利用其市场支配地位，将数字电视基本收视维护费和数字电视付费节目费一起收取，

---

① 内蒙古广播电视网络集团有限公司锡林郭勒分公司滥用市场支配地位行为处罚决定，内工商处罚字〔2016〕002号，竞争执法公告2016年第5号。

客观上影响消费者选择其他服务提供者提供相关数字付费节目,同时也不利于其他服务提供者进入此电视服务市场,对市场竞争具有不利的效果。”[①] 除了对“不利于其他服务提供者进入此电视服务市场,对市场竞争具有不利的效果”作出如是原则性认定之外,最高人民法院并未再对该排他性效果作出论证,似乎只要影响了消费者自主选择权,就能推定搭售损害了市场竞争,构成《反垄断法》上的违法性。

在垄断理论的演进过程中,的确曾经存在过强调违背他人意愿或损害他人自主选择权的理论体系。在工业革命之前,人们也必须解决经济问题。但人们思考经济问题的背景是,经济运行由政治或习俗等非经济因素所主导,或者由社会地位或谈判能力所主导。有关经济问题的讨论,核心在于借助政治力量来保护弱势交易方,相应的论证模式以特定行为是否构成强制为基础。亚里士多德认为,只有“自愿”(voluntarily)行为才应被表扬或责备,被“强制”(compulsion)的行为原则上不能被归责。但只有物理上的暴力行为才构成强制,即“物理上的强制”(physical compulsion)。到中世纪,欧洲神学家主张,除物理上的强制外,强制还包括借助他人“需求”而造成的威胁,即“经济上的强制”(economic compulsion)。高利贷、投资贷款、必需品交易、奢侈品交易、劳动和工资合同领域内经济上的强制,同物理上的强制一样,都是一种恶。[②] 据此,罗马私法中的不公平高价、罗马公法中的囤积居奇等垄断行为都构成对他人的强制,因而是一种恶。但具体到实践中“公平价格”(just price)的认定,经院哲学则存在不同观点。阿奎那认为公平价格是静态的,对高利贷持有较严厉的态度。晚期经院哲学家则认为公平价格是动态的,受到成本、稀缺性、需求或公共管制等多种因素的影响,对高利贷的态度相对宽松。无论公平价格具体如何认定,这种论证以经济上的强制为基础,实质上是通过行政或管制措施来确定产品价格,进而保护相对弱势

① 吴小秦与陕西广电捆绑交易纠纷案,(2016)最高法民再98号。

② See Odd Langholm, *The Legacy of Scholasticism in Economic Thought: Antecedents of Choice and Power*, Cambridge, Cambridge University Press, 1998.

的交易方。[1] 这种垄断理论的思考和论辩模式,类似于吴小秦案一审、二审和再审法院的论证,争议焦点在于特定行为是否构成强制,或者是否构成经济上的强制。

以强制为基础的垄断理论,运用道德或政治等非经济因素来对特定经济行为实施评价,它与以市场竞争或经济规律为基础评价特定经济行为的分析模式完全不同。到 18 世纪,亚当·斯密提出,在自利和竞争的共同主导下,市场价格终将趋于自然价格;因此,经济运行不是混乱的,而是确定的、有规律的。随后,关于亚当·斯密的理论,有观点认为根本就不存在自然价格;也有观点认为,虽然存在自然价格,但自然价格在收入分配领域内是非正义的。面对这些质疑,新古典经济学的先驱者们将论证自然价格(或均衡状态)的存在性、稳定性和唯一性视为自己的使命。在新古典经济学趋于成熟以后,竞争理论大多以经济规律为基础,通过分析企业决策模型及其相应福利效果来对特定经济行为进行评价。尽管如此,以强制为基础的论证仍留存于竞争法之中。例如,美国 1984 年杰弗逊教区(Jefferson Parish)案[2]的法官就提出,逼迫他人购买根本不愿购买的商品,是搭售最核心的危害。对此,丹尼尔·克莱尼(Daniel Crane)教授认为,购买者只会购买愿意购买的商品。除非卖方欺骗购买者,否则,卖方不可能逼迫购买者购买根本不需要的商品。与搭售相关的实质性问题,并不是购买者是否被逼购买不愿购买的商品,而是购买者是否不得不为其愿意购买的商品付出更高价钱,或者购买者是否不得不从不喜欢的销售者那里购买商品。[3] 随着反垄断经济分析逐步获得重视,除限制自主选择权之外,搭售的违法性要件还包括具有封锁效应或妨碍竞争。[4] 以美国 2012 年布兰特利(Brantley)案[5]为例,法院强调,原告只是证明被告通过搭售安排逼迫消费者购买不需要的电视节目,损害消

---

① See Lefteris Tsoulfidis, *Competing Schools of Economic Thought*, Berlin, Springer, 2010, p. 6.

② Jefferson Parish Hosp. Dist. v. Hyde, 466 U. S. 2(1984).

③ See Daniel Crane, Tying and Consumer Harm, *Competition Policy International*, 2012, 8(2), pp. 27 – 33.

④ 吴汉洪、钟洲:《论搭售的反垄断争议》,载《中国人民大学学报》2016 年第 4 期。

⑤ Brantley v. NBC Universal, 675 F. 3d 1192(2012).

费者福利;但是,为了证明被告违反《谢尔曼法》第 2 条,原告还必须证明被告损害了市场竞争。我国国家工商总局在利乐滥用市场支配地位案[①]中,不仅强调搭售限制了购买者的自主选择权,更是对搭售的竞争损害作出详细论证:当事人所实施的搭售,提升了购买者从其他销售者处购买商品的难度,构成了购买者转向其他销售者的现实障碍。据此,对于以市场竞争或经济规律等经济因素为基础的竞争理论而言,只有搭售损害了市场竞争,才构成《反垄断法》上的违法性。如果搭售只是损害他人自主选择权,而没有损害市场竞争,那么搭售可能会构成《消费者权益保护法》或《反不正当竞争法》上的违法性,但并不构成《反垄断法》上的违法性。

这样,《反垄断法》便存在两种不同理论基础和论辩模式:一是以强制为基础的垄断理论,运用道德或政治等非经济因素规制经济行为,只要经营者损害消费者自主选择权便构成违法;二是以市场竞争或经济规律为基础的竞争理论,运用经济因素调节经济行为,强调特定行为是否对社会总剩余、需求者剩余或动态效率造成负面影响。关于搭售违法性要件的论争,直击《反垄断法》的边界与论辩模式,更牵涉到《反垄断法》《反不正当竞争法》和《消费者权益保护法》之间的协调问题,尚待进一步深化。

第二节 《反垄断法》与《反不正当竞争法》之间的协调问题

正如范里安所强调的,经济学中的"消费者剩余"是一个容易造成误解的术语,应修正为"需求者剩余"。[②] 需求者剩余所指涉的相关利益主体,并不限于作为自然人的消费者,还包括市场交易中作为需求者的经营者。如果消费者福利被解释为需求者剩余,那么与之相关的问题可分为两方面:一是供给者与需求者之间的分配问题,二是作为供给者剩余和需求者剩余总

---

① 利乐滥用市场支配地位案,工商竞争案字〔2016〕1 号。

② [美]哈尔·R. 范里安:《微观经济学:现代观点》(第 9 版),费方域、朱保华等译,格致出版社、上海三联书店、上海人民出版社 2014 年版,第 180 页。

和的社会总剩余的变化问题。前者多被表述为公平,后者多被表述为效率(或配置效率)。但凡涉及配置效率,经济学大致都能够为此提供相对可量化的分析模型,一般被纳入反垄断法的框架内进行规制。但对于那些涉及分配公平的问题,则存在较大争议,实践方案也不一致。具体而言,从供给者与需求者之间分配公平的角度切入,如果损害特定交易方的行为,同时也造成无谓损失,或者说损害效率,则适用《反垄断法》。对此,学界和实务界基本能够达成共识。如果损害特定交易方的行为,没有造成无谓损失,或者人们尚无法证明是否造成无谓损失,也就是说,当争议焦点从配置效率转向分配公平时,到底是适用《反垄断法》,还是适用《反不正当竞争法》,就存在不同主张。

从历史演进的角度看,在罗马私法中,分配公平涉及与公平价格相关的规定。不公平价格如果构成原因上的欺诈,则契约无效;如果构成附带欺诈,则契约有效,但可诉请返还损失。附带欺诈又分为故意的欺诈和自然产生的欺诈;若属于故意的欺诈,可请求返还实际支付的价格与本来应当支付的价格之间的差额;若属于自然产生的欺诈,只有在差额超过公平价格的一半时才能提起诉讼。[①] 但是,19 世纪以来,英格兰的法院一般只是判令合同无效或拒绝某种特定履行,仅在极少情形下才支持受害方赔偿损失的请求。[②]《德国民法典》第 138 条第 2 款作出暴利行为无效的规定:“某人利用他人处于急迫情势、无经验、欠缺判断力或意志显著薄弱,以法律行为使他人就某项给付向自己或第三人约定或给予与该项给付明显地不相当的财产利益的,该法律行为尤其无效。”[③]暴利行为的受害方若想主张损害赔偿请求权,原则上只能适用《德国民法典》第 823 条以下的规定,特别是第 826 条“违反善良风俗的故意侵害”的规定,举证难度高,实效性不强。

---

① [美]詹姆斯·戈德雷:《现代合同理论的哲学起源》,张家勇译,法律出版社 2005 年版,第 83 页。

② See Ralph A. Newman, “Renaissance of Good Faith in Contracting in Anglo-American Law”, *Cornell Law Review*, Volume 54, Issue 4 April 1969, pp. 558 – 559.

③ 《德国民法典》(第 4 版),陈卫佐译注,法律出版社 2015 年版,第 49 页。

为弥补民法或合同法的不足,更有效地保障交易双方之间的分配公平,域外经验大致存在三种不同应对方案。一是意大利,在合同法中作出实体性规定,为受害方提供合同无效和赔偿损失的民事救济,然后再授权竞争行政执法机构依照合同法的规定认定行为违法性,并类推适用竞争法所规定的行政责任。意大利竞争行政执法机构认为,反垄断法的立法目的应被限定于经济效率,不应扩展至弱势交易方的保护;合同双方之间的公平问题,不应被纳入反垄断法中,而应被纳入合同法中。[①] 意大利于 1998 年在《工业外包法》(Law No. 192 of 18 July 1998 on Industrial Subcontracting)第 9 条对滥用经济依赖性的行为作出规定,明确合同无效和赔偿损失的民事救济措施。随后,又于 2001 年(Law No. 57 of March 5th 2001)规定,对于滥用经济依赖性的行为,除适用滥用市场支配地位的规定外,竞争行政执法机构可适用《工业外包法》第 9 条认定行为违法性,并适用滥用市场支配地位的行政责任,发布警告令并罚款。二是美国、日本和韩国,在反不正当竞争法中作出明确规定,授权竞争行政执法机构对不正当的商业行为或不公平交易方式进行查处,即美国《联邦贸易委员会法》第 5 条、[②]日本《禁止私人垄断及确保公正交易法》第 2 条第 9 款、[③]韩国《公平交易法》第 23 条第 1 款。[④] 三是德国,在反垄断法中作出明确规定,授权反垄断行政执法机构进行查处,即德国 2011 年《反限制竞争法》第 20 条(1973 年《反限制竞争法》第 26 条)。[⑤] 以上三种应对方案虽然在具体制度层面存在差异,但实质内容却是一致的,即除合同无效外,在民事救济方面引入损害赔偿请求权,在行政救济方面授权竞争行政执法机构进行查处。

---

① Pranvera Këllezi, Abuse below the Threshold of Dominance? Market Power, Market Dominance, and Abuse of Economic Dependence, *MPI Studies on Intellectual Property*, *Competition and Tax Law*, Vol. 5, 2008, pp. 68 - 69.

② See Report of the Senate Comm. on Interstate Commerce, S. Rep. No. 63 - 597(1914).

③ 陈丹舟:《相对优势地位理论基础研究》,载《竞争政策研究》2016 年第 3 期。

④ 全玲贤:《韩国滥用交易地位行为规制研究》,载《法治研究》2016 年第 5 期。

⑤ 袁嘉:《德国滥用相对优势地位行为规制研究——相对交易优势地位与相对市场优势地位的区分》,载《法治研究》2016 年第 5 期。

我国的情况则相对特殊。我国于1986年颁布《民法通则》,1993年颁布《反不正当竞争法》,1999年颁布《合同法》。对于供给者和需求者之间的分配公平问题,民法和竞争法几乎是同步作出规定。受害方不仅可依据民法请求法院认定合同无效,也可依据竞争法请求法院判令赔偿损失,或者向竞争行政执法机构投诉。1993年《反不正当竞争法》第6条规定,公用企业或者其他依法具有独占地位的经营者,不得限定他人购买其指定的经营者的商品,以排挤其他经营者的公平竞争。该法第23条规定,公用企业或者其他依法具有独占地位的经营者,限定他人购买其指定的经营者的商品,以排挤其他经营者的公平竞争的,省级或者设区的市的监督检查部门应当责令停止违法行为,可以根据情节处以5万元以上20万元以下的罚款。被指定的经营者借此销售质次价高商品或者滥收费用的,监督检查部门应当没收违法所得,可以根据情节处以违法所得1倍以上3倍以下的罚款。此外,《反不正当竞争法》第11条规定,经营者不得以排挤竞争对手为目的,以低于成本的价格销售商品。第12条规定,经营者销售商品,不得违背购买者的意愿搭售商品或者附加其他不合理的条件。只不过,《反不正当竞争法》仅为第11条和第12条提供了民事救济,并未提供行政救济。

随着市场竞争状况的变化,《反不正当竞争法》第6、11条和第12条在实施过程中呈现出诸多不足。尤其是在行政救济方面,《反不正当竞争法》第3条第2款规定,县级以上人民政府工商行政管理部门对不正当竞争行为进行监督检查;法律、行政法规规定由其他部门监督检查的,依照其规定。随着《招标投标法》《电信条例》等法律法规的颁布,《反不正当竞争法》第6条所赋予的行政执法权限基本上被肢解到产业监管部门,原本统一的反不正当竞争行政执法体系,被条块化分割为不同产业监管部门各自执法的分散状态。同时,随着市场经济体制的逐步完善,《反不正当竞争法》第6条所规定的"公用企业"越发难以界定,违法行为类型也远远超出第6条所规定的范围,导致反不正当竞争行政执法的实效性大幅降低。

面对这种窘境,我国立法、行政和司法均作出明确回应。一是在立法层面,我国于2008年颁布《反垄断法》,扩充并强化了《反不正当竞争法》第6、

11、12 条等的规定。二是在行政层面,商务部、发改委、公安部、税务总局和工商总局于 2006 年联合发布《零售商供应商公平交易管理办法》,对零售商供应商所设的不公平交易方式或不正当商业行为作出具体规定,并提供行政救济。三是在司法层面,无论特定行为是否造成无谓损失,法院均以诚信原则或公认的商业道德为依据,直接认定经营者单方实施的反竞争行为的违法性,尤其强调差别待遇的违法性。这些判例所涉及的争议行为,类似于日本或韩国所规定的不公平交易方式。以 2014 年奇虎诉百度技术歧视案①为例,法院强调,在百度搜索中,只有输入"360 杀毒"才出现"百度杀毒"产品推广,而输入"金山杀毒""腾讯杀毒"等其他有关杀毒软件的关键词,左侧搜索结果均未出现推广链接。百度专门针对"360 杀毒"的行为应为歧视性对待,该行为破坏了公平、自由的竞争环境,违反了诚实信用的原则和公认的商业道德,构成不正当竞争行为。仅以互联网领域为例,笔者从中国裁判文书网上搜集到 5 件涉及不公平交易方式的不正当竞争纠纷,现仅将其初步整理如下:

表 3－2　互联网领域涉及不公平交易方式的不正当竞争纠纷

具体争议	相关市场	案例
技术歧视或差别待遇	浏览器	百度诉奇虎插标案,(2012)一中民初字第 5718 号
		金山猎豹诉合一优酷歧视案,(2013)海民初字第 17359 号
	搜索引擎	奇虎诉百度歧视案,(2014)海民初字第 4327 号,(2014)一中民(知)终字第 08599 号
		淄博鸿志诉奇虎案,(2015)西民(知)初字第 00506 号
低价倾销	数字认证	东方中讯与中网威信案,(2015)二中民三知初字第 95 号

(资料来源:中国裁判文书网)

现有努力的特点是相当明确的:对于供给者和需求者之间的分配公平问题,在民事救济方面强化损害赔偿请求权,在行政救济方面提升行政执法

① 奇虎诉百度技术歧视案,(2014)一中民(知)终字第 08599 号。

的实效性。但这种努力也存在三方面不足:一是《反垄断法》与《反不正当竞争法》之间的协调问题,供给者与需求者之间的分配公平问题应适用《反垄断法》还是《反不正当竞争法》。二是民事救济的法律依据是《反不正当竞争法》第 2 条关于诚实信用原则或公认的商业道德的一般性规定,违法行为的类型有待进一步梳理总结。三是行政执法体制仍处于由产业监管部门主导的分散状态,有待协调统一。特别是在“互联网 + ”背景下,特定行为可能同时波及电信、网络安全、零售、农业、制造业等诸多领域,除反不正当竞争行政执法机构无权查处外,相应的产业监管部门均有权查处,并且尚无明确的协调机制。

基于此,2016 年 2 月 25 日,国务院法制办公布《反不正当竞争法(修订草案送审稿)》(以下简称《送审稿》),向社会征求意见。从有效解决供给者与需求者之间分配不公平问题的角度看,《送审稿》作出了两方面尝试:第一,统一反不正当竞争行政执法体制。《送审稿》第 3 条第 2 款规定,县级以上人民政府工商行政管理部门对不正当竞争行为进行监督检查;其他法律、行政法规另有规定的,相关部门也可以依照其规定进行监督检查。第二,根据 1993 年《反不正当竞争法》第 6 条、2006 年《零售商供应商公平交易管理办法》的行政执法经验,以及诸如 2014 年奇虎诉百度技术歧视案等司法经验,对于不公平交易方式或不正当商业行为的诸多类型,在第 6 条列举了滥用相对优势地位的具体表现方式,在第 14 条对其他不公平交易方式作出原则性规定,授权国务院工商行政管理部门负责认定。

《送审稿》公布以后,引发社会各界热切关注和激烈讨论。多数观点反对《送审稿》第 6 条和第 14 条的尝试,主张继续适用《合同法》《反垄断法》《反不正当竞争法》以及《零售商供应商公平交易管理办法》来解决供给者和需求者之间的分配公平问题。这些反对观点的主张实质上包括三方面内容。第一,对于分配公平问题,在损害赔偿请求权这种民事救济方面,仍应适用《反不正当竞争法》第 2 条一般性规定,违法行为的类型化仍应交由法院借助个案裁判继续探索,并由法学继续研究,目前不宜由立法作出明确列举。第二,对于分配公平问题,行政执法体制仍应保留现有由产业监管为主导的做法,不宜明确授予反不正当竞争行政执法机构一般性查处权限。第三,除产业监管之外,涉及分配公平的问题,可类推适用《反垄断法》的规定。以上反对观点存在两方面不足:一是反不正当竞争行政执法体制仍将保留条块化分割的状态,难以协调统一。二是过多地类推适用《反垄断法》,将很容易消弭《反垄断法》的边界。类推适用本身就意味着损害供给者与需求者之间分配公平的行为,与损害配置效率的行为是不同的,只不过前者适用后者的法律责任而已。如果只满足于借助类推适用来解决个案,将难以阐明两者之间的区别,最终使《反垄断法》的定位和功能变得模糊不清。

大体而言,关于供给者与需求者之间分配公平的问题,《送审稿》倾向于美国、日本和韩国的做法,而反对观点倾向于德国的做法。这两类做法内部各自也都存在争议。[①] 这些争议背后隐藏着关于《反垄断法》与《反不正当竞争法》定位、协调和统一的困惑与难题。[②] 该问题异常复杂,有待学界和实务界的共同努力。

第三节 《反不正当竞争法》与《商标法》《著作权法》之间的协调问题

除需求者剩余外,消费者福利经常被理解为社会总剩余最大化(或配置效率)或者整体市场绩效。新古典经济学以来,多数竞争理论在局部均衡分析的框架内,结合市场现实状况,探索企业决策模型,评估企业决策对配置效率的影响。相对于古典经济学的动态分析或一般均衡分析,局部均衡分析很难如实描述作为动态过程的市场竞争。熊彼特(Joseph Alois

① 陈丹舟:《相对优势地位理论基础研究》,载《竞争政策研究》2016 年第 3 期。William E. Kovacic and Marc Winerman, Competition Policy and the Application of Section 5 of the Federal Trade Commission Act, *Antitrust Law Journal*, Vol. 76, No. 3(2010). 袁嘉:《德国滥用相对优势地位行为规制研究——相对交易优势地位与相对市场优势地位的区分》,载《法治研究》2016 年第 5 期。

② 关于《反垄断法》与《反不正当竞争法》定位、协调和统一问题的讨论,参见王艳林:《论反不正当竞争法向统一竞争法修改的取向——兼评〈反不正当竞争法修订草案〉隐含的新冲突》,载《法治研究》2016 年第 6 期。

Schumpeter)强调市场竞争作为动态过程的本质特征,却未提出令人满意的具有可操作性的竞争理论。[①] "实际的竞争政策一般沿用迄今为止的结构——行为——绩效思维模式和衡量标准,但是又谋求在迄今为止的竞争政策评价方法框架内点式的、就事论事地吸纳众多批评意见中的某些意见。"[②]同时,与整体市场绩效相应的政策工具,也从反垄断法或反不正当竞争法逐步扩展至知识产权法、标准化法、科技进步法等其他法律制度。这就产生了竞争政策与知识产权政策或创新政策之间协调问题。

关于反垄断法与知识产权法之间的协调问题,我国学界和实务界付出了艰辛努力,阶段性成果借助于2015年12月31日公布的《国务院反垄断委员会关于滥用知识产权的反垄断指南(征求意见稿)》得以呈现。关于反不正当竞争法与知识产权法之间的协调问题,则通过个案纠纷得以呈现。法院积极审慎地处理个案纠纷,对反不正当竞争法与知识产权法之间的关系表明了态度。我们借此提炼出亟待立法解决的难题。仅以互联网领域为例,笔者从中国裁判文书网上搜集到10件反不正当竞争与知识产权保护交叉领域的典型纠纷,现将其初步整理如下。

表3-3　互联网反不正当竞争与知识产权保护交叉领域的典型纠纷

纠纷类型	具体争议	典型案例
服务标识上的财产权利	未经域名注册人或持有人许可,他人是否不得使用域名	泰迪诉坤拓案,(2015)沪知民终字第676号
	仅在先注册域名,但未在先使用域名,是否构成在先使用	谷歌诉爱思美案,(2012)高民终字第3337号,(2013)民申字第2357号
		北京趣拿诉广州去哪案,(2013)粤高法民三终字第565号,(2014)民申字第1414号

① See Lefteris Tsoulfidis, Classical vs. Neoclassical Conceptions of Competition, *Discussion Paper* No. 11/2011, p. 13.

② 冯兴元:《大国之道:中国私人与公共选择的宪则分析》,福建教育出版社2013年版,第97页。

续表

纠纷类型	具体争议	典型案例
网络游戏上的财产权利	游戏的构成要素是否具有可版权性	乐动卓越诉昆仑乐享案,(2014)京知民初字第 1 号
		软星科技诉少思网络案,(2014)徐民三(知)初字第 276 号
	游戏直播是否受保护	央视国际诉华夏城视案,(2015)深福法知民初字第 174 号
		爱拍网络诉酷溜网案,(2015)京知民终字第 601 号
	游戏创作者是否享有针对游戏提供者的特定财产权利	暴雪诉游易案,(2014)沪一中民五(知)初字第 22 号
数据库上的特别权利	数据库应采特别权利保护模式,还是版权—反不正当竞争法保护模式	汉涛大众点评诉爱帮案,(2010)海民初字第 4253 号
		汉涛大众点评诉百度糯米案,(2015)徐民三(知)初字第 65 号

(资料来源:中国裁判文书网)

以上这些纠纷涉及《反不正当竞争法》与《商标法》《著作权法》之间的协调问题,大致可分为三类。

1. 服务标识的保护

与域名相关的不正当竞争纠纷所隐含的价值诉求是,域名注册人或持有人应享有域名这种服务标识上的某种权利或好处。该问题可分为两种情形:一是未经域名注册人或持有人许可,他人是否不得使用域名。对此,目前已基本形成共识。域名并不享有财产法意义上的财产权保护,只能获得反不正当竞争法的保护。根据 2001 年《最高人民法院关于审理涉及计算机网络域名民事纠纷案件适用法律若干问题的解释》的规定,只有当侵害人具有恶意时,域名注册人或持有人才能要求停止侵害和赔偿损失,但不得要求与“返还财产”相类似的救济,如 2015 年泰迪诉坤拓案。二是域名注册以后,善意第三人将该域名或与该域名相类似的标识注册为商标,或经使用而使其成为知名商品特有的标识,域名注册人或持有人能否在原有使用范围内继续使用。尤其是仅仅在先注册域名,但未在先使用域名,是否构成在先使用。域名属于服务标识,而非货物商标。货物商标获得保护的前提是,该商标被使用。一般而言是被附着于货物之上。但服务标识无法被附着于服务之上,传统商标法理论认为,仅仅在广告或宣传中使用服务标识,也满足"使用"的要求。如此一来,如果服务标识尚未与特定服务之间建立稳定的联系,法律所保护的服务标识,并无识别服务来源、保证服务质量等功能,只是对纯粹的标识予以保护。① 传统商标法理论的不足,在互联网信息服务业中被放大,具体呈现为关于"注册但并未使用的域名,是否应获得在先权利保护"的争论。

对于该争论,法院的态度并不一致。在 2013 年谷歌诉爱思美案中,最高人民法院主张,即使被告爱思美在先注册了"gmail"域名,并在其他服务中在先使用了"gmail"标识,但如果没有在提供电子邮箱服务时在先使用"gmail"标识,被告便不得在提供电子邮箱服务时再使用"gmail"标识。但在 2014 年北京趣拿诉广州去哪案中,最高人民法院又主张,域名注册人或持有人享有在先权利保护的前提是,其注册域名的行为早于原告的域名注册。原告北京趣拿的"qunar"域名注册于 2005 年 5 月 9 日,并于 2006 年 3 月 17 日转让给原告使用。被告广州去哪的"quna"域名注册于 2003 年 6 月 6 日,并于 2009 年 7 月 3 日转让给被告使用。尽管被告"quna"域名使用在后,但因其注册在先,故有权继续使用该域名,同时有义务加注区别性标识。

此类纠纷实质上涉及服务标识的保护问题:如果服务标识尚未与特定服务之间建立稳定的联系,法律是否应当给予保护。该问题触及商标法关于服务标识的解释和政策选择,需要《反不正当竞争法》与《商标法》之间的协同。

---

① See Peter J. Karol, Affixing the Service Mark: Reconsidering the Rise of an Oxymoron, *Cardozo Arts & Entertainment Law Journal*, Vol. 31, 2013.

2. 网络游戏的保护

与网络游戏相关的不正当竞争纠纷所隐含的价值诉求是,网络游戏创作者应在网络游戏上享有针对网络游戏提供者的特定财产权利。

现有判例和学说认为,游戏的构成要素具有可版权性,①游戏的直播可类推适用“视听作品”的版权保护规则,②但游戏本身不具有可版权性。之所以如此,是因为游戏是一种功能性语言系统,而非叙事性语言系统;来自游戏本身的特殊体验仅依赖于玩家自己的行为,而非游戏创作者或其他玩家的行为。③ 消费者群体的游戏体验,不应受游戏创作者的控制。也就是说,游戏创作者不得控制玩家玩游戏的行为。

具体到网络游戏,它与传统游戏相同的是,二者都由游戏规则、游戏空间、玩家和游戏目标所组成。游戏规则,尤其是包括数值体系及其动态模型在内的数值策划模型,依然是网络游戏的核心内容。真正能够抓住玩家“痛点”与“痒点”的数值策划模型,依赖于海量的数据样本和丰富的建模经验,是网络游戏产业中含金量最高的创新成果。与传统游戏不同的是,网络游戏的游戏空间发生了变化。在传统游戏中,提供游戏空间的成本相对较低,虽然也存在诸如比赛组织者等特定游戏提供者,但大多数情况下,游戏空间由玩家自行提供。也就是说,一般而言,玩家和游戏提供者是同一的。如果游戏创作者有权控制游戏提供者,也就同时意味着游戏创作者能够控制玩家。这种结果是社会共同体法信念所不认可的。然而,在网络游戏中,游戏空间通过计算机编码来架构,提供游戏空间的成本大幅提高,玩家很难自行提供游戏空间,玩家与游戏提供者发生了分离。即使游戏创作者有权控制游戏提供者,玩家也不一定因此就被游戏创作者所控制。如此,法律应谨慎思考,游戏创作者是否依然不应享有控制游戏提供者的权利。

---

① 参见(2014)京知民初字第 1 号;(2014)徐民三(知)初字第 276 号。

② See Shubha Ghosh, Patenting Games: Baker v. Selden Revisited, 11 *VAND. J. ENT. & TECH. L.* 871, 897 – 98(2009). 另参见(2015)深福法知民初字第 174 号;(2015)京知民终字第 601 号。

③ See Bruce E. Boyden, Games and Other Uncopyrightable Systems, 18 *Geo. Mason L. Rev.* 439 (2011).

在2010年三国杀诉三国斩案[①]和2014年暴雪诉游易案等网络游戏纠纷中，争议双方是游戏创作者与游戏提供者，并非游戏创作者与游戏玩家。其中，暴雪诉游易案的法院认为，游戏规则尚不能获得著作权法的保护，并不表示这种智力创作成果法律不应给予保护。游戏的开发和设计要满足娱乐性并获得市场竞争的优势，其实现方式并不是众所周知的事实，而需要极大的创造性劳动。同时，现代的大型网络游戏，通常需要投入大量的人力、物力、财力进行研发，如果将游戏规则作为抽象思想一概不予保护，将不利于激励创新，为游戏产业营造公平合理的竞争环境。

同时，暴雪诉游易案的判决也相当谨慎，并没有仅以网络游戏本身具有商业价值为由就直接认定网络游戏上的财产权，而是通过强调被告主观过错来认定不正当竞争行为，进而为网络游戏提供反射性保护。但也正因如此，关于网络游戏创作者是否以及在多大程度上能够有权控制网络游戏提供者向他人提供网络游戏的问题，将很可能会陷入"公认的商业道德""主观过错"等裁判规范的泥沼。鉴于法院自身职责的限制，该问题应由版权法或特别立法结合我国网络游戏产业现状以及不同游戏类型予以明确回应。

3. 数据库的保护

还有一类不正当竞争纠纷所隐含的价值诉求是，数据库制作者应享有数据库上的特定财产权利。

关于数据库的保护模式问题，一种观点认为，版权法无法保护不具有独创性的编排，反不正当竞争法无法解决数据库的流转问题，数据库保护应采用特别权利保护模式，明确赋予数据库制作者包括摘录权、再利用权在内的特别权利。[②] 另一种观点则认为，版权—反不正当竞争法体系为数据库制作者提供的有限保护基本上保证了投资者利益和公众利益的平衡。[③] 二者的不同之处在于，若创设数据库特别权利，则数据库的价值由数据库制作者与

① 屈凌燕、冯源：《〈三国杀〉告〈三国斩〉，盛大出"杀"》，载《新华每日电讯》2010年7月19日，第6版。

② 李扬：《数据库的反不正当竞争法保护及其评析》，载《法律适用》2005年第2期。

③ 薛虹：《数据库的法律保护与反垄断》，载《知识产权》1998年第3期。

使用者协商决定;否则,数据库的价值由法院通过判决损害赔偿额的方式决定。

我国事实上采纳了后一种主张,尚未创设数据库特别权利。在汉涛大众点评诉爱帮案和汉涛大众点评诉百度糯米案中,法院坚持以独创性为标准界定版权法的保护范围;对于非独创性的数据汇编,法院以是否构成实质性替代为标准认定不正当竞争行为,综合考虑涉案作品的性质、价值,双方网站的规模、影响,被告使用的形式、数量,侵权过错、情节等因素确定损害赔偿额。随着大数据的发展,我国立法应结合数据库的制作和应用模式,探索数据库安全的事前防护措施,思考是否应采纳数据库特别权利保护模式等问题。

第四节 《反不正当竞争法》与《网络安全法》之间的协调问题

如果将消费者福利解释为整体市场绩效,在此框架内,除技术进步、质量提升等传统价值目标外。近年来,网络安全或计算机信息系统安全的重要性不断提升,成为最重要的市场绩效或消费者福利之一。为此,我国已颁布以 1994 年《计算机信息系统安全保护条例》为核心,包括 2000 年《计算机病毒防治管理办法》、2007 年《信息安全等级保护管理办法》、2012 年《治安管理处罚法》等在内的法律法规,为计算机信息系统安全提供了事前、事中和事后全方位保护。在民事救济方面,《计算机信息系统安全保护条例》第 7 条和第 25 条规定,任何组织或者个人,不得利用计算机信息系统从事危害国家利益、集体利益和公民合法利益的活动,不得危害计算机信息系统的安全;任何组织或者个人违反本条例的规定,给国家、集体或者他人财产造成损失的,应当依法承担民事责任。

然而,当发生与计算机信息系统安全相关的民事纠纷时,经营者并未援引《计算机信息系统安全保护条例》的规定,而是援引《反不正当竞争法》第 2 条的一般性规定,请求法院给予停止侵害、赔偿损失、赔礼道歉等民事救济。《反不正当竞争法》事实上也承担起遏制损害他人合法权益的安全攻击的任务。笔者从中国裁判文书网上搜集到 19 件与计算机信息系统安全相关的不正当竞争纠纷，现将其初步整理如下：

表 3－4　与计算机信息系统安全相关的不正当竞争纠纷

具体争议	典型案例
基础电信服务商侵害网络传输的机密性或完整性	三七玩诉铁通案，(2014)穗越法民二初字第 1346 号
侵害服务器的机密性	腾讯诉掌中无限案，(2006)一中民初字第 8569 号
	百度诉奇虎 robots 协议案，(2013)一中民初字第 2668 号
	爱奇艺诉聚视网案，(2015)杨民三(知)初字第 1 号，(2015)沪知民终字第 728 号
侵害应用软件的完整性	百度与 3721 软件干扰互诉案，(2003)朝民初字第 24224 号，(2004)二中民终字第 02387 号，(2003)朝民初字第 19753 号，(2004)二中民终字第 2388 号，(2004)海民初字第 16053 号
	腾讯诉奇虎扣扣保镖案，(2011)粤高法民三初字第 1 号，(2012)民三终字第 3 号，(2013)民三终字第 5 号
	珠穆朗玛 mysearch 系列案，(2005)一中民初字第 5454 号，(2005)一中民初字第 5456 号
	百度诉很棒案，(2006)一中民初字第 11337 号
	奇虎诉金山案，(2011)一中民初字第 136 号
	百度诉奇虎插标案，(2012)一中民初字第 5718 号
	搜狗诉奇虎修改浏览器默认设置案，(2015)高民(知)终字第 1071 号
侵害操作系统的完整性和可用性	腾讯诉搜狗输入法案，(2009)一中民初字第 16849 号，(2010)高民终字第 1717 号

续表

具体争议	典型案例
其他	爱奇艺诉极科极客案,(2014)海民(知)初字第 21694 号,(2014)京知民终字第 79 号
	搜狐诉华录天维案,(2014)石民(知)初字第 9291 号
	爱奇艺诉真彩多案,(2016)沪 73 民终第 54 号
私自认定安全攻击,诱导用户自行修改计算机信息系统,变相侵害操作系统的完整性和可用性	百度诉 3721 误导案,(2004)海民初字第 19802 号
	腾讯诉搜狗诱导删除输入法案,(2009)二中民初字第 12482 号,(2010)高民终字第 1772 号
	金山诉奇虎诋毁案,(2010)一中民初字第 10831 号
	金山诉奇虎一键卸载案,(2014)西民初字第 00146 号

(资料来源:中国裁判文书网)

从保障计算机信息系统安全的角度来看,以操作系统安全、数据库安全、网络安全等计算机信息系统安全的不同方面,以及机密性、完整性、可用性等不同安全服务为分类标准,以上 19 件不正当竞争纠纷,大致可分为如下 5 类:

(1)基础电信服务商侵害网络传输的机密性或完整性。对此,2014 年审理三七玩诉铁通案的法院以举证不足为由解决纠纷。

(2)没有正当理由,未经授权调取服务器资源,侵害服务器的机密性,构成违法,如 2006 年腾讯诉掌中无限案、2013 年百度诉奇虎 robots 协议案和 2015 爱奇艺诉聚视网屏蔽广告案。法院强调正当理由抗辩,但并未采信"互联互通""使用开源代码的行为系合法""技术中立"等抗辩理由。

(3)没有正当理由,侵害应用软件的完整性,构成违法。例如,在 2003 年百度与 3721 软件干扰互诉案和 2013 年腾讯诉奇虎扣扣保镖案中,法院认定,通过其他软件修改特定应用软件的注册表信息,导致应用软件无法运行的行为构成违法。在 2005 年珠穆朗玛 mysearch 系列案、2006 年百度诉很棒案、2011 年奇虎诉金山案、2012 年百度诉奇虎插标案和 2015 年搜狗诉奇虎修改浏览器默认设置案中,法院认定,通过其他软件修改浏览器默认设置或内容的行为构成违法。

在这些案件中，法院同样注重正当理由抗辩，并未采信“互利双赢”“正当防卫、以恶制恶”的抗辩理由，但支持“并非主观恶意”的抗辩理由。在2011年奇虎诉金山案中，法院强调，不同经营者推出的软件出现运行冲突的情况很难避免，甚至时有发生。对于经营者并非恶意造成的软件冲突，尤其是在经营者发现后于合理时间内采取措施解决了软件冲突的情况下，因为该经营者并不具有主观上的恶意，其行为不应认定为不正当竞争行为。

(4)没有正当理由，侵害操作系统的完整性和可用性，构成违法。与应用软件不同，仅侵害操作系统的完整性，并不构成违法；只有同时侵害操作系统的可用性才构成违法。在2009年腾讯诉搜狗输入法案中，法院认为，修改操作系统中的输入法列表次序，并不必然违背用户的意愿；但若用户无法手动修改或在安装其他输入法软件时无法修改，则构成违法。该案法院同样强调正当理由抗辩，也并未采信“正当防卫、以恶制恶”的抗辩理由。

(5)私自认定安全攻击，诱导用户自行修改计算机信息系统，变相侵害操作系统的完整性和可用性，构成违法。在2004年百度诉3721误导案、2009年腾讯诉搜狗诱导删除输入法案、2010年金山诉奇虎诋毁案和2014年金山诉奇虎一键卸载案中，法院认为，如果不存在正当理由，则此类行为违法。至于正当理由，法院并未采信“正当防卫、以恶制恶”的抗辩理由，但支持“软件冲突在技术上无法避免”的抗辩理由。在2004年百度诉3721误导案中，法院强调，被告并未举证证明软件冲突提示中载明的情况是可能发生或者必然发生的，而冲突是技术上无法避免的情况，因而其辩称缺乏技术上的合理依据。

在这些个案裁决的基础上，2016年2月25日公布的《送审稿》第13条规定：“经营者不得利用网络技术或者应用服务实施下列影响用户选择、干扰其他经营者正常经营的行为：(一)未经用户同意，通过技术手段阻止用户正常使用其他经营者的网络应用服务；(二)未经许可或者授权，在其他经营者提供的网络应用服务中插入链接，强制进行目标跳转；(三)误导、欺骗、强迫用户修改、关闭、卸载或者不能正常使用他人合法提供的网络应用服务；

(四)未经许可或者授权,干扰或者破坏他人合法提供的网络应用服务的正常运行。”第26条规定:“经营者违反本法第十三条规定的,监督检查部门责令停止违法行为,根据情节处以十万元以上三百万元以下的罚款。”

《送审稿》第13条采用了行为列举的立法技术,并未阐明这些不正当竞争行为背后所隐藏的价值诉求,很容易导致不正当竞争行为的泛化。例如,在2014年搜狐诉华录天维案、2014年爱奇艺诉极科极客案和2016年爱奇艺诉真彩多案中,法院并未像2015年爱奇艺诉聚视网案那样详细阐述屏蔽广告的特定技术,没有强调屏蔽广告是借助侵害服务器机密性或网络传输完整性等方式而实现的,仅根据广告被屏蔽这一事实,便认定行为违法。这将引发诸多争议。[①]

与此同时,2016年11月7日,全国人大常委会通过《网络安全法》。该法第27条规定:“任何个人和组织不得从事非法侵入他人网络、干扰他人网络正常功能、窃取网络数据等危害网络安全的活动;不得提供专门用于从事侵入网络、干扰网络正常功能及防护措施、窃取网络数据等危害网络安全活动的程序、工具;明知他人从事危害网络安全的活动的,不得为其提供技术支持、广告推广、支付结算等帮助。”第63条规定:“违反本法第二十七条规定,从事危害网络安全的活动,或者提供专门用于从事危害网络安全活动的程序、工具,或者为他人从事危害网络安全的活动提供技术支持、广告推广、支付结算等帮助,尚不构成犯罪的,由公安机关没收违法所得,处五日以下拘留,可以并处五万元以上五十万元以下罚款;情节较重的,处五日以上十五日以下拘留,可以并处十万元以上一百万元以下罚款。单位有前款行为的,由公安机关没收违法所得,处十万元以上一百万元以下罚款,并对直接负责的主管人员和其他直接责任人员依照前款规定处罚。违反本法第二十七条规定,受到治安管理处罚的人员,五年内不得从事网络安全管理和网络运营关键岗位的工作;受到刑事处罚的人员,终身不得从事网络安全管理和

---

① 张广良:《具有广告过滤功能浏览器开发者的竞争法责任解析》,载《知识产权》2014年第1期。

网络运营关键岗位的工作。"

从法条的文义来看,《送审稿》第 13 条和《网络安全法》第 27 条在行为违法性认定方面存在交叉,甚至重复。但是,《送审稿》第 26 条的行政责任限于财产罚和行为罚,《网络安全法》第 63 条的行政责任则仅限于治安管理处罚。由此可推知《送审稿》和《网络安全法》在行政救济层面的协调方案:前者针对那些并未扰乱公共秩序但损害他人合法权益的安全攻击,实施财产罚或行为罚;后者针对那些扰乱公共秩序或危害国家安全的安全攻击,实施财产罚、人身罚或行为罚。日后,两法均可根据操作系统安全、数据库安全、网络安全等计算机信息系统安全的不同方面,以及机密性、完整性、可用性等不同安全服务,分别创设符合各自价值目标的违法行为类型。

第四章　中国药品行业的竞争现状与相关政策

吴汉洪[*]　钟　洲[**]

一般认为，我国药疗领域长期存在药价虚高，以药养药问题；而另一方面，我国药品制造行业又长期面临药品质量差，药品创新少，价格竞争激烈等问题。为此，自 2015 年以来，国务院办公厅、卫生部、卫计委、发展改革委等各部门相继出台了一系列改革政策意见，涉及药品研发、生产、定价、销售等各个环节。那么，一个值得探讨的问题是，什么样的政策与竞争状况引发了药品行业的一系列问题，而新一轮医疗改革将对药品行业竞争状况产生怎样的影响。本章对此进行初步研究，以期起到抛砖引玉的效果。

第一节　药品行业的分类

药品行业涉及大量的产品，大体上可以按成分分为西药与中药两大类别，前者又包括化学药品与生物制品两个部分。在此基础上，理论与实务界又从各个角度对药品进行细分，为了研究药品行业的竞争状况与竞争政策，笔者主要从药品的临床属性和市场属性两个方面对药品进行区分。

---

* 吴汉洪，经济学博士，中国人民大学经济学院教授、博士生导师，中国人民大学产品经济与竞争政策研究中心主任，国务院反垄断委员会专家咨询组成员。

** 钟洲，中国人民大学经济学院博士研究生。

一、按临床属性对药品进行分类

根据临床药理学，可以把药品划分至抗感染药物、抗肿瘤和免疫调节剂、消化系统与及代谢药、血液和造血系统药物、神经系统药物、心血管系统药物、呼吸系统用药、肌肉系统用药、骨骼系统用药等治疗领域。

国际上一般对不同治疗领域内的药品根据品种、规格、适应症、剂量及给药途径不同进一步区分为处方药与非处方药。处方药必须凭执业医师或执业助理医师处方才可调配、购买和使用；非处方药不需要凭执业医师或执业助理医师处方即可自行判断、购买和使用。[①] 相比较而言，处方药通常具有一定的毒性、副作用，或容易引起耐药性、依赖性，其用药方法和时间有特殊要求，故必须依据医生开具的处方使用。根据《处方药与非处方药分类管理办法（试行）》，我国于 2000 年起在我国药品领域实施处方药与非处方药分类管理。其中，非处方药分为甲类非处方药和乙类非处方药，甲类非处方药的零售企业必须具有《药品经营企业许可证》。经省级药品监督管理部门或其授权的药品监督管理部门批准的其他商业企业可以零售乙类非处方药。乙类非处方药一般具有长期安全使用记录。

自 20 世纪 70 年代起，WHO 在全世界推行基本药物制度。基本药物，即满足人们的基本健康需求，根据公共卫生现状、有效性和安全性，以及成本—效果比较所遴选的药品。基本药物制度的两大目标是提高基本药品的可及性与促进合理用药。WHO 建议对低收入人群优先考虑可及性，而对中高收入人群优先考虑合理用药。我国于 2009 年建立国家基本药物制度，《关于建立国家基本药物制度的实施意见》将基本药物定义为适应我国基本医疗卫生需求，剂型适宜，价格合理，能够保障供应，公众可公平获得的药品。基本药物全部纳入基本医疗保障。现行《基本药物目录》于 2013 年 3 月发布，包含化学药品和生物制品 317 个品种，中成药 203 个

---

① 《处方药与非处方药分类管理办法（试行）》。

品种。

二、按市场属性对药品进行分类

从市场属性来看,可以按进入市场的顺序、定价方式对我国药品行业中的药品进行分类。

按进入市场的顺序可以将药品分为专利药、原研药与仿制药。专利药品是指由我国知识产权保护部门授予的具有专利保护期的药品。具有发明专利且首次上市的药品一般称为创新药,其中,得到疾病治疗突破性进展的药品一般称为原型药,原型药上市后可能出现"me-too"药,即旨在避开原型药专利,找到相似化学结构,药效和同类的原型药物相当的药品。这种药品一般也具有发明专利。过了药品发明专利保护期的药品即为原研药。仿制药则指与商品通用名药在安全性和效力、剂量、作用以及适应症上相同的仿制药品。药品专利到期以后,其他制药企业即可进行药品仿制,许多国家都对首次仿制成功的首仿药提供一定的政策鼓励。我国对药品行业的进入实施注册审批制度,《药品注册管理办法》第3条规定:"药品注册,是指国家食品药品监督管理局根据药品注册申请人的申请,依照法定程序,对拟上销售药品的安全性、有效性、质量可控性等进行审查,并决定是否同意其申请等审批过程。"《药品管理法》第39条第1款规定:"药品进口,须经国务院药品监督管理部门组织审查,经审查确认符合质量标准、安全有效的,方可批准进口,并发给进口药品注册证书。"

由于药品的特殊性,我国一度对药品实施价格管制。价格主管部门对纳入政府定价目录的药品实施价格干预,具体措施包括规定药品出厂价、批发(调拨)价、最高零售价,制定政府指导价,单独定价,不纳入政府定价目录的药品由企业自主定价。政府定价药品目录主要依据《国家基本医疗保险、工伤保险和生育保险药品目录》制定、调整。2005年发布的《国家计委定价药品目录》纳入1561种药品,而2010年发布的《国家发展改革委定价药品目录》纳入1917种药品,其中基本药物全部覆盖,还将556种药品纳入省级价格主管部门定价范围。

自2014年起，我国逐渐取消对药品的价格管制，2014年4月，发改委等八部门联合发布《关于印发做好常用低价药品供应保障工作意见的通知》，要求现就低价药品清单及有关价格管理问题通知如下：对政府指导价范围内日均费用较低的药品（低价药品），取消政府制定的最高零售价格，在日均费用标准内，由生产经营者根据药品生产成本和市场供求及竞争状况制定具体购销价格。2015年5月，国家发展改革委等七部门进一步发布《推进药品价格改革的意见》，规定自2015年6月1日起，除麻醉药品和第一类精神药品外，取消药品政府定价，药品实际交易价格主要由市场竞争形成。

第二节 中国药品行业的基本情况与行业结构

一、基本情况

根据国家食品药品监督管理总局发布的《2015年度食品药品监管统计年报》，截至2015年11月底，全国共有原料药和制剂生产企业5065家。国家统计局规模以上工业数据显示（见表4－1），1～12月，医药制造业实现主营业务收入26,529亿元，同比增长8.94%，实现利润总额2743亿元，同比增长12.21%，实现出口交货值1746亿元，同比增长3.3%。[①] 其中，药品行业主要以化学药品工业为主，1～12月，化学药品工业主营业务收入11,430亿元，同比增长9.5%。实现利润1167.9亿元，同比增长12.4%，增幅比1～11月收窄0.6个百分点；实现出口交货值742亿元，同比增长1.96%。

---

① 根据国家统计局统计规则，规模以上工业为年主营业务收入2000万元以上企业。医药工业由化学药品、中药、生物生化制品工业、卫生材料、制药机械和医疗器械工业组成。其中，化学制药行业由化学原料药和化学制剂工业组成。中药行业由中药饮片加工和中成药工业组成。

表 4－1　医药制造业与化学制药业主要经济指标完成情况(截至 2015 年 11 月底)

单位:亿元

指标名称	医药工业合计		化学药品工业(原料药＋制剂)		化学药品制剂工业	
	本月止累计	同期比(%)	本月止累计	同期比(%)	本月止累计	同期比(%)
企业个数(个)	7696	0	2348	0	1096	0
亏损个数(个)	827	13.13	327	20.22	148	18.4
主营业务收入	26,529	8.94	11,430	9.5	6816	9.28
主营业务成本	18,868	8.49	7824	9.09	4119	8.97
利润总额	2743	12.21	1168	12.41	817	11.2
亏损企业亏损额	93	17.89	54	26.7	29	35.55
应交增值税	1206	10.85	585	13.4	424	11.28
出口交货值	1746	3.3	742	1.96	150	2.65

资料来源:国家统计局。

我国药品行业的一个结构性特征是虽然制药企业数量众多,但药品行业的整体集中度较低。根据中国产业信息网的数据,如图 4－1 所示,国内 2005 年工业百强的销售份额为 36%,到 2013 年份额提升到 45%,相比较而言,全球百强药企的全球市场份额达 80% 以上。①

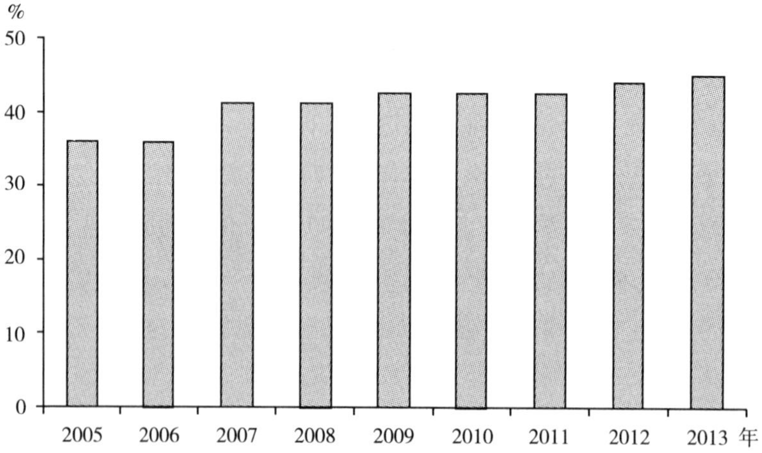

图 4－1　我国制药企业百强市场份额

资料来源:中国产业信息网:《2016 年中国医药行业发展概况及市场集中度分析》。

① 《2016 年中国医药行业发展概况及市场集中度分析》,载中国产业信息网:httep://www.chyxx.com/industry/201607/429617.html,最后访问时间:2016 年 11 月 10 日。

具体到治疗领域，根据中国药学会科技开发中心对2015年医院购药信息的统计（如图4－2所示），全身用抗感染药物、消化系统及代谢药物、细血管系统药物等主要治疗领域的集中度都较低，但全身用激素类制剂（不含性激素），呼吸系统药物等规模较小的治疗领域集中度相对较高，且在销售额排名前十的企业中，外资企业的份额较高。①

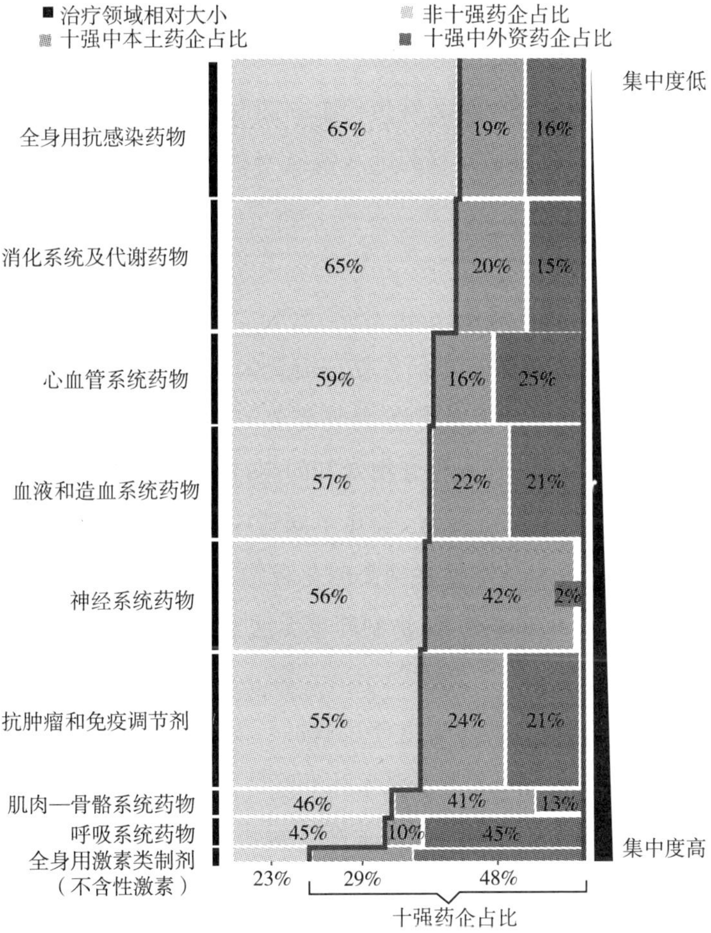

图4－2　2015年主要治疗领域中十强制药企业集中度

资料来源：中国药学会科技开发中心：《2015年主要治疗领域中十强制药企业集中度》。

① 参见《2015年主要治疗领域中十强制药企业集中度》，载中国药学会开发中心网：http://www.cmei.org.cn/content/shenhe.asp?10916.html，最后访问时间：2016年11月10日。

需要指出的是,虽然整体上我国药品行业的集中度较低,但一类具有替代关系的药品或原料药的相关市场的集中度往往较高,这一方面在于大部分药品的需求弹性较低,另一方面则在于我国药品行业的结构性特征——行业进入壁垒较高。整体上,药品行业普遍面临的进入壁垒包括化工项目,环保容量与 GMP 认证。特别是根据中国产业信息网的数据,虽然我国药品行业已累计近 18.9 万个药品批准文号,其中 95% 以上都为仿制药。[①] 创新药比例较低的原因主要在于药品研究开发面临较的高技术壁垒,新药注册耗时过长,缺乏专利延长与缺乏首仿药激励的制度特征亦提高新药创新的风险,而仿制药则普遍面临原料药准入数量与制剂准入数量严重不对等的市场结构。

二、药品创新与技术壁垒

一般而言,原创性的新药的研发往往需要大量的基础研究,对上万种化合物的层层筛选与严格的临床实验,往往需要 10 年以上的研发时间和上亿美元的研发费用。此外,具有化合物专利的生产企业还往往为药品申请晶型专利、工艺专利、给药系统专利、药品不同适应症专利等不同类型的专利以进一步提高进入壁垒。即便找到类似化合物或化合物专利到期,如果无法避开其他专利,“me-too”药品、仿制药也无法上市销售。这进一步提高了药品创新的技术壁垒。

食品药品监督管理总局《2015 年度食品药品监管统计年报》显示,截至 2015 年 11 月底,2015 年共批准新药临床 606 件,新药证书 2 件,新药证书及批准文号 37 件,批准文号 48 件;共批准按新药申请程序申报临床申请 14 件,新药证书及生产申请 24 件,生产申请 37 件。其中,按照《药品注册管理办法》规定,化学药品注册分类中的 1.1 至 1.5 类批准生产 1 个品种,批准临床 88 个品种;生物制品注册分类中的 1 类批准生产 1 个品种,批准临床 19

---

① 参见《2016 年中国医药零售行业发展现状及市场前景分析》,载中国产业信息网:http://www.chyxx.com/research/201606/424488.html,最后访问时间:2016 年 11 月 10 日。

个品种。2015 年共批准仿制药临床申请 404 件,生产申请 143 件。从我国食品药品监督管理总局公布的申报项目来看,国内新药注册申请主要是“me-too”药品。此外,虽然国内药品企业数量众多,但实际进行药品研发的企业较少。

根据麦肯锡的数据,2015 年中国对生物医药研发投入 530 亿元,过去两年增速超过 40% ,是全球增速最快的单一经济体。① 但根据中国医药企业管理协会等部门的研究,2015 年年底我国研发状态处于临床前、临床 I – III 期及上市注册期的药品全球占比仅为 4. 1% ,在 2007 年至 2015 年上市的新分子实体中我国首发上市新药数全球占比仅为 2. 5% ,我国对全球医药创新的贡献小于 5% 。药品研发属于全球第三梯队,第一梯队为美国,第二梯队包括日本、英国、德国等。② 类似地,在一篇广为流传的评论文章中,饶毅教授认为我国已上市、被广为宣传的药物之创新程度并未明显超过我国 20 世纪 70 年代的水平。③

三、药品的行业准入壁垒

根据笔者调研,由于化学药品,特别是化学原料药的高污染特性,当前我国对化工企业的立项审批较为严格,仅在地方允许发展且有剩余环保容量的区域有园区配套治理设置的才可新设药品厂房。为了实现药品投产,药品企业还须取得国家食品药品监督管理局的 GMP 认证,以保证生产环境、质量控制和制作规范符合国家所要求的资质条件。如前文所述,在 GMP 证书外,药品原料药还需取得国家食品药品监督管理局授予的药品生产批文。

我国新药注册审批的主要特征是审批周期较长,相比较而言,新药在获取药品批准文号前需要申请临床试验批准文号并进行三期临床试验,以确

---

① 参见《麦肯锡:中国药品研发创新如何从第三梯队迈向第一梯队?》,载 E 药脸谱网:http:// www. y-lp. cn/pages/Article. aspx? id = 5022225830963276031,最后访问时间:2016 年 11 月 10 日。

② 参见中国医药企业管理协会、中国化学制药工业协会、中国医药保健品进出口商会、中国外商投资企业协会药品研制和开发行业委员会:《构建可持续发展的中国医药创新生态系统(2016)》。

③ 参见饶毅:《我国今天的新药创新超过了 1970 年代吗?》,载财新网:http:// china. caixin. com/ 2016 – 10 – 31/101002215. html,最后访问时间:2016 年 11 月 10 日。

保其质量与安全性,而仿制药的批准文号只需要经过一定的技术审查。举例而言,在 2014 年获批的产品中,紫贝止咳颗粒早在 2002 年就申请了专利,药品上市后产品专利保护期只剩下不到 9 年的时间。[①] 为鼓励药品创新,加快新药上市进度,2016 年 3 月,食品药品监督管理总局发布了《关于化学药品注册分类改革工作方案的公告》,进一步细化了药品注册中化学药品新药与仿制药的分类(如表 4 -2 所示)。在此基础上,国务院办公厅于 2016 年 5 月印发《药品上市许可持有人制度试点方案》,在 10 个省(市)开展药品上市许可与生产许可分离的药品上市许可持有人制度试点。试点药品范围包括新药、部分仿制药及试点方案实施前已批准上市的部分药品,试点方案允许药品研发机构和研发人员,而非仅限于药品生产企业申请作为药品上市许可持有人,药品上市许可持有人可以委托药品生产企业进行药品的实际生产。

表 4 -2 化学药品新注册分类、说明及包含的情形

注册分类	分类说明	包含的情形
1	境内外均未上市的创新药	含有新的结构明确的、具有药理作用的化合物,且具有临床价值的原料药及其制剂
2	境内外均未上市的改良型新药	含有用拆分或者合成等方法制得的已知活性成分的光学异构体,或者对已知活性成分成酯,或者对已知活性成分成盐(包括含有氢键或配位键的盐),或者改变已知盐类活性成分的酸根、碱基或金属元素,或者形成其他非共价键衍生物(如络合物、螯合物或包合物),且具有明显临床优势的原料药及其制剂
		含有已知活性成分的新剂型(包括新的给药系统)、新处方工艺、新给药途径,且具有明显临床优势的制剂
		含有已知活性成分的新剂型,且具有明显临床优势
		含有已知活性成分的新适应症的制剂
3	仿制境外上市但境内未上市原研药品的药品	具有与原研药品相同的活性成分、剂型、规格、适应症、给药途径和用法用量的原料工及其制剂

① 数据来源:国家药品审评中心 。

续表

注册分类	分类说明	包含的情形
4	仿制境内已上市原研药品的药品	具有与原研药品相同的活性成分、剂型、规格、适应症、给药途径和用法用量的原料及其制剂
5	境外上市的药品申请在境内上市	境外上市的原研药品（包括原料药及其制剂）申请在境内上市
		境外上市的非原研药品（包括原料药及其制剂）申请在境内上市

资料来源：食品药品监督管理总局：《关于化学药品注册分类改革工作方案的公告》。

在仿制药方面，仿制药注册审批的主要特征是原料药批文与制剂批文存在较严重的不对称性，进而导致非对称的纵向关系。笔者对食品药品监督管理总局已公开的药品审批进行了梳理，只有一家企业获得生产批文的原料药多达 50 种，只有两家企业获得生产批文的原料药有 44 种，有 3 家、4 家、5 家企业获得生产批文的原料药分别有 40 种、11 种与 4 种。另外，相应地获得制剂生产批文的企业数量往往远超获得原料药生产批文的企业数量，以地高辛为例，获得原料药生产批文的仅有杭州民生药业，而地高辛片，注射液生产批文多达 16 个。①

第三节　中国药品行业的竞争与绩效

对药品行业来说，药品可及性、安全性、药品质量、创新等各方面因素使药品行业成为典型的受规制行业。当前，药品零售有两个主要来源，一是通过获得《药品经营许可证》的持证企业，二是通过医院、卫生院等医疗机构。其中，通过药品零售企业销售药品的竞争与其他产品无较大区别。自 2000 年起，我国开始在全国范围内推行药品集中招标采购，当前基本形成了政府

① 数据来源：食品药品监督管理总局。

主导、所有进入公立医疗机构的药品在省一级通过招标平台进行统一集中采购的做法,这一政府主导的药品集中招标采购及其实践决定了我国药品行业竞争方式的基本框架。此外,近年来公立医院销售占药品零售总额一般高达 80% ~90% ,因此,笔者重点探讨通过招标采购进行药品销售所涉及的药品竞争与其绩效。[①] 笔者注意到,在 2015 年 2 月国务院办公厅发布的《国务院办公厅关于完善公立医院药品集中采购工作的指导意见》前后,不同类型药品面临的竞争约束与相关绩效有很大的差异。为了论述的方便,笔者以《国务院办公厅关于完善公立医院药品集中采购工作的指导意见》为界限,分别探讨"改革前时期"与"改革后时期"的药品竞争状况与相关绩效。

一、改革前时期的药品竞争状况与相关绩效

改革前时期药品行业的竞争的突出特征是两极分化,一方面,专利药与原研药、优质优价中成药面临较小的竞争约束,集中招标采购对其价格影响亦较小;而另一方面,被分到较低质量层次药品往往面临激烈的竞争,集中招标采购对其价格影响亦很大。具体而言:

改革前时期不同省份采取的药品集中采购运行方式各不相同,但自 2009 年基本药物制度以来,大多采取区分基本药物集中采购与非基本药物集中采购以及质量分层采购的基本框架。其中,基本药物以省为单位,公开招标采购,统一价格,统一配送。政府举办的基层医疗卫生机构全部配备和使用基本药物,并按购进价格实行零差率销售。2010 年以来各省在基本药物招标中较为普遍地采用"双信封"模式,即投标企业提供两份标书:其一为经济技术标,评审条件主要目的是产品质量达到一定的技术标准;其二为商务标,评审条件为价格。经济技术标评审合格的企业进入商务标评审,最低价者中标。非基本药物则一般在省级招标平台挂网限价竞价采购,对临床必需的、独家产品挂网议价采购。对应地,进行质量分层的目的是保证药品质量,实现"质量优先,价格合理"的采购原则。一般而言,招标平台对药品

---

① 数据来源:2011 年至 2015 年《中国卫生统计年鉴》。

的限价额与质量层次成正比关系。

招标方式与质量分层导致不同类型药品面临的竞争约束与相关绩效存在很大的差异。虽然不同省份间没有划分不同层次的统一标准,但总体来说,专利药与原研药、优质优价中成药一般分到更高层次(如表4-3所示),而普通仿制药则一般分到低层次。在招标中,无论是采取"综合评分模式"还是"双信封模式",不同层次的产品只与本层内产品竞争。这种人为进行市场分割的方式一方面使专利药品和原研药品几乎不面临竞争,招标采购并未实现明显的降价效果;另一方面,仿制药往往面临激烈的竞争,基本药物招标使同一层次的仿制药间的竞争转变为"价格锦标赛竞争",非基本药物招标中挂网限价一般参考其他省份最低价格,这使集中采购对仿制药的价格影响较大。在实践操作中,通过对各省招标平台的技术标和质量分层梳理可以看到,改革前时期各类专利,"全国质量标杆企业""企业规模""质量标准起草单位"等企业信息这类与产品质量没有直接关系的指标被大部分省份长期使用,其结果是每一层次仿制药招标采购沦为纯粹的价格竞争,许多省份的政府定价药品限价门槛甚至不到国家发展改革委定价的50%,但药品质量却没有得到真正保证。[①] 根据近年来一项对全国三甲医院的调查研究,在三甲医院340个同时有原研和仿制药销售的品种中,原研药销量占比30%,仿制药占比70%,但原研药销售金额占比58%,仿制药占比42%,原研药与仿制药平均差价为3.2:1。[②]

表4-3　部分省份第一质量层次药品

省份	第一质量层次
吉林	专利药品、原研制药品、国家一类新药、国家保密品种、国家自然科学或科技进步奖项的药品
黑龙江	专利药品

① 各省技术标与质量分层亦普遍存在地方保护主义倾向,下文将对其涉及的行政垄断问题进行单独探讨。

② 数据来源:国家发展和改革委员会药品价格评审中心。调查时间内我国三甲医院药品市场总规模约占全国医疗机构(含各级医院及基层医疗机构)药品销售金额的77%,占全部药品市场(含医疗机构、社会零售药店等)销售总额的60%,具有一定的代表性。

续表

省份	第一质量层次
福建	国家发展改革委和福建省物价局价格文件中标注单独定价药品以及取得 FDA 认证的药品
江西	化合物专利药品、原研制药品
湖南	专利药品、获国家科学技术奖项药品、国家一类新药

资料来源:周明月、宋民宪、俞铖航:《我国药品招标管理中的药品质量分层问题研究》,载《药品评价》2015 年第 6 期。

需要指出的是,非基本药品集中招标采购仅仅是一类"资格赛竞争",中标仅意味着企业获得进入公立医疗机构的资格。《处方管理办法》第 16 条规定"医疗机构应当按照经药品监督管理部门批准并公布的药品通用名称购进药品。同一通用名称药品的品种,注射剂型和口服剂型各不得超过 2 种,处方组成类同的复方制剂 1 ~ 2 种"。医疗机构将在其所在区域中标目录的药品中进行自主选择,根据笔者调研,目前医疗机构的主要构成——公立医院约定俗成的采购方式是同一通用名采购一个原研药品、一个国产仿制产品。一方面是对改革前时期质量分层与药品实际质量脱钩的回应;另一方面则在于我国自 20 世纪 80 年代起长期使用的"药品加成"政策,即允许公立医院对销售的药品以不超过 15% 的加价率出售,以弥补财政资金对医院的补贴不足。药品加成加剧了药品行业竞争的两极分化,一方面,医院欢迎高招标价格、高质量层次专利药、原研药以获得更高的加成;另一方面,医院与中标企业进行"二次议价"以弥补加成损失的行为屡禁不止,这种利润挤压行为进一步加剧了仿制药的价格竞争,导致"劣币驱逐良币",使药品生产企业放弃生产用量小的品种。

二、改革后时期的药品竞争状况与相关绩效

2015 年 2 月,国务院办公厅发布《国务院办公厅关于完善公立医院药品集中采购工作的指导意见》,提出对我国公立医院药品集中采购采取分类采购的方式(如表 4 - 4 所示)。该指导意见发布后,各省药品集中采购与质量

分层的具体方式都产生了较大变化，进而引发药品行业竞争与绩效的变化。

表 4－4　药品分类采购方案

药品分类	采购方式
临床必需、用量小、市场供应短缺药品	定点生产
妇儿专科非专利药品，急救抢救药品，基础输液、临床用量小药品和常用低价药品	挂网采购
专利、独家药品	价格谈判
临床用量大、采购金额高、多家企业生产基本药物和非专利药品	双信封招标采购、带量采购
麻精药品、仿制传染病和寄生虫病的免费药品、国家免疫规划疫苗、计划生育用药及中药饮片	现行规定

资料来源：《国务院办公厅关于完善公立医院药品集中采购工作的指导意见》。

就集中采购具体方式而言，指导意见提出针对前一阶段因为价格过低、用量小而减产、停产的临床必需、紧缺药品进行定点生产以保证市场供应。要求统一对临床用量大、采购金额高、多家企业生产的基本药物和非专利药物采取双信封采购，并建议通过大量采购承诺鼓励药品企业降低报价。对专利药品，独家药品引入国家谈判机制。2016 年 5 月，国家卫计委公布首批国家药品价格谈判机制。显然，在新的采购方式下，独家药品、专利药品面临更多的买方约束，而因为用量小、竞争过于激烈而减产、停产的药品面临的竞争压力减小。从招标效果来看，分类招标促使药品价格进一步下滑，2015 年公布药品中标结果的 7 个省市的药价降幅分别达 8% ~20%，试点城市二次议价进一步加剧了药品降价压力。降低药品、耗材、大型设备检查等价格成为医改重点之一，《建立药品价格谈判机制试点工作方案》试行，来那度胺、替诺福韦酯、吉非替尼等首批纳入卫计委国家药价谈判的 5 个专利药的平均价格下降 50%。[①] 与指导意见对应，2016 年 11 月，国务院办公厅转发《国务院深化医药卫生体制改革领导小组关于进一步推广深化医药卫生

① 工信部消费品司：《2015 年医药行业运行情况报告》。

体制改革经验的若干意见》,指出,"所有公立医院取消药品加成,统筹考虑当地政府确定的补偿政策,精准测算调价水平,同步调整医疗服务价格",有望在一定程度上打破医院对不同层次药品的歧视性待遇。

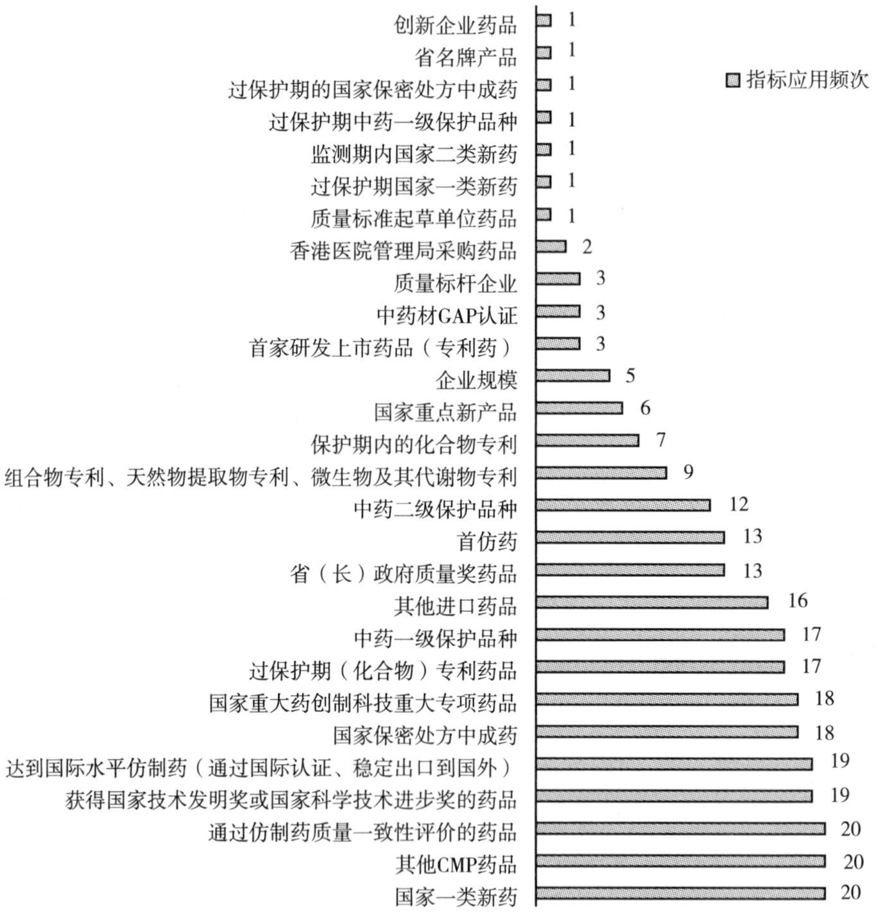

图 4-3 全国已发布实施方案的 25 省药品质量分层指标频次统计

资料来源:《药品集中采购新政后药品质量分层五大差异》,载《医药经济报》2016 年 5 月 26 日,第 A03 版。

就质量分层而言,从指导意见后各省招标实际情况表明技术标与质量分层逐渐回归其质量筛选本意,如图 4-3 所示,从全国已发布实施方案的 25 省药品质量分层指标频次统计,国家一类新药、新版 GMP 药品、达到国际水平的仿制药、国家保密处方中成药等与药品质量相关的指标应用频率较高，而与药品质量无关的指标开始减少。此外，药品质量分层的减少使原本高层次的药品与低层次药品在同一层面竞争。2016 年 3 月国务院办公厅印发《关于开展仿制药质量和疗效一致性评价的意见》，要求化学药品新注册分类实施前批准上市的仿制药，凡未按照与原研药品质量和疗效一致原则审批的，均须开展一致性评价。《国家基本药物目录（2012 年版）》中 2007 年 10 月 1 日前批准上市的化学药品仿制药口服固体制剂，应在 2018 年年底前完成一致性评价，其中需开展临床有效性试验和存在特殊情形的品种，应在 2021 年年底前完成一致性评价；逾期未完成的，不予注册。从国际经验来看，一致性评价将淘汰大量不合格仿制药生产企业，有望扭转我国仿制药以价格竞争为主、“劣币驱逐良币”的不合理竞争格局。

值得注意的是，2015 年药品价格放开以来出现了仿制药原料药价格上涨、断供的问题。笔者根据调研，认为一方面源于越发严格的环保要求，另一方面则源于对同时具备原料药批文与制剂批文且原料药批文总量较小的药品而言，减少原料药外销可以减少自有药品在零售、招标的竞争压力，但它亦引发了一些反垄断法所需要规制的问题，笔者将在下文对现有案例作简要评述。

第四节　中国药品行业的反竞争行为与反垄断案例评析

2011 年国家发展改革委查处的山东潍坊顺通医药有限公司和潍坊市华新医药贸易有限公司非法控制复方利血平原料药案是我国第一起药品行业反垄断案件。在此后的 3 年内，国家工商总局与发展改革委都未再对外公布涉及药品的反垄断案件，但 2015 年至今，国家发展改革委已公布了 5 起涉及药品行业的反垄断案件，其中，2015 年公布了 3 起行政垄断案件，2016 年公布了 2 起反价格垄断案件。重庆市工商局亦于 2015 年公布了首起工商系统药品反垄断案件。

一、药品反行政垄断案件

2015 年 8 月,国家发展改革委就蚌埠市卫计委行政垄断案发布《国家发展改革委办公厅关于建议纠正蚌埠市卫生和计划生育委员会滥用行政权力排除限制竞争有关行为的函》。同年 11 月,国家发展改革委通报了四川省、浙江省卫生和计划生育委员会及时纠正药品集中采购中违反《反垄断法》、排除限制竞争行为的相关情况,具体如下。

蚌埠市卫计委于 2015 年度药品采购中,在临床用药单品种带量采购询价公告确定了 30 种药品的品种、规格、剂型和生产企业,违反了《反垄断法》第 32 条"行政机关和法律、法规授权的具有管理公共事务职能的组织不得滥用行政权力,限定或者变相限定单位或者个人经营、购买、使用其指定的经营者提供的商品"和第 37 条"行政机关不得滥用行政权力,制定含有排除、限制竞争内容的规定"要求。在竞争性磋商公告对本地和外地经营者设置不同的资质要求,违反了《反垄断法》第 34 条"行政机关和法律、法规授权的具有管理公共事务职能的组织不得滥用行政权力,以设定歧视性资质要求、评审标准或者不依法发布信息等方式,排斥或者限制外地经营者参加本地的招标投标活动"和第 37 条"行政机关不得滥用行政权力,制定含有排除、限制竞争内容的规定"要求。①

四川省卫计委于组织实施本省药品集中采购工作中,在《四川省医疗机构药品阳光采购管理暂行办法(2013)》中要求医疗机构采购本省药品的比例;在 2014 年药品挂网采购中禁止全国均未挂网/中标的外地药品挂网,而允许相同条件下的本地药品可以参与挂网;在《2015 年四川省公立医院药品集中分类采购实施方案(征求意见稿)》中,通过经济技术标评审中给本地企业额外加分、本地企业可以不占指标单独入围商务标评审等方式,重点支持本地药品生产企业参加双信封招标。发展改革委认为上述做法妨碍了商品在地区间的自由流通,破坏了外地和本地企业之间的公平竞争,分别属于

---

① 参见发改办价监〔2015〕2175 号文件。

《反垄断法》第33条第4项所列的“设置关卡或者采取其他手段，阻碍外地商品进入或本地商品运出”和第34条所列的“以设定歧视性资质要求、评审标准或者不依法发布信息等方式，排斥或者限制外地经营者参加本地的招标投标活动”行为。①

浙江省卫计委于2014年度两批药品集中采购中，在《浙江省2014年药品集中采购（第一批）实施方案》和《2014年浙江省普通大输液集中采购方案》的经济技术标评审项目中设定“浙江省应急储备定点品种”“浙商返乡投资新建药品生产企业”等针对本省企业的加分项目。在第二批采购中将招标范围限定为在药品集中采购平台上有历史交易记录的产品，即2010年至2011年的中标企业和中标产品，导致之前未中标企业及其他药品生产企业和新产品无法参与此次采购。发改委认为上述做法限制了相关市场的公平竞争，分别属于《反垄断法》第34条所列的“以设定歧视性资质要求、评审标准或者不依法发布信息等方式，排斥或者限制外地经营者参加本地的招标投标活动”和第32条所列的“限定或者变相限定单位或者个人经营、购买、使用其指定的经营者提供的商品”行为。②

以上3个案例的共同点在于，行政垄断都体现在卫计委在药品集中采购的相关标准中设置不合理或歧视性的准入条件。需要注意的是2016年6月，国务院发布《关于在市场体系建设中建立公平竞争审查制度的意见》，要求从2016年7月起，对政策制定机关制定市场准入、产业发展、经营行为规范等涉及市场主体经济活动的规章、规范性文件进行公平竞争审查，以防止出台排除、限制竞争的政策措施，保障各类市场主体平等使用生产要素、公平参与市场竞争、同等受到法律保护。以上行政垄断行为有望在事前的公平竞争自查中得以避免。

---

① 《四川、浙江省卫生和计划生育委员会及时纠正药品集中采购中违反〈反垄断法〉、排除限制竞争行为》，载国家发展改革委员会网站：http://www.sdpc.gov.cn/fzgggz/jgjdyfld/jjszhdt/201511/t20151102_757332.html，最后访问时间：2016年11月10日。

② 同上。

二、药品行业反垄断案件

2015 年 12 月,国家工商总局公布重庆青阳药业有限公司滥用市场支配地位拒绝交易案处罚决定书,处罚决定书指出,当事人利用其在别嘌醇原料药市场的支配地位,于 2013 年 10 月至 2014 年 3 月对别嘌醇原料药需求者实施了拒绝交易行为,违反了《反垄断法》第 17 条第 1 款“禁止具有市场支配地位的经营者从事下列滥用市场支配地位的行为(三)没有正当理由,拒绝与交易相对人进行交易”,处罚款 43. 93 万元。重庆市工商局指出,从 2012 年 7 月起,重庆青阳药业是获得国家食品药品监督管理总局别嘌醇原料药生产批文中唯一实际在产原料药的企业,具有全国别嘌醇原料药市场 100% 的市场份额,具有市场支配地位,当事人的拒绝供货行为不符合当事人自身正常经营活动和经济效益的需要,具有“垄断利益最大化”的主观动机。拒绝交易行为破坏了别嘌醇制剂市场的竞争秩序,直接导致需求企业因原料短缺而减产、转产或停产,被迫让出别嘌醇制剂市场份额。拒绝交易的 6 个月期间,别嘌醇原料药的销售均价从 240 元/公斤上涨到 535 元/公斤,别嘌醇制剂行业损失约 1446. 81 万元别嘌醇片的市场销售价格从 5. 5 元/瓶上涨至 25 元/瓶。[①]

2016 年 1 月,国家发展改革委对重庆青阳、重庆大同、江苏世贸天阶、上海信谊联合、商丘华杰 5 家公司达成并实施别嘌醇片垄断协议案作出处罚,合计罚款 399. 54 万元。相关处罚决定书指出,2014 年以来实际只有重庆青阳、江苏世贸天阶、上海信谊联合 3 家企业生产别嘌醇片。2014 年 4 月至 2015 年 9 月,重庆青阳及其关联销售公司重庆大同、江苏世贸天阶、上海信谊联合及其别嘌醇片独家经销企业商丘华杰,先后 4 次召开会议,达成并实施垄断协议,包括协商统一上涨别嘌醇片价格、分割销售市场与约定招投标工作,并规定如违反约定,重庆青阳将取消合作并不予供应别嘌醇原料药。相关行为违反了《反垄断法》第 13 条第 1 款第 1 项和第 3 项的规定,属于具

① 渝工商经处字〔2015〕15 号。

有竞争关系的经营者达成并实施“固定或者变更商品价格”“分割销售市场”垄断协议的违法行为。①

2016年7月,国家发展改革委对华中药业、山东信谊、常州四药3家公司达成并实施艾司唑仑原料药、片剂垄断协议案依法作出处罚,合计罚款260余万元。相关处罚决定书指出,3家企业通过会议、会面、电话、短信、邮件等方式,在艾司唑仑原料药市场达成并实施了联合抵制交易的垄断协议,在艾司唑仑片剂市场达成并实施了固定或变更商品价格的垄断协议。2014年9月至10月,当事人在河南郑州举行会议,协商艾司唑仑原料药和片剂的有关安排并达成每家企业生产的艾司唑仑原料药仅供本公司生产片剂使用,不再外销,对艾司唑仑片剂集体涨价形成默契的共识。相关行为违反了《反垄断法》第13条第1款第1项和第5项的规定,属于具有竞争关系的经营者达成并实施“固定或者变更商品价格”“联合抵制交易”垄断协议的违法行为。②

以上案件的共同点在于两种药品都属于国家基本药物目录内药品,两种药品都涉及原料药市场的拒绝交易与片剂市场的垄断协议,且片剂市场的垄断协议的达成都依赖于原料药市场的拒绝交易行为或威胁。如前文所述,这与当前药品价格放开、药品注册审批制度息息相关。值得注意的是,艾司唑仑垄断协议案是我国第一起涉及协同行为的案件,也是执法机构首次在处罚决定书中明确指出引入经济学分析的案件。国家发展改革委依据《反价格垄断规定》分别考察了当事人价格行为是否具有一致性,当事人是否进行过意思联络以及相关市场结构和市场变化等情况。其中,价格行为一致性主要考察了涨价时机一致性与涨价结果一致性(见图4-4)。

---

① 国家发展和改革委员会行政处罚决定书(2016)1-4号。

② 国家发展和改革委员会行政处罚决定书(2016)5-7号。

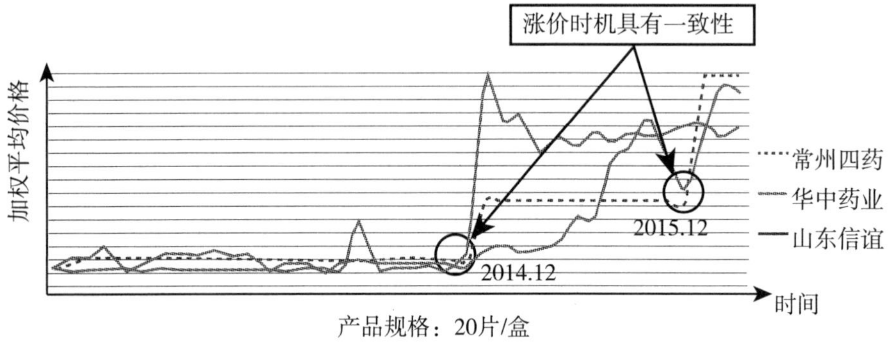

图 4－4　艾司唑仑片价格变化趋势

资料来源:国家发展改革委微信公众号:《一张图读懂艾司唑仑药品垄断案》。

笔者对中国药品行业的竞争现状与相关政策进行了初步探讨。文章首先就行业与竞争政策研究的特点,从药品的临床属性和市场属性两个方面对药品进行了分类。在此基础上,分别探讨了中国药品行业的结构性特征、竞争现状与绩效。

笔者指出,我国药品行业存在两个结构性特征:第一,虽然药品生产企业众多,但无论从整体销售份额还是具体治疗领域销售份额,行业整体集中度都较低;第二,虽然整体上我国药品行业的集中度较低,但一类具有替代关系的药品或原料药的相关市场的集中度往往较高,其原因主要在于较高的行业壁垒。笔者分别就我国药品行业的技术壁垒、准入壁垒及其引致的药品行业结构性特征进行了探讨。

竞争现状与绩效方面,笔者重点研究了决定我国药品行业竞争方式基本框架的药品集中招标采购所引致的药品竞争与相关绩效。并以《国务院办公厅关于完善公立医院药品集中采购工作的指导意见》为界限,分别探讨了“改革前时期”与“改革后时期”的药品竞争状况与相关绩效,指出改革前时期,与药品实际质量脱离的招标方式、质量分层,基本药物招标的“价格锦标赛竞争”,非基本药物招标的“资格赛竞争”,公立医院药品加成的综合作用导致我国药品行业竞争的两极分化:一方面,专利药与原研药、优质优价中成药面临较小的竞争约束,集中招标采购对其价格影响亦较小;另一方面，基本药物招标、非基本药物低质量层次药品招标往往沦为纯粹的价格竞争，引发"劣币驱逐良币"，药品生产企业放弃生产用量小的品种。

在本章的最后，笔者对2015年以来执法机构公布的药品领域反垄断案件进行了简要评述，指出现有反行政垄断案件都涉及药品集中招标采购中的地方保护主义，而其他案件都涉及原料药市场的拒绝交易与片剂市场的垄断协议。

第五章　中国竞争法律与政策学术研究成果述评*

自《反垄断法》颁行以来，其作为“经济宪法”的地位日趋稳固。2015年，反垄断法实施进一步取得长足进步。在执法方面，国家发展改革委向高通公司开出了史上最大额罚单；广州市中院作出了全国首例否定行政垄断的司法判决；在对信雅达系统工程股份有限公司进行调查时，国家工商总局首次针对企业不配合反垄断调查作出处罚。在立法方面，国家工商总局颁布了《关于禁止滥用知识产权排除、限制竞争行为的规定》；同时，《关于汽车业的反垄断指南》和《关于滥用知识产权的反垄断指南》的起草工作也正式启动。与此同时，滴滴和快的的战略合并；58 同城收购赶集网股份；美团网和大众点评的合并等多家互联网企业之间的并购也引发了业界对相关并购交易是否涉嫌违反反垄断法的持续关注。这些热点问题也推动了反垄断法的学术研究，造就了新的学术增长点。本章主要针对 2015 年在我国境内公开发表的有关竞争法律与政策的期刊论文，就其探讨的一些重点问题进行梳理和述评。

第一节　反垄断法一般问题研究述评

一、反垄断法解释权问题研究述评

《反垄断法》条文较为简约。整部法典只有 57 个条文，却几乎涵盖了当

---

* 本章撰写人为吴韬、侯斌、高梓涵、李茗芷、孙全富、高天。吴韬，中央财经大学法学院副教授。侯斌、高梓涵、李茗芷、孙全富、高天，中央财经大学法学院硕士研究生。

今世界反垄断法的全部先进制度与机制。《反垄断法》实施8年来,在打击垄断、维护竞争方面取得了引人注目的成绩,法律文本在实践中的应用也日趋灵活。但面对日益多变的市场,文本容量与规制需求不相匹配的矛盾日益突出,法律解释常显得力不从心。实践中,如何将市场中的特定垄断行为或具体案件涵摄于相应的文本规范之中,需要执法者对《反垄断法》进行准确的理解和合理的运用,因而,法律解释也就成为《反垄断法》有效实施的关键环节。为此,反垄断执法机构在各自管辖范围内就《反垄断法》相关规定先后出台了相应的细则,并将其作为自身执法所不可或缺的规范依据。[①] 法的实施细则就是对其的规范性解释。这些细则的出台对《反垄断法》的适用无疑是有所裨益的,但此类规范性解释又都不同程度地存在超越《反垄断法》本身的现象。在肯定规范性解释所带来的积极作用同时,关于谁有权解释《反垄断法》及解释的边界在哪里、解释的效力位阶如何等问题也同样不容忽视。

针对《反垄断法》的解释权问题,金善明指出,应立足解释权配置现状,从应然和实然两个层面对解释权的理论研究和制度构建作重整性思考;从重塑运行体制、改进操作路径和完善监督机制等方面来对《反垄断法》解释权进行定位和规范,以增强《反垄断法》文本的张力、实现文本与市场之间的契合,确保《反垄断法》解释权生成和运行的正当性、合理性及合法性。[②]

困于我国现行法律解释体制和操作惯例,我国《反垄断法》解释常基于为执法机构的执法需求和便利而被作出。一方面,这种法解释解决了规范不足、适用混乱的难题;另一方面,它的现实有用性却并不能证成解释被滥用的正当性及合法性。更多情况下,这种有用性扰乱了权力体制的分工;更有甚者,解释权的滥用使法治权威陷入风险之中,有悖于现代法治精神。因

---

① 如2009年6月5日,国家工商行政管理总局公布了《工商行政管理机关查处垄断协议、滥用市场支配地位案件程序规定》和《工商行政管理机关制止滥用行政权力排除、限制竞争行为程序规定》。2013年10月22日,国家发展改革委印发了《关于建立完善价格监管机制的意见》,要求建立和完善包括反价格垄断在内的制度体系。

② 金善明:《论反垄断法解释权的规制》,载《法商研究》2015年第6期。

此,明确解释权的定性、规范解释权的行使显得尤为重要。反垄断法解释权的启动和运行的目的在于解释《反垄断法》文本,从而使规范术语和法律意义具体化、明确化,为具体案件裁判提供制度依据和裁定标准,而非创设新的《反垄断法》规范,此点需特别说明。

当前我国《反垄断法》解释权主要分散于各执法机构,它们彼此间的权力竞争时有发生。为了规范《反垄断法》的解释权配置,使法解释的有效性和正当性相统一,在既有体制之下,可从两个方面改善《反垄断法》的解释工作:一是充分发挥《反垄断法》第 9 条关于反垄断委员会"制定、发布反垄断指南"之职责的作用。即反垄断委员会针对垄断行为的规制发布相应的指南,代替不同执法机构各自出台的解释性规范,以限制《反垄断法》的解释权、减少规范冲突的可能性;二是提高执法机构在具体案件中解释和适用规范的能力。即执法机构应在具体个案中发挥自己的自由裁量权,在静态的文本和动态的市场之间寻求平衡点,增强文本规范的张力,以确保法律规范适用的合目的性和合规律性。

二、经营者承诺制度研究述评

反垄断执法中的经营者承诺制度,是一种正式执法程序的替代机制。它在节约执法资源,克服《反垄断法》的不确定性,提高执法效率、迅速恢复竞争秩序,以及维护《反垄断法》的权威等方面具有非常重要的作用。我国《反垄断法》第 45 条规定了经营者承诺制度。兰磊指出,该条款规定简约,操作细节均委诸行政执法中的自由裁量,完全由执法机构和被调查的经营者私下协商。另外,与美国和欧盟相比,我国的反垄断执法机构受司法的监督和约束程度低,因此,承诺制度适用的结果是否符合公共利益得不到保证。①

另外,孙晋指出,经营者承诺制度主要处理反垄断执法机构与被调查的

---

① 兰磊:《经营者承诺制度中的公共利益保障——基于美国和欧盟实践分析》,载《价格理论和实践》2015 年第 5 期。

经营者之间的特定关系以及化解执法僵局。在承诺制度实施的具体实践中，反垄断执法机关与被调查的经营者之间的执法和解容易忽略相关第三方的利益诉求，造成执法机关与公共利益存在一定程度之割裂，形成三方利益之冲突。①

为了克服上述经营者承诺制度的缺陷，使承诺制度的运行和决定更符合反垄断法的目标，兰磊提出，要充分保障其他利害关系人和社会公众参与承诺决定形成过程的权利。执法机构应就承诺决定公开提供更为详细的信息并制作竞争评估书，由公众进行评论；执法机构在承诺方案的设计过程中应考虑公共利益，评估方案对消费者、竞争者和市场竞争的影响，并就是否存在其他更好的替代方案作出说明。② 孙晋提出，由于以竞争者、消费者和利害关系人为代表的公共利益方在执法和解中有自身独特的利益诉求与特征，故应将其单独设为承诺制度的第三方。③

三、反垄断协商制度研究述评

任何法律价值目标的实现，有赖于法律的实施。自我国《反垄断法》出台以来，其实施状况一直广受经济法学界的关注。目前，国内学者对《反垄断法》实施制度的研究主要集中于两个方面：一是对国外《反垄断法》实施制度的译介；④二是借鉴国外实施经验，结合我国现有的行政执法和民事诉讼制度，建构我国《反垄断法》实施的基本制度，同时，也有少数学者就执法中

① 孙晋：《论反垄断法承诺制度运行中三方利益的冲突——从中国电信、中国联通垄断案谈起》，载《法商研究》2015 年第 6 期。

② 兰磊：《经营者承诺制度中的公共利益保障——基于美国和欧盟实践分析》，载《价格理论和实践》2015 年第 5 期。

③ 孙晋：《论反垄断法承诺制度运行中三方利益的冲突——从中国电信、中国联通垄断案谈起》，载《法商研究》2015 年第 6 期。

④ 刘宁元主编：《中外反垄断法实施体制研究》，北京大学出版社 2005 年版；李国海：《反垄断法实施机制研究》，中国方正出版社 2006 年版；王健：《反垄断法的私人执行》，法律出版社 2008 年版；文学国等：《反垄断法执行制度研究》，中国社会科学出版社 2011 年版。

的特别制度作了专门研究。[①] 这些研究对克服《反垄断法》因有关实施制度规定过于原则而难以操作之不足,满足实施过程中对具体制度的急迫需要具有重大价值。

刘水林指出:《反垄断法》实施制度在国外实践中已呈现出从对抗式向协商式转化的趋势,随着《反垄断法》实施制度的进一步深化,以传统行政执法和民事诉讼为基础建构的对抗性实施制度既不利于《反垄断法》的有效实施,也不利于实现执法中的多元主体参与和执法机构与企业之间的协商合作。对抗制和协商制并无绝对的优劣之分,它们的运作各有不同的条件,协商制宜于规范具有混合性、公共性、系统性影响行为的法律的实施。[②]

反垄断执法协商和解制度作为公共执法中的程序制度,已成为美国、英国、法国、德国、意大利、日本等国家和地区反垄断法中的关键制度。近50年来,美国司法部主管的反垄断民事案件以和解结案的比例高达90%以上。其中不乏一些世界著名的公司纠纷与司法部和解,如美国铝业公司、柯达公司、美国电话电报公司、联合鞋业公司、通用公司、英特尔、美国在线/时代华纳、IBM公司等,影响最为深远的当属美国微软反垄断执法和解案。近10年来,欧盟以和解结案的反垄断案件的比例也高达50%。

虽然我国《反垄断法》第45条对反垄断执法和解制度作了规定,由于立法之前缺乏基本的理论储备,导致该制度在规定上仍存在诸多不足,公众对该制度也缺乏正确理解,这很不利于协商制度在我国的进一步发展。

"《反垄断法》保护的是竞争而不是竞争者"这一原则,决定了《反垄断法》实施的价值目标主要是建构竞争秩序而不是救济竞争中的受害者,这在反垄断执法中自不待言,即使在反垄断私人诉讼中也不例外。基于保护竞争的需要,《反垄断法》需要建构的是一个积极高效的竞争秩序,协商制度的引入和普及能够为高效的竞争秩序创设条件,完全的反垄断执法处罚是耗

---

① 王炳:《反垄断法非强制性执法制度与实践研究》,法律出版社2010年版;殷继国:《反垄断法执法和解制度》,中国法制出版社2013年版。

② 刘水林:《反垄断法实施的协商制研究》,载《法商研究》2015年第3期。

时颇久的,因此传统意义上的对抗制难以对协商制的优势作出合理的理论回应。因而转变观念,以协商性观念看待国际社会在《反垄断法》实施中新的制度发展,并借鉴国外相关制度,用于改进和建构我国的反垄断实施制度,这不仅可以拓展《反垄断法》研究的视野,也有利于《反垄断法》实施制度的创新。

四、特定行业相关市场界定研究述评

(一)汽车业相关市场界定

汽车业是包容和推动多产业发展的载体,经营者集中的反垄断审查以及垄断协议和滥用支配地位调查经常涉及汽车业。在欧盟经营者集中反垄断审查案例中,欧盟委员会通常将汽车整车制造市场界定为两个独立的相关市场,即乘用车市场和商用车市场。相关案例还界定了与整车制造紧密关联的其他市场,其中最重要的是汽车零部件市场。汽车业垄断协议和滥用支配地位案件经常涉及汽车经销市场和汽车售后市场。另外,汽车业可界定的市场还包括汽车保险、汽车融资服务、汽车工程服务、汽车租赁市场等。根据案件情形,前述相关市场曾被进一步界定为细分市场。

苏华认为,对于涉及乘用车制造的反垄断案件,当无论采用何种市场界定方案涉嫌违法行为都不会产生显著的排除、限制竞争效果时,可以将乘用车整体界定为相关商品市场,而不必进一步界定细分市场。由于我国与其他国家在产业政策、汽车价格、车辆征税机制、分销体系和汽车普及率方面存在差异,乘用车制造的相关地域市场可以被界定为中国市场。采用粗线条的、宽泛的市场界定方案可以提高审查效率、节约行政成本。但是,如果拟议交易或涉嫌违法行为在细分市场界定方案下可能产生排除、限制竞争效果时,则有必要界定细分的商品市场或地域市场,以便对拟议交易进行审慎、详尽的竞争分析。①

对于汽车经销市场,由于汽车批发由汽车供应商面向经销商,而零售则

---

① 苏华:《汽车业相关市场界定:欧盟经验与借鉴》,载《中国物价》2015 年第 2 期。

由经销商面向最终用户,因此个案有可能需要将汽车批发和零售分别界定为细分的相关市场。以乘用车经销为例,根据《汽车品牌销售管理实施办法》形成的汽车流通体系,在批发层面各制造商通常针对中国全境设立一名总经销商,由该总经销商承担全国市场的批发职能,因此,有理由将乘用车批发的地域市场界定为全国市场。在零售层面,目前我国新乘用车主要零售渠道是4S 店,其营业活动通常被限制在整车厂授权的地域范围。另外,从需求角度考虑,由于存在购置、上牌、售后服务、保险条款等种种限制,终端消费者未必愿意到外地购车,因此,乘用车零售市场有可能被界定为地区性市场。①

(二)零售业相关市场界定

零售业的相关市场界定会比一般商品的相关市场界定更为复杂,这是由于不同的零售业形式可能会出售相同的产品,而且零售业的地域性很强。在进行相关商品市场界定时,应着重考察相同产品的价格水平和价格变动情况;在进行相关地域市场界定时,应着重考察零售商店的辐射区域。

胡铁认为零售业被定义为出售商品的服务业,但是零售业却并非是一种单纯的服务业。因为商品本身是服务的标的,因此给界定零售业的相关商品市场造成了一定的困难,即是依据所提供的服务来界定相关商品市场,还是仅仅依所出售的商品对零售业进行相关商品市场的界定。

零售业的相关地域市场是一个重要的问题。不像很多其他行业,相关地域市场可能是全球或全国,传统零售业的地域性非常强,基本不太可能出现相关地域市场是全球或全国的情况。根据国务院反垄断委员会颁布的《关于相关市场界定的指南》,如果从需求替代的角度界定相关地域市场,考虑的因素主要包括商品的运输成本和运输特征、多数需求者选择商品的实际区域和主要经营者商品的销售分布、地域间的贸易壁垒等。具体到零售业的相关地域市场界定,可能需要重点考虑零售商店的辐射区域,即其主要的消费者客户在该零售店的多大范围之内,因为该因素能够比较直观地显

---

① 苏华:《汽车业相关市场界定:欧盟经验与借鉴》,载《中国物价》2015 年第 2 期。

示消费者愿意行进多少距离来购买商品。需要注意的是,不同类型的商店可能具有不同的辐射区域。①

(三)电力行业相关市场界定

长期以来,电力行业被认为是具有自然垄断属性的行业,垄断存在于从发电、输电、配电到售电的电力生产和供应的每一个环节。然而,人们逐渐意识到这种电力行业垂直一体化的结构是缺乏效率的。“放开两头,监管中间”的新电改方案即《关于进一步深化电力体制改革的若干意见》在2015年出台。电力市场竞争与监管格局对电力行业相关市场界定有直接影响。根据《反垄断法》相关规定,相关商品市场界定要以电改方案实施后各经营主体和各业务形态之间的竞争约束为基础;由于电力供需需要达到实时平衡,而且传输过程中存在自然或人为的阻塞,相关地域市场则更需要进行个案分析。

黄晓锦认为,2015年出台的新的电改方案和其后的具体实施方案将直接影响《反垄断法》意义上的相关市场界定。根据最终的方案,相关商品市场界定可以主要从电力行业的业务主体类别、各业务之间的替代性和下游相关方的类别几个角度对相关商品市场进行分析;随着各个层面竞争的加强,则需要从供需模式和价格等竞争要素方面进行更细致的考量。考虑到电力本身的特殊属性和电力传输的技术特点,相关地域市场则更需要根据个案分析的原则来界定。②

第二节　有关垄断协议研究成果的述评

一、反垄断法宽恕制度述评

反垄断法上的宽恕制度,也有称宽大制度,滥觞于美国,由美国司法部在1978年率先采用。至今,该制度已在全球50多个国家被广泛采用。关于

① 胡铁:《零售业相关市场界定研究》,载《中国物价》2015年第2期。
② 黄晓锦:《我国新电改方案下电力行业相关市场界定研究》,载《中国物价》2015年第3期。

该制度的机理和意旨,学界的观点基本是一致的,即通过给予宽恕待遇手段使垄断违法行为人之间产生信任危机,诱使垄断违法行为人之间竞相向反垄断执法机构进行告密,从内部瓦解垄断违法行为,进而得以节约执法资源,提高执法效率,增强反垄断法的威慑和预防效应。

我国《反垄断法》也确立了宽大制度,其第 46 条第 2 款规定:"经营者主动向反垄断执法机构报告达成垄断协议的有关情况并提供重要证据的,反垄断执法机构可以酌情减轻或者免除对该经营者的处罚。"这一规定具有高度的原则性,需要提供可操作的标准与方法,虽然反垄断执法机构发布了相应的配套立法予以补充,但总体说来,其并未使宽大制度的明确性与确定性得到显著提升。2015 年,学界对我国《反垄断法》的宽恕制度继续保持一定的关注。

(一)宽恕制度的适用范围

宽恕制度在产生之初,是专为卡特尔"量身定做"的,但演进至今,其适用范围已经存在三种主要立法例:仅适用于横向垄断协议、同时适用于横向垄断协议和纵向垄断协议、同时适用于垄断协议和滥用市场支配地位。我国理论界的争议焦点主要集中在前两种模式的选择上,即宽恕制度的适用范围仅限于横向垄断协议亦或可以同时适用于横向垄断协议和纵向垄断协议。

多数学者支持"严格适用范围说",较为典型的有许光耀、毕金平等。许光耀认为宽恕制度只适用于横向垄断协议。他通过对比宽大制度与和解制度,主张如果案件中只有一个违法行为人,则不能适用宽大制度,否则将起到对违法行为保护和鼓励的相反作用。单纯的纵向协议案件中也不宜适用宽大制度。[①] 纵向协议是经营者与其交易相对人之间订立的,当事人相互间并无竞争关系,其所可能产生的反竞争效果主要有以下两类,要认定其违法,也必须是基于这两种效果之一:(1)纵向协议一方当事人拥有支配地位,而以该协议作为支配地位滥用行为的手段。如前所述,支配地位滥用行为

① 许光耀:《反垄断法上的卡特尔宽大制度》,载《政法论丛》2015 年第 3 期。

案件中只有一方当事人违法,因而不宜适用宽大制度。(2)互具竞争关系的经营者以纵向协议为手段,来达成彼此间横向关系的协调。在这种情况下,行为的本质是横向协议,因而可以适用宽大制度,对纵向协议的告发须有助于证明这个横向协议的存在与违法,才能符合宽大的标准。如果无法证明纵向协议有可能产生这两种效果中的一种,则该纵向协议并不违法,不存在宽大的问题。

毕金平基于纵向垄断协议不是竞争者间合作关系,其本质上可视为单方行为,且行为危害性和隐蔽程度较弱,加上宽恕制度适用于纵向垄断协议的实施效果不佳,亦认为反垄断法宽恕制度不宜适用纵向垄断协议。[①]

也有学者对此问题发出了与上述观点不同的声音,例如洪莹莹则批驳了宽恕制度不能适用于纵向垄断协议的观点,她认为,我国宽恕制度适用于固定转售价格等纵向垄断协议具有阶段合理性。宽恕制度产生的两个必要条件是严重危害性和隐蔽性,而我国现行法对固定转售价格的严厉规制和固定转售价格行为的隐蔽性决定了将宽恕制度适用于固定转售价格不会破坏宽恕制度初衷。但同时她也表示,这种合理性仅是阶段性的,并非一成不变,若我国《反垄断法》未来对纵向垄断协议的立法态度发生转变,私人诉讼机制逐步健全,且中国的市场条件、竞争文化和公民的反垄断意识日臻成熟,则这种合理性将随之消失。[②]

从上述学者的观点来看,多数学者持"严格适用范围说",即认为宽恕制度只适用于横向垄断协议。这些学者依据的理由主要集中在纵向垄断协议违法主体单一性、较弱的危害性和隐蔽性以及实践效果不佳等几个方面。同时,反对者并不是主张绝对放开宽恕制度适用范围,可见学界对宽恕制度适用于横向垄断协议上观点是一致的,而是否可以适用于纵向垄断协议,则可能需要结合具体情形加以慎重考量。

---

① 毕金平:《反垄断法宽恕制度适用行为对象研究——兼评我国奶粉价格垄断案》,载《安徽大学学报》(哲学社会科学版)2015年第5期。

② 洪莹莹:《反垄断法宽恕制度的中国实践及理论反思》,载《政治与法律》2015年第5期。

(二)宽恕制度的标准

宽恕制度价值功效的充分发挥须仰赖于明确的时间标准、证据质量标准,以及获得宽大的人数以及宽大程度等具体制度设计。我国现行法对上述具体制度的规定不够完善,学者在理论上对此给予了回应。

许光耀[①]在深入分析了我国相关规定不足之处的基础上,认为在证据质量标准上,我国应当对免除与减轻两种情况进行区分:对于适用免除处罚的,相关当事人提供的证据应达到对查处卡特尔起到决定性作用的标准,这种决定性作用可以是发生在启动调查环节,也可以是发生在违法性认定环节;对于适用减轻处罚的,相关当事人提供的证据应达到对卡特尔的查处有重要帮助的标准,不需要达到起决定性作用的程度。在告发时间标准上,免除处罚只适用于第一个达到相应标准的告发者,以免卡特尔成员相互观望;减轻待遇可以有多个名额,但应当对具体人数与各自的减轻幅度有明确的规定。此外,要注意拉开前后告发者在减轻幅度上的差距,以吸引当事人争先告发;这一差距越大,获得减轻处罚的人数越少。

洪莹莹[②]对我国宽恕制度待遇问题进行了反思和更加细致的设计。首先,她认为我国应尽快统一垄断协议的宽恕待遇,就现行法来看,应以《反价格垄断行政执法程序规定》第 14 条为基础加以完善,摒弃国家工商总局规章在减轻责任幅度上的毫无限制和任意裁量。因为前者的梯度设计更加合理,更具有确定性、透明性,也符合国际上的通常做法。其次,关于我国宽恕制度梯度责任的设计,她认为我国现行法规定第二个申请者不低于 50% 的责任减免不甚合理,虽增加了对第二个申请者的激励,却降低了潜在申请者争取第一个与执法机关合作的激励,是一种增加数量、牺牲时间的本末倒置之举。基于此,在之后的制度完善中,我国应统一规定减责幅度上限,扩大减免幅度级差。

在具体做法上可以有两种选择。其一,借鉴国际普遍经验,将现行法上

---

① 许光耀:《反垄断法上的卡特尔宽大制度》,载《政法论丛》2015 年第 3 期。

② 洪莹莹:《反垄断法宽恕制度的中国实践及理论反思》,载《政治与法律》2015 年第 5 期。

“不低于 50%”的规定改为“不高于 50%”，并相应调整第三个申请者的减责幅度。其二，若想在不实质减损对第一个申请者激励的情况下，适度增加对第二个申请者的激励，则可以在不低于 50% 的下限基础上，设定上限，上限幅度不能过高，可以考虑以日本车企垄断案中的 60% 为最高限额。而在其他的技术安排如梯度级数、减幅设计（采取仅规定上限，还是同时规定上下限，或采取无浮动的固定比例）等问题上，必须结合我国执法实际，在裁量权和透明度之间做出具体的权衡取舍。

对比上述两位学者的观点，我们可以发现，在宽恕制度中减轻待遇的问题，他们均赞成拉开前后告发者在减轻幅度上的差距，才能吸引当事人争先告发。而洪莹莹则更进一步认为我国目前的宽恕制度已经对竞赛机制造成了破坏，并提出了完善建议。笔者亦认为我国宽恕制度存在一定的不合理性，希望学界可以继续加强对该方面问题的研究。

（三）宽恕制度的其他问题①

关于宽恕制度的申请主体，并非所有的卡特尔参与人均有权申请宽恕。欧盟法自 2002 年起不再排除发起者、领导者的适用，而只禁止对“强迫其他企业参与卡特尔的当事人”给予“免除处罚”待遇，这是为了避免强迫者利用告发来陷害竞争者或者把告发用作巩固卡特尔的工具。但如果卡特尔的其他成员已经告发，则也应允许强迫者接着告发，争取减轻处罚待遇，因为这时它已注定不能获得免除处罚待遇，无法全身而退，从事上述“陷害”活动的可能性基本不存在，因而没有必要再排除在宽大的适用范围之外。《工商行政管理机关查处垄断协议、滥用市场支配地位案件中程序规定》第 20 条第 1 款规定，垄断协议当事人进行告发并提供重要证据的，可以酌情减轻或者免除处罚，接下来第 2 款规定：“垄断协议的组织者，不适用前款规定。”有学者认为，这一规定有些落伍了，宜改为“强迫他人参加该横向垄断协议，或阻碍他人退出该横向垄断协议的经营者，不能申请免除处罚；但在该横向垄断协议的其他成员告发后，可以申请减轻处罚”。而关于何为“强迫者”，应当提

---

① 许光耀：《反垄断法上的卡特尔宽大制度》，载《政法论丛》2015 年第 3 期。

供进一步说明。

另外也有学者提到域外的“宽大升级制度”[①]“处罚升级制度”[②]和对申请人的保护。[③] 但是这些制度尚缺乏深入系统的研究,是否应予移植,需待结合我国具体情况加强理论研究、积累足够执法经验后再作判断。

二、纵向价格垄断协议规制原则述评

在对纵向价格垄断协议规制的问题上,向来存在法律适用上的“本身违反原则”与“合理原则”之争。坚持采用“本身违法原则”的学者认为,我国《反垄断法》禁止一切转售价格维持协议,只有当被告或被调查的经营者向法院或执法机关举证证明其符合《反垄断法》第 15 条规定的条件时才可以个案豁免。而坚持“合理原则”的学者则认为,转售价格维持协议并非当然违法,只有当原告或执法机关证明被告或被调查的经营者所实施的转售价格维持协议排除或限制了竞争时,转售价格维持协议才能被认定为非法。问题是对纵向价格垄断协议规制究竟采严格的本身违法原则为宜,抑或采较为温和的合理原则妥恰。

胡光志、黄秋娜和范卫红[④]结合美国和欧盟的立法现状及理论上转售价格维持协议对品牌内竞争及品牌间竞争的分析,赞同我国《反垄断法》应适用合理原则的观点。首先,《反垄断法》的宗旨虽是保护竞争,但同时《反垄断法》也有对经济效率及其他利益的考量。只有在一种行为反竞争的效果不证自明并且不能带来经济效率的提高或其他利益时,才应当通过适用本身违法原则予以严厉禁止。而转售价格维持并未被证明必然具有明显反竞

---

① 当事人在某个卡特尔案件中,对另一个与本案并无直接联系的卡特尔进行告发,则不仅可以就后一案件获得相应的减免,而且在这前一案件中也可因此享受到一定的宽大。

② 当事人的行为被认定为违法后,如果以后继续(或又一次)从事同样或类似的行为,则对每一个这样的违法行为的罚款额,可以加重到其原本应当承担的罚款额之两倍以下。

③ 宽大制度只能适用于执法机构所启动的行政执法程序,告发者所提供的证据可以使其减免行政处罚,但同时又可能被用来追究其民事责任。为鼓励告发的积极性,各国一般限制这些证据的使用,防止其被用于民事诉讼。

④ 胡光志、黄秋娜、范卫红:《我国〈反垄断法〉转售价格维持协议规制原则的时代选择——从自身违法到合理原则的转变》,载《上海财经大学学报》2015 年第 4 期。

争的效果。其次,对转售价格维持适用合理原则符合国际反垄断法的发展趋势。在美国反垄断法司法实践中,对转售价格维持趋向于适用合理性原则;欧盟也由绝对禁止转变为有条件的豁免。我国作为反垄断的后发国家,不宜采用严厉的规制措施。再次,对转售价格维持适用合理原则符合我国的国情。最后,如果采用原则禁止、例外豁免的制度,反垄断执法容易陷入干涉企业经营自主权的泥潭。

从另一个角度来看,如果《反垄断法》的豁免范围足够大,则实质上能达到合理原则的结果。在合理原则之下,对转售价格维持的规制应首先考察实施该行为的企业所处的市场结构及市场竞争状况;其次,考察相关主体实施转售价格维持行为是以扩大市场占有率为目的,还是以保持优质的售前、售后服务为目的,如果是后者则合法;再次,考察生产商有没有进行产能限制,如果没有进行产能限制,则合法;最后,考察消费者福利有没有因为转售价格维持而受损,消费者福利应做宽泛的解释,包括但不限于价格的降低、服务的提高、质量的提升等。

在丁茂中①看来,若仅依据《反垄断法》第 14 条对维持转售价格采用本身违法原则,反垄断执法机构将面临着普遍性违法和选择性执法的困境。若依据《反垄断法》第 14 条和第 13 条第 2 款采用合理原则,虽然此举可以避免适用本身违法原则所出现的问题,但是它的法律依据可能存有重大缺陷。虽然《反垄断法》第 15 条的豁免制度在理论上不失成为解决在适用本身违法原则时所出现问题的上策,但是这种做法亦存在执法资源难以支撑和执法意愿难以保证的问题。因微观上部分法院与反垄断执法机构在纵向垄断协议的法律适用原则上出现重大分歧,宏观上我国司法审判系统在处理此类的行政诉讼案件过程中面临着陷入“不是出现司法审判的人格分裂问题,就是出现司法替代行政执法的问题”的困境。解困的长久之计是修改《反垄断法》有关垄断协议的规定,在明确“本法所称垄断协议”条款为概念

① 丁茂中:《现行〈反垄断法〉框架下维持转售价格的违法认定困境与出路》,载《当代法学》2015 年第 5 期。

性条款的前提下对纵向垄断协议在立法上明确采用合理原则。

从本年度学术界的讨论来看,基本“一边倒”地倾向于对纵向价格垄断协议规制应当采合理原则。归纳其主要理由大致有:纵向价格协议并不必然是违法垄断行为,具有双面性;从实定法角度来看,纵向价格垄断协议若采用本身违法原则,反垄断执法机构将面临普遍性违法和选择性执法的困境;对纵向价格垄断协议适用合理原则符合国际反垄断法的发展趋势。笔者认为,关于纵向价格垄断协议规制问题,既不能仅以域外法的做法决定我国的制度选择,也不应拘泥于制定法上的文义解释,而应从理论深层上论证清楚究竟可种选择适合我国现阶段市场经济的制度,并相应地修订有关立法。

三、汽车行业价格垄断协议问题述评

自 2011 年开始,我国反垄断执法部门对包括美、欧、日系汽车在内的多家汽车生产厂商与经销商发起了反垄断调查。经调查发现,我国汽车行业存在大量涉嫌价格垄断协议的现象。汽车行业是我国国民经济的支柱产业之一,汽车市场的长远、健康发展离不开市场竞争的维持。因此,如何打破垄断,促进汽车市场的有序竞争,仍是当下亟须关注和解决的问题。

(一)汽车行业垄断协议的违法性认定

汽车行业价格垄断协议有横向价格垄断协议和纵向价格垄断协议之分。论者[①]认为,对于横向价格垄断协议,我国反垄断执法机构选择了以“本身违法推定”的规制方法,即在对前述多起汽车经销商、零部件供应商之间达成商品或服务的统一价格这类行为的性质认定中,国家发展改革委只需确认其达成协议的客观事实,以此推定其具有排除、限制竞争的效果,除非被调查对象能够依据《反垄断法》第 15 条之规定举证其违法性免除,这一做法极易引起《反垄断法》适用过程中的困惑。事实上,当法院在适用《反垄断法》审理垄断协议案件时,其意见与反垄断执法机构的做法就已经出现了差异,这一点需要格外重视。究其解决方案,还有待于进一步的法律实践,从

① 陈兵:《汽车行业价格垄断协议违法性认定与法律治理》,载《法学》2015 年第 8 期。

经验中总结规律。

对于纵向价格垄断协议，由于在我国《反垄断法》实践中已经出现了行政执法与司法裁判的不同理解与实践，行政执法倾向于适用“本身违法规则”，司法裁判倾向于适用“合理规则”，而文本解释表达的又是“本身违法规则”，这就给具体案件的当事人在依据《反垄断法》进行有效抗辩和证据使用及举证责任承担上造成了很大的困惑。陈兵建议我国《反垄断法》下对汽车行业纵向价格垄断协议适用合理规则。首先，以2007年美国“Leegin案”为转折，考虑到《反垄断法》实施的国际化和跨国化特征，以合理规则判准RMP违法性既是大势所趋，也符合当前国内外经济发展与市场竞争的整体趋态，故可适当放松对RMP规制的严厉程度，关注其行为的合理性、正当性以及效果的经济性和效率性。其次，合理规则符合现实需求，有助于缓解汽车行业发展与行业竞争监管之矛盾。最后，在全国首例由法院受理的RMP案——“瑞邦诉强生案”中也肯定了“合理规则”在RMP的违法性认定中的适用。[①]

我们认为，关于此问题的讨论与本节第二个大问题相重合。对于垄断协议的违法性认定，素有以欧盟法为代表的“原则禁止 + 例外豁免”和以美国法为代表的“本身违法和合理原则”两种体例。我国《反垄断法》显然采欧盟立法例。对于此二种立法例之于纵向协议究竟何者为佳的问题，当然可以辩论，但是，执法机构按实定法的规定执法，自然无可厚非。而论者所谓“本身违法推定”的说法，似有忽略欧美两大立法例之区分的嫌疑。

（二）对汽车行业垄断协议的规制建议

面对汽车行业大量存在的涉嫌价格垄断协议行为，为保证国内汽车市场自由公平竞争，推动我国经营者合规竞争，保护消费者利益，学者就汽车行业价格垄断行为的法律规制问题给出了许多有益的建议和设想，现综述如下：

---

① 陈兵：《汽车行业价格垄断协议违法性认定与法律治理》，载《法学》2015年第8期。

陈兵[①]认为,一是要树立与时代相适宜的正确的反垄断法适用理念。反垄断法制定和实施的目标并非单一,其具有时代性、多元性及流变性。必须结合当前国内外经济发展的现实,树立正确的《反垄断法》适用理念,为从事汽车行业市场竞争的经营者提供合规指引。二是要理顺汽车行业规范与竞争法规的关系。大量行业规范的存在,与现行综合性竞争监管及其法规的实施产生了有待调适的地方,但由于其历史原因和历史意义,不能完全废止,而是建议做相应调适。三是要优化汽车行业反垄断执法活动。反垄断执法机构对汽车行业现存各类垄断协议不能简单地一棍子打死,而应审查其是否导致了严重排除、限制竞争的效果,对消费者利益产生了损害。要建立起公平、公正、公开的执法程序,从程序上树立反垄断法的权威。四是要强化反垄断地方执法的力度。

刘乃梁[②]提出从四个方面尝试对我国汽车分销市场的纵向垄断进行规制。第一,区分经济效果,适用合理原则,推进纵向垄断规制。第二,缓释垄断话语权,注重多元竞争性市场的主体培育,扩大经销商层面的实质竞争,减少生产商对于经销商的控制。第三,竞争政策优先,及时调试产业规制,协调部门利益。第四,推进《反垄断法》的实施,促进消费者福利最大化。

李剑[③]基于对欧盟汽车售后市场纵向垄断协议规制制度的参考借鉴,给出三点建议:第一,采取规制与豁免相结合的立法模式。针对汽车售后市场可能存在的垄断问题,制定具体翔实的规则,向企业明确哪些行为是违法行为。而汽车售后市场的很多市场营销行为具有积极和消极的双重竞争效果,这时就必须制定相关的豁免规则。第二,对零配件、维修诊断工具、维修信息等作出明确具体的界定。这种界定不仅涉及技术信息的内容,更为重要的是从《反垄断法》角度界定相关内容。第三,应围绕汽车制造商(供应商)制定企业的禁止性规定。汽车制造商相对于零配件生产商、经销商具有

---

① 陈兵:《汽车行业价格垄断协议违法性认定与法律治理》,载《法学》2015 年第 8 期。

② 刘乃梁:《汽车分销协议的垄断传导及其规制》,载《广东财经大学学报》2015 年第 2 期。

③ 李剑:《欧盟汽车售后市场纵向垄断协议规制及其启示》,载《价格理论与实践》2015 年第 11 期。

相对优势的市场地位，应将企业制造商（供应商）作为规制的重点。同时，应注意从垄断协议与滥用市场支配地位两个制度层面规定汽车制造商（供应商）的行为。

吴宇飞[①]则对价格垄断协议的规制提出了四点比较宏观的建议：第一，合理确定反价格垄断执法的法律适用。第二，打破价格垄断协议和滥用市场支配地位的竞合，价格垄断协议和滥用市场支配地位并非是泾渭分明、毫无关联，一旦存在竞合，执法机关应根据实际情况，灵活选择，作出最佳的执法决断。第三，把握反垄断执法的价值取向。第四，促进经济学与反垄断法的融合。

四、平台经营者统一销售策略行为的《反垄断法》适用问题述评[②]

企业打折促销无可厚非，但如果在一定时期内，具有竞争关系的企业一致打折，且折扣率基本相同，就可能构成对竞争的限制。实践中，国家发展改革委曾于 2014 年对浙江省保险行业协会作出过 1.1 亿元的处罚，原因就是该协会组织有关保险公司达成协议，固定保险费率的折扣幅度。与之形成对比的是，各大商场在重要节假日实施的统一销售策略行为，尤其是各电商平台近年来推出的各类“购物节”活动，如“天猫双十一狂欢节”，是否违反《反垄断法》，执法机构却从未给予关注，理论上也鲜有人去讨论。

焦海涛认为《反垄断法》第 13 条所说的作出“决定”的主体主要就是行业协会，将其扩展到企业联合体固然有着良好的初衷，但实际意义并不明显。平台经营者显然不是行业协会，将平台经营者的统一销售策略行为视为一个企业联合体的“决定”也不合逻辑和常理。因此，在规范层面上，平台经营者的统一销售策略行为很难符合垄断协议中“决定”的要件，但是，从行为效果角度来看，对这类行为确有予以《反垄断法》规制之必要，理由如下：

---

① 吴宇飞：《规制价格垄断协议的再思考——以奔驰汽车价格垄断案为例》，载《中国物价》2015 年第 10 期。

② 焦海涛：《平台经营者统一销售策略行为的反垄断法适用》，载《法学》2015 年第 7 期。

第一,如果入驻商家遵守了平台经营者发布的限制竞争决定,该决定对竞争的影响与行业协会以决定方式协调会员企业竞争的行为没有实质区别。第二,如果入驻商家对平台经营者存在交易上的依赖性,则平台经营者的决定就具有较高的约束,这与行业协会的决定对会员企业的约束效果是一致的。第三,行业协会常用的为确保其“决定”得到会员企业遵守的处罚权,平台经营者也可能具有。第四,某些平台经营者所服务或管辖的入驻商家,无论在行业、地域还是在数量上都远超行业协会,这意味着其作出的限制竞争决定,可能会产生比行业协会“决定”更为严重的竞争问题。因此,平台经营者尽管不是行业协会,也不能归为广义的企业联合体,但其如同行业协会一样,完全可以作出限制竞争且对入驻商家具有约束力的单方决定。《反垄断法》应将平台经营者的统一销售策略行为纳入规制范围。

当然,平台经营者作出的限制竞争决定只可能会限制竞争,实践中是否真有限制竞争的效果则应依个案判断。判断的一个重要标准是,入驻商家是否有充分的遵守“决定”的自主选择权,以及客观上入驻商家是否真的遵守了“决定”。

焦海涛认为在反垄断法四大实体性制度体系中,能有效规制平台经营者统一销售策略行为的最终还是垄断协议制度,而且主要是横向垄断协议制度。在垄断协议的三种形式中,只有行业协会的“决定”行为与平台经营者的统一销售策略行为最为类似。因此,只要将“决定”的作出主体扩大到行业协会之外的平台经营者,这一问题便可迎刃而解。另外,我国《反垄断法》在将“决定”规定为垄断协议的形式之一时,并未限定“决定”的作出主体。不论是立法者有意为之还是疏忽所致,这至少给反垄断执法提供了一个出口:作为权宜之计,在面对现实问题时,可通过对“决定”作出主体的扩大解释或类推适用的方式,解决平台经营者统一销售策略行为的竞争问题。但长久之计还是完善立法,即只需要将《反垄断法》第 16 条关于行业协会的规定扩大到相关主体即可,例如可将此条修改为“行业协会、平台经营者或类似主体不得组织其成员或管辖、服务的经营者从事本章禁止的垄断行为”。

第三节　有关滥用市场支配地位行为的研究成果述评

一、互联网产业滥用市场支配地位行为的竞争分析路径问题研究述评

朱理①认为，市场支配力是一个综合评估的结果，不一定以相关市场界定和市场份额作为前提。由于互联网领域具有特殊性，在对该领域进行竞争分析时，如果通过相关市场界定、市场支配力确定和竞争效果评估三个步骤进行分析，很可能割裂市场支配力与竞争行为以及违法行为之间的关联性。为此，须对传统分析方法进行必要的调整：

第一，执法机关或者法院需要根据市场竞争的实际情况灵活地选择分析方法。除了传统的三步分析方法之外，可以绕过相关市场界定，直接对市场支配力进行认定，或者选择行为竞争效果评估分析法。在网络领域，如果有可能直接获得市场支配力的证据，或者从市场行为当中推断出市场竞争可能具有的积极或者消极的影响，这时就可以不界定相关市场，也不需要传统的分析方式。

第二，对于双边平台的市场界定以及市场支配力的认定，可能需要采取更加灵活和开放的分析方法。在移动平台当中，用 SSNIP 法界定相关市场就不适合，需要有变通的方法。作为平台相关市场的分析，可以根据垄断行为从对平台影响的角度看对哪一端影响更大，以此作为分析的起点。从这点出发的时候，也不要忘记平台的另一端可能对这一端的竞争行为造成的影响。

第三，网络环境下的滥用市场支配地位分析更需要客观化效果导向的分析进路。《反垄断法》以经济效果作为判断行为是不是合法的标准，也就是客观取向。在反垄断案件分析中，我们更多地考虑垄断行为的性质如何、对实际或者潜在竞争的影响是什么，这才是判断识别某行为最终是不是合

---

① 朱理：《互联网产业滥用市场支配地位行为的反垄断分析》，载《竞争政策研究》2015 年第 2 期。

法、违法的最终标准。

第四,作为司法者要对网络环境下的垄断行为分析得出具有合理性的结论,需要把法律判断和经济分析方法进行创造性的结合。法官、执法者应该在收集证据基础之上作出法律判断,而不能由经济学家进行判断。为保证自己法律判断的正确性:一方面,要正确对待经济分析方法,充分认识到经济分析方法的局限性;另一方面,对于垄断行为的合法性的判断,作为法官的优势是摆在法官面前的证据。法官应把重点放在垄断行为对市场竞争造成实际或者潜在的影响上。

二、互联网企业市场支配地位认定中的相关市场界定问题研究述评

朱理认为,互联网领域的相关市场难以清晰界定的原因主要有二:一是网络领域差异化明显。每个产品都有自己独特的特性,可以给消费者带来更大吸引力。即使产品的功能和用途相同,消费者体验也有很大差异。这种产品差异化就造成了界定边界的模糊性。二是平台竞争也会加剧市场边界的模糊性。由于互联网的核心在于用户注意力,即使是在用途或者性能有很大差异的平台,往往也存在某种程度的竞争。[①] 替代性分析是从定性的角度,通过确定所要分析的商品的特性方面来确定商品之间是否具有替代性关系。在传统的商品市场领域,由于在商品的用途、所具有功能、所含的成份和制造方法等方面存有较大的不同,相互之间比较好区分,从而它们之间的市场边界也比较清晰。但是,在互联网市场领域,由于经营者在商品所采用的技术因素和经营模式上具有较大的相似性,使商品之间的边界变得相互交错。

另外,如现行较为成熟的假定垄断者测试,在认定与互联网有关的产品市场时也面临质疑。由于网络平台的双边属性、结合产品外部特征,使司法机关无法适用传统的以价格变化为逻辑起点的假定垄断测试。相应地,也

---

① 朱理:《互联网产业滥用市场支配地位行为的反垄断分析》,载《竞争政策研究》2015 年第 2 期。

有不少学者提出可以参照欧洲先进的做法,如“盈利模式测试法”以及“产品性能测试法”来弥补上述测试方法的不足。孙晋、钟瑛嫦认为 SSNIP 测试法与互联网平台型产业特性难以兼容这一分析的前提在于以营利模式确定其相关市场,不区分“双边市场”各边的差异与内在关系而直接适用 SSNIP 测试法。通过对互联网平台型产业的平台经营模式、双边市场、网络效应、免费模式的剖析,厘清互联网平台型产业各“边”的分工及功能,为 SSNIP 测试方法在该领域的适用提出了一种重要的前置条件。这也为日后审理反垄断案件界定相关市场的研究开辟了一个新的方向。①

三、互联网企业市场支配地位认定中的市场份额问题研究述评

吴韬②认为,由于互联网行业有其特殊属性,市场份额对互联网企业市场力量的反映能力与传统产业相比则更为有限。首先,相对于互联网产业竞争的高度动态性,作为静态的历史性指标,市场份额具有滞后性。其次,市场份额不能全面反映互联网产业中的市场竞争状况。供给替代与潜在竞争之间的边界模糊,互联网企业受到的来自外围企业的竞争约束更加具有不确定性,随时需警惕异军突起的外围企业。在这种情况下,市场份额这一建立在确定性数据之上的标准,更加难以反映互联网市场的竞争全貌。但是,另外,即使在评估互联网企业的市场地位时,也不能全面否定市场份额的价值。在互联网产业领域中,由于网络效应极为明显,企业对市场份额极度重视。较高的市场份额是市场支配地位企业不可忽视的重要特征,即使在评估互联网企业的市场地位时,认定经营者具有市场支配地位时仍应坚持以较高市场份额为必要条件。

关于计算互联网行业市场份额的指标,吴韬认为,反映互联网企业之间一定市场比例关系的指标是多样的,但何者可作为评估市场地位的市场份

---

① 孙晋、钟瑛嫦:《互联网平台型产业相关产品市场界定新解》,载《现代法学》2015 年第 37 卷第 6 期。

② 吴韬:《互联网反垄断案件中的市场份额与经营者市场地位评估》,载《竞争政策研究》2015 年第 1 期。

额,则需要进一步分析。对此,笔者认为,首先,应结合互联网产业和特定产品的特征,选取与销售额、销售量最接近的、能反映"市场占有率"这一本质的指标。其次,应区分"所有"与"使用"。从用户角度来看,市场占有是指商品通过销售,实现了用户对商品的"所有";至于拥有该产品的用户如何使用甚至是否使用该产品,都不影响对市场占有率的统计。因此,反映产品使用偏好、使用强度等的指标都不是市场占有意义上的市场份额。按照这一思路,对于免费软件服务类产品,应首选软件在终端设备上的安装量作为计算指标;对于单纯以注册、访问实现业务模式的网页产品,则应以独立用户(访客)数为指标。另外,在一定条件下应容许对市场份额进行估算。

第四节　有关经营者集中研究成果的述评

一、经营者集中的界定问题研究述评

李俊峰[①]指出,我国《反垄断法》颁行时间不长,国内专门论述界定经营者集中的文献也只是在对经营者集中概念的一般表述中涉及经营者集中界定的理念问题。叶军[②]概括了王晓晔[③]的观点,认为《反垄断法》关注的不是企业联合的方式,而是企业联合后对市场竞争的影响。《反垄断法》上的经营者集中,是经营者通过合并、购买股权或资产等各种不同的方式,引发或强化独立市场力量间联系的行为,其实质在于原本相互独立的经营者之间的控制关联关系发生变化。

为防止经营者集中产生排除、限制市场竞争的效果,世界上绝大多数司法辖区都要求达到申报标准的经营者集中事先进行反垄断申报,经反垄断执法机构批准后方可实施。但是除取得资产所有权和经营者合并这两种显而易见的方式以外,在取得股权及类似权益的情形下,原本相互独立的市场

① 李俊峰:《全球平行审查背景下的中国经营者集中救济》,载《当代法学》2015 年第 2 期。
② 叶军:《经营者集中法律界定模式研究》,载《中国法学》2015 年第 5 期。
③ 王晓晔:《竞争法学》,社会科学文献出版社 2007 年版,第 33 页。

竞争力量之间是否发生集中的判断标准是相对模糊的。因此，为了提高经营者依据《反垄断法》申报的预期和确定性，使我国经营者集中反垄断立法执法工作拥有更坚实的理论支撑，就需要借鉴其他国家和地区的界定经验，来帮助我国的经营者集中反垄断立法和执法消除这种不确定性的问题。

叶军[①]认为，当今反垄断立法和执法领域界定经营者集中的做法可以归纳为三种模式：以控制变更认定为核心的认定模式，欧盟是这种模式的典型代表；以法律规定为核心的推定模式，美国是这种模式的典型代表；兼具以上两种模式特点的混合模式，德国是这种模式的典型代表。

欧盟模式通常不会对控制变化作出量化规定，而是原则性地规定发生控制变化的交易属于经营者集中，之后再确认拟议交易是否发生控制变化，进而确定该交易是否构成需要申报的经营者集中。在这个过程中，反垄断执法机构往往需要借助相关法律的实施细则、指南及通告等更具体的下位法文件，甚至借助没有法律约束力的指导意见、理论阐释、既往案例和执法经验进行判断。欧盟委员会据以判断拟议交易是否属于经营者集中的核心是，根据拟议交易的各种事实因素判断交易实施前后控制是否发生变化。

美国模式没有直接否认经营者集中是独立经营者之间控制关联关系发生变化的行为，但考虑到在法律技术上认定控制变化过于复杂，且执法判断的主观性、不确定性强，在该模式下，如果拟议交易属于规定的申报情形，达到了规定的申报标准且不存在豁免申报理由的，就都应当申报。对拟议交易是否引发控制变化，则不再追究。

德国模式认为，控制和关联关系变化只是经营者集中情形的一种。在合并、取得资产以及取得规定股比的情形下，不需要考虑控制是否发生变化以及变化的程度，而是可以直接推定其构成需要申报的经营者集中。如果不属于上述两种情形，则按照欧盟模式考察拟议交易实施前后的控制和关联关系是否发生变化及变化的程度来判断是否构成需要申报的经营者集中。

---

① 叶军：《经营者集中法律界定模式研究》，载《中国法学》2015 年第 5 期。

我国法学理论与大陆法系国家的做法更为接近,因此,我国的经营者集中反垄断控制制度和理论受欧盟法影响颇深,更多地借鉴了以控制变化为核心的经营者集中界定理念。尽管我国《反垄断法》没有规定经营者集中的抽象概念,仅仅在第 20 条列举了经营者集中的情形。但是第 20 条的规定基本可以反映我国理论界及立法、执法领域对经营者集中的理解。即经营者集中的形式虽然多样,但是究其实质还是控制变化问题,这在《反垄断法》第 20 条第 2 项"经营者通过取得股权或者资产的方式取得对其他经营者的控制权"以及第 3 项"经营者通过对其他经营者的控制权或者能够对其他经营者施加决定性影响"有所体现。

通过比较三种模式可以发现,美国模式沿袭了现实主义的法律传统,其优势是操作便利,但其形成和存续赖于其特殊的历史背景和执法环境,我国不能全面照搬模仿;欧盟模式遵循了严谨的法律逻辑,实践中操作便利性不足,尤其是无法对引发"结构性关联"的交易实施有效监管。目前,欧盟正在评估改革其现行做法的可能性,即试图将"结构性关联"也纳入经营者集中反垄断控制的范畴。

因此,叶军主张,我国应根据国情选择进行合理化改造后的混合模式。①我国《反垄断法》第 20 条规定"取得对其他经营者的控制权"是取得股权和资产的要件,"取得对其他经营者的控制权或者能够对其他经营者施加决定性影响"是其他方式经营者集中的要件。具体而言,以《反垄断法》第 20 条为基础,通过行政法规、部门规章甚至指导性意见对"控制权"和"施加决定性影响"作出混合模式的解释。执法机构可以根据执法经验和统计分析,划定取得"施加决定性影响"的最低量化标准,在该标准之上的收购适用美国的推定模式,直接推定其取得"控制权或者能够对其他经营者施加决定性影响";而在该标准之下的收购则适用欧盟的认定模式,根据法律规定的因素和个案具体情况综合判断是否取得"控制权或者能够对其他经营者施加决定性影响"。然后随着执法经验和统计数据的不断积累,还可以在"施加决

① 叶军:《经营者集中法律界定模式研究》,载《中国法学》2015 年第 5 期。

定性影响”的最低量化标准之下，参照美国的做法，规定不会取得“施加决定性影响”的最高量化标准，在该量化标准之下的收购推定其不会取得“控制权或者能够对其他经营者施加决定性影响”。为稳妥起见，我国初期划定的取得“施加决定性影响”的最低量化标准可以稍保守，随着执法经验、统计数据的不断积累和经济发展等因素的变化可再适时调整。在《反垄断法》第20条基础上作出的混合模式解释，可以通过具有指导性、但不具有强制约束力的指南性文件作出，在不损害反垄断管辖威慑的同时增强经营者集中申报和执法的预期及确定性。

二、经营者集中反垄断控制制度具体规则的研究述评

（一）先行修正和买家前置规则

为了能够先行采取措施调整集中交易内容，或者事先采取措施确保成功进行资产剥离，以切实提高案件审查效率，消除或减轻经营者集中带来的反竞争影响，欧美反垄断执法机构在办理具有反竞争影响的经营者集中案件时采取了先行修正和买家前置这两种反垄断控制制度中的具体规则。立法上，尽管我国《反垄断法》及其配套规定均未规定先行修正和买家前置规则，但是在实践中，商务部公告的嘉能可国际公司收购斯特拉塔公司案的规定中就适用了这两种规则。

先行修正规则，是指在经营者集中案件审查过程中，反垄断执法机构在作出决定前，当事方先行对集中交易的内容进行修正，以消除执法机构的竞争关注，避免其进一步审查或获得其批准。根据欧美目前的做法，先行修正规则是解决存在反竞争影响的经营者集中的程序性做法。美国司法部对可能实质性减少竞争的经营者集中通常采用三种方式解决，[①]先行修正就是其中之一，即接受先行修正解决方案，允许当事方根据司法部提出的竞争问

---

① 美国《合并救济指南》对可能实质性减少竞争的经营者集中可以通过三种方式解决：(1)寻求绝对的禁令，阻止当事方实施并完成交易；(2)与当事人达成和解，通过和解同意令附条件解决；(3)接受先行修正解决方案。

题,先行修正集中交易的内容,避免司法部对交易进一步审查。

叶军在谈到先行修正的适用情形时指出①:第一,美国司法部解决可能实质性减少竞争的经营者集中的方式之一就是先行修正。一旦接受先行修正方案,允许当事方根据司法部提出的竞争问题,先行修正集中交易的内容,即可避免司法部对交易进一步审查。如果司法部认为先行修正措施可以消除反竞争影响,那么案件就会终止继续被调查,既不会再要求当事方签署和解同意令也不会向法院起诉寻求禁止令。第二,在欧委会对经营者集中审查过程中,采取先行修正措施,针对欧委会提出的竞争问题,当事人自行找到拟剥离资产的买方并签订有约束力的出售协议,经欧委会认可后附条件批准。在适用先行修正的情形下,由当事人自行决定通过哪种方式修正交易、解决竞争问题,执法机构通常不予干预。这表明先行修正具有较大的灵活性,当事人可以自行寻找其认为可行的买家,确定符合当事人自身和买家需要的资产剥离范围,特别是剥离哪些资产可以根据买家情况量身定做。在这种情况下,执法机构通过允许当事人以自行修正交易方案的办法来解决竞争问题,使当事人能够以最小的改变获得批准。而与此区别的是通过法院发布和解同意令剥离的资产,必须是保障任何潜在买家都能有效维持竞争所需的资产。先行修正采取的典型措施是当事人将特定的资产出售给第三方,不能含有集中完成后仍需执法机构监督实施的行为性义务。另外,当事人应当向执法机构提交先行修正方案,以便执法机关能够对方案进行审核,提高案件办理的效率。

买家前置规则是一项确保资产剥离能够被适当实施的保障措施。该措施要求剥离义务人在找到适格的买家,签署资产出售协议并经反垄断执法机构认可之后,反垄断执法机构才发布同意令,或允许剥离义务人实施集中。买家前置不是独立的救济措施,而是实施资产剥离的一种方式,是确保资产成功剥离的保障措施。

---

① 叶军:《先行修正和买家前置规则比较研究》,载《中外法学》2015 年第 1 期。

叶军指出,[①]美国联邦贸易委员会竞争局的研究报告根据经验认为,三类案件具有适用买家前置的必要性:第一,剥离期内拟剥离资产贬损风险极大的案件;第二,可接受的买家数量少的案件;第三,拟剥离资产不包括独立运营实体,难以支撑独立运营的案件。而美国司法部指出运用买家前置的缺陷,即在有适合潜在买家的情况下剥离持续运营的商业实体,采取买家前置会产生巨大的额外成本。具体而言,一是推迟了集中实施的时间;二是买家获得额外谈判筹码,操纵拟剥离资产的市场价格,对剥离义务人有失公平。

对比先行修正和买家前置规则,两者的类似之处在于:第一,在实施目的上,先行修正和买家前置都是执法机构先行采取措施,确保消除或减轻经营者集中反竞争影响的做法。第二,从适用的条件来看,在实践中两种措施都主要适用于成功剥离资产存在风险的情况,尤其是对买家条件要求特殊或者较高的案件。第三,从对当事人的要求来看,实施两种措施均要求当事人在解决执法机构担忧之前不得实施集中交易,解决的办法通常是找到合适买家并与之签署有约束力的资产转移协议且得到执法机构认可。第四,从措施的功能来看,两种均有确保找到适当买家以成功剥离资产,降低过渡期内资产价值和竞争力贬损风险的积极功能。

先行修正和买家前置规则的不同之处在于:第一,采取措施的时间不同。先行修正通常是在执法机构提出拟议集中交易存在反竞争影响之后即可适用;买家前置时,反垄断执法机构和当事人已经就反竞争影响和拟采取的资产剥离措施达成一致。第二,采取措施的目的有细微差异。先行修正的目的是要求当事人先行寻求解决反竞争影响的救济措施,而买家前置是要求当事人先行采取措施降低资产剥离失败的风险。第三,适用条件的细微差异。先行修正更多的是当事人主动提出要求实施的;买家前置更多是执法机构提出要求,当事人为了消除执法机构对找不到合适买家的担忧而作为。第四,采取措施的内容不同,先行修正要求当事人先行提出解决反竞

---

① 叶军:《先行修正和买家前置规则比较研究》,载《中外法学》2015 年第 1 期。

争影响的救济措施;买家前置则是执法机构明确要求当事人找到适格的买家并签署其认可的有约束力的资产转让协议。

综上所述,叶军建议按照四个原则创设我国经营者集中反垄断控制制度中的先行修正和买家前置规则:第一,允许当事人自行调整集中交易;第二,允许当事人先行修正集中交易;第三,对决定附加资产剥离条件的案件,如果商务部对剥离义务人能否及时找到适格买方,并顺利实施资产剥离存在担忧,可以要求适用买家前置措施;第四,通过中止条件和解除条件达到买家前置的目的。①

(二)“皇冠宝石”规则

“皇冠宝石”规则主要是指在附加剥离限制性条件批准企业合并时,竞争执法机构可要求当事人承诺剥离构成范围不同的两套资产包,若首选的剥离方案失败,则启动替代性的剥离方案。

“皇冠宝石”规则是美欧等司法区域经营者集中反垄断控制制度中的具体规则,是从反垄断执法实践中发展起来的附条件批准经营者集中的保障措施。经营者集中反垄断控制中的“皇冠宝石”规则旨在为符合条件的经营者集中案件提供替代救济方案,以在消除反垄断执法机构对首选救济方案能否顺利实施存在担忧的前提下,按照当事方提出的首选救济方案附条件批准经营者集中。我国《反垄断法》中未规定“皇冠宝石”规则,商务部发布的《关于经营者集中附加限制性条件的规定试行》规定了“皇冠宝石”规则的内容。②

叶军认为,③适用“皇冠宝石”条款需要坚持以下条件:第一,拟适用“皇冠宝石”规则的经营者集中案件必须是存在反竞争影响,但可以采取救济措施抵消或者削弱反竞争影响,并通过附加限制性条件批准方式解决的案件。

---

① 叶军:《先行修正和买家前置规则比较研究》,载《中外法学》2015 年第 1 期。

② 《试行规定》第 7 条规定,申报方提出的附条件建议首选方案存在不能实施的风险的,商务部可以在审查决定中要求申报方首选方案基础上提出备选方案。备选方案应比首选方案的条件更为严格,可以包括不同核心资产、包括有形资产、知识产权等无形资产或相关权益等。

③ 叶军:《试论经营者集中反垄断控制之皇冠宝石规则的构建》,载《社会科学》2015 年第 10 期。

根据欧美的指南性文件及其在实践执法中的应用,“皇冠宝石”规则不仅适用于采取资产剥离的经营者集中,还适用于采取其他结构性救济的案件,甚至还被适用于行为性救济案件,因此被称为“实践中的异化”。第二,必须当事方提议的首选救济方案的执行性存在不可接受的瑕疵。至于如何定义瑕疵,叶军指出四方面的判断标准。首先是实施首选剥离方案可能引发第三人异议或者其他需要第三人配合的事项;其次是难以找到首选剥离资产的合适买家;再次是实施首选方案需其他政府部门审批且存在不确定性;最后是首选救济方案中包含的义务容易引发当事方道德风险,反垄断执法机构难以监督查明当事方是否适当履行了该类义务。

叶军还指出,[①]应当对“皇冠宝石”规则的触发作出统一规定。首先,确定是否适当实施了首选救济方案;其次,首选救济方案是否在确定期限内实施完毕。一旦首选救济方案实施失败,就要启动替代救济方案。因此,替代救济方案要具备两个基本特点:一是实施期限与首选方案相比较为短暂,二是替代剥离要由受托人实施而不是由当事方自行实施。

（三）委托实施机制

救济措施的委托实施机制,是指经反垄断执法机构认可的私人(具有所需知识、经验及技能的非官方人员或组织),与集中当事方订立委托合同,以受托人身份对经营者执行救济措施的情况进行监督,乃至介入、干预或替代经营者执行救济措施的过程,以及各相关主体在此过程中的相互关系模式。

从国内执法实践来看,以委托合同为基础,由独立的第三方作为“受托人”,对集中当事方实施救济措施的情况进行监督、干预的现象颇为常见。以我国截至 2015 年 5 月的统计数据为例,在商务部的附加限制条件批准集中的审查决定中,涉及委托实施的案件就超过了 90%。[②]

---

① 叶军:《试论经营者集中反垄断控制之皇冠宝石规则的构建》,载《社会科学》2015 年第 10 期。

② 涉及委托实施机制的集中案件包括默克/智安、微软/诺基亚、赛默飞世尔/立菲、百特/金宝、联发科技/开曼晨星案、丸红/高鸿、嘉能可/斯特拉塔等;为规定适用委托实施机制的案件仅有,英博/AB 公司、通用/德尔福、通用电气/神华集中。

从委托实施机制的全球经验看,以职责与权限的差异为标准,可将受托人区分为经营受托人、监督受托人和剥离受托人三种基本类型。第一,经营受托人直接对集中当事方的业务活动实施经营管理,具有维护特定营业的生命力、竞争力的独特功能,扮演着维护商业价值和竞争秩序的双重角色;第二,监督受托人。世界各法域对监督受托人含义的表述不尽相同。美国联邦贸易委员会认为,“监督受托人(monitor trustee)是由委员会指定的负责监督同意令特定条款实施情况的独立第三人”,通常适用于集中当事方依据救济措施要求“对其他当事方或待剥离资产的买方负有某种临时义务关系”的案件;欧盟委员会指出,监督受托人是指经委员会批准并由集中当事方选任,有责任监督集中当事方对决定所附条件和义务遵守情况的一个或多个独立于当事方的自然人或法人;我国商务部认为,监督受托人是指受申报方委托并经商务部同意,在自行剥离阶段负责对剥离进行监督的自然人、法人或其他组织;第三,剥离受托人。对剥离受托人的定义也各有差异。有的将其定义为,由官方“指定的在集中当事方未能按照命令要求剥离资产的案件中”对资产进行剥离的独立第三人。我国商务部将剥离受托人界定为受集中当事方委托并经竞争执法机构同意,“在受托剥离阶段负责出售剥离业务的自然人、法人或者其他组织”。

李俊峰指出,[1]在当今世界的各个反垄断法域,委托实施机制都是备受执法机构倚重的一种技术手段。对于这样一种行之有效的救济措施机制,我们在以实用主义、拿来主义的态度进行制度移植的同时,应重视维护来自不同法域的制度之间及其与本土制度和理论框架之间的融合性、法律体系的内在逻辑一致性。综合域外的经验,我国未来的受托人制度规范中或可参考纳入以下条款:第一,受托人的遴选。商务部有权决定以公开招聘、定向邀请的方式,由经营者自行或由商务部直接遴选剥离受托人或监督受托人;第二,受托人选的公开。经营者与受托人签署委托协议之日起 × 个工作

---

① 李俊峰:《经营者集中救济措施的委托实施机制研究》,载《上海财经大学学报》2015 年第 5 期。

日内,商务部应在其网站上公布受托人的名称、国籍、注册编号、联系方式。其中,受托人的名称金额联系地址信息,应同时以中文和其母国通用文字进行披露;第三,受托人的工作期间。监督受托人、剥离受托人开始和终止履行受托事物期间,由商务部根据保障限制条件实施的需要和案件的具体情况确定;第四,受托人的义务。受托人对商务部负有忠实和勤勉义务,以及委托合同中约定的其他具体义务。受托人对做出委托的经营者负有的义务,根据委托协议的约定确定;第五,受托人的责任。受托人违反法律规定、委托协议约定的,商务部有权要求经营者解除与受托人的委托关系,就解除委托事项作出公告,对受托人作出公开谴责,禁止或限制其在此后的案件中担任受托人。受托人履行委托协议的行为导致经营者利益受到损害的,经营者不得要求受托人承担法律责任,但是受托人存在故意的情况除外。

三、经营者集中反垄断执法的透明度问题研究述评

透明度是经营者集中反垄断执法的重要原则,具体而言是指反垄断执法机构在经营者集中反垄断法规制过程中应当公布相关信息,并使社会公众易于获得相关信息的法律原则,而且,经营者集中反垄断执法透明度的基本要求大都强调程序透明度和信息透明度两个层面。

袁日新指出,①提高经营者集中反垄断执法的透明度是反垄断执法机构的必然选择,但是世界各国和地区经营者集中反垄断执法的透明度各不相同。首先是对美国经营者集中反垄断执法透明度考察。美国经营者集中反垄断执法机构主要是联邦贸易委员会竞争局和司法部反垄断局。两个机构通过指南、声明、演讲、证据和公开案件申报披露了大量信息,具体如下:第一,发布经营者集中指南,这是提高透明度的主要做法;第二,支持公众评论的详细公告;第三,发布阐释具体决定理由和新闻资讯;第四,发布二次请求调查措施;第五,开展经营者集中反垄断执法透明度研究项目;第六,发布反

① 袁日新:《经营者集中反垄断执法的透明度:域外经验与中国选择》,载《法学论丛》2015 年第 7 期。

垄断执法官员演讲中的政策主张。其次是对欧盟经营者集中反垄断执法透明度的考察。《欧洲联盟条约》第 254 条要求公布欧盟委员会的法规、指南和决定,具体如下:第一,召开说明会,由当事人和竞争总局参加的说明和反映案件现状的说明会;第二,举行三方会议,召集由欧盟委员会、集中当事人和第三方参加的三方会议,以便查清调查过程中的有关事实;第三,发表意见,集中当事人有机会参加专门会议,确保集中当事人在欧盟委员会作出最终决定前有机会充分表达其意见;第四,查阅文件,在欧盟委员会发布异议书之后,集中当事人和相关方有权查阅竞争总局的文件;第五,召开听证会,在有关方查阅文件后,集中当事人和相关方可以要求召开听证会;第六,公开审查决定,这是欧盟经营者集中反垄断执法的显著特色;第七,建设信息发布网络平台,以促进欧盟竞争规则的有效实施和统一适用。

综合对上述法域的经营者集中反垄断执法机构透明度的考察和分析,袁日新提出[①]提升我国经营者集中反垄断执法透明度的六条建议。第一,加紧出台《反垄断法》实施细则或者条例,我国的《反垄断法》的规定比较原则、抽象,可操作性相对较差,许多概念术语也比较模糊,因此还需要进一步的界定和解释。第二,尽快发布经营者集中指南,欧美的立法和执法经验告诉我们,在制定经营者集中控制的基本法律时,必须搞好相关配套法规、指南和及时跟进。第三,完善经营者集中反垄断执法程序,以保障执法的透明度。第四,拓展经营者集中审查决定内容,根据我国《反垄断法》的规定,商务部应当向社会公布附条件批准集中的审查决定和禁止集中的审查决定。第五,公布经营者集中救济案件后续信息,经营者集中救济的实施是否能达到预期的效果,需要长期后续跟踪评估。第六,建立经营者集中反垄断执法网络平台,完善透明的形式和渠道,改善信息传递的技术条件是提高透明度的制度保障。

① 袁日新:《经营者集中反垄断执法的透明度:域外经验与中国选择》,载《法学论丛》2015 年第 7 期。

四、经营者集中反垄断审查在国有企业并购问题的研究述评

(一)国有企业并购反竞争效果分析

我国政府在推动国有企业并购重组时,主要考虑了并购在改善和调整产业结构、优化国有企业所有制结构、推进国有经济布局调整、增强大型国有企业国际竞争力和落实产业政策的方面的积极作用,但忽略了其对市场竞争的影响。对于我国国企改革,产业政策的考量与市场竞争的评估需要兼顾,不可偏废。

孙晋认为,[①]国有企业并购带来限制市场竞争、损害消费者利益的消极影响,具体表现在:第一,国有企业并购使得某些领域高度集中,容易导致该领域少数几家大企业之间达成垄断协议,严重损害市场的有效竞争;第二,国有企业并购导致某些企业在相关市场上具有支配地位,它们可凭此操纵市场、侵害其他市场主体尤其是消费者的利益;第三,国企并购导致产业集中度高,其他企业无法参与到市场进行经营,严重损害了市场竞争机制。并购所导致的进入壁垒主要有两种:一是技术壁垒;二是政策壁垒。尤其是后者,政府在国企并购重组的领域实施行业管制,甚至在准入上实行审批制,给潜在的竞争者造成不少的进入壁垒。

(二)经营者集中审查制度适用于国企并购的具体问题

首先,未平等适用经营者集中强制申报制度。经营者集中申报是对企业并购进行反垄断规制的事前控制程序,也是开启经营者集中审查程序的基础。我国《反垄断法》第 21 条规定:“经营者集中达到国务院规定申报标准的,经营者应当事先向国务院发垄断执法机构申报,未申报的不得实施集中”,由此可见,我国《反垄断法》采取的是事前强制申报制度。这项制度针对的是市场上的所有参与者,但是从中国联通与网通两大国企合并案件来看,国企并购并未严格遵守此制度。其营业额达到申报标准却未经申报,非

① 孙晋:《论经营者集中审查制度在国有企业并购中的适用》,载《华东政法大学学报》2015 年第 4 期。

但如此,甚至律师向相关执法机构提出要求对其集中经营进行审查的建议被驳回,向法院以“行政不作为”起诉商务部的也被拒绝受理。由此可以看出,反垄断机构在国企并购重组浪潮中,大多数情况下都是保持沉默。

其次,未严格遵守经营者集中豁免制度。反垄断执法机构对于经营者集中进行审查时,会根据《反垄断法》的规定,综合分析申报企业在相关市场的市场份额及其对市场的控制力、市场集中度,对市场准入、技术进步、消费者和其他有关经营者、国民经济发展的影响,作出禁止集中决定。但是国企并购反垄断规制这条规定并未严格遵守,表示在一方面是对经营者集中豁免制度产生误解,认为国有企业并购重组理应依据《反垄断法》第 7 条得到保护。另一方面是滥用经营者集中豁免制度,符合《反垄断法》第 28 条中的豁免条件,参与并购重组的企业仍然要根据该条规定为其符合豁免条件向反垄断执法机构承担举证责任。但现实中,国有企业对其并购重组获得豁免并未进行举证,没有严格遵守法律规定。

最后,未有效追究违法者的法律责任。国有企业并购的规制过程中,反垄断执法机构对违法者的法律责任没有进行有效的追究,具体表现为两方面,一是立法上对法律责任的构建存在缺失,二是执法上对法律责任的追究存在缺位。反垄断执法机构这种针对国有企业反垄断执法的缺位明显损害了我国《反垄断法》的权威。

综上所述,要在充分借鉴其他法域理论和实践经验的基础上,结合我国实际,完善《反垄断法》。

第五节　有关行政垄断研究成果述评

一、关于行政垄断一般性问题的研究述评

(一)反行政垄断制度的立法体例

有研究者指出,我国反行政垄断专章立法的体例主要借鉴了俄罗斯、乌克兰等经济转轨国家的做法,我国一直欠缺对这些国家之外的其他国家和地区的系统性比较研究。根据立法技术的不同,可以将行政垄断立法类型

概括为四种：以俄罗斯、乌克兰、乌兹别克斯坦、越南为代表的专门规定式；以哈萨克斯坦、阿塞拜疆为代表的嵌入规定式；以美国、欧盟为代表的特别规定式；以德国、日本、韩国、蒙古、印度为代表的扩展适用式。[①] 在详细阐述四种立法类型的具体表现、区别和各自的优劣程度的基础上，研究者认为，在彼时《反垄断法》制定时，这四种立法类型并未详尽地进入立法者的视野，俄罗斯、乌克兰等专门规定式的立法，在当时却成为我国立法的主要参考样本，即使对专门规定式国家的考察，也失之精准，过分地强调了立法技术的作用，而忽略了在经济体制变革、重塑执法机构等方面治理行政垄断更为切实有效的手段。

（二）行政垄断行为的特征

通过近年来对行政垄断的实践研究，有研究者总结了行政垄断在实践中的共性：首先，从行政主体上看，一般为行政主体与第三人结合的结构性侵权整体。尽管行政垄断的实施主体是行政机关及其授权组织，但是行政垄断行为的发生离不开第三人，它一定是行政主体和相关利益第三人共同作用的结果，第三人可能是中介组织或同行业竞争者。其次，从行为方式上看，行为方式一般采取限制、排除还是妨碍竞争的行政行为，且多种行为方式并用。行政垄断其实是经济行政权得以施展的行为工具，经济行政最重要的手段是行政行为，但不论是限制、排除还是妨碍竞争的行为，都不是单一的行政行为，而是依附于经济规制之中，与经济行为的复合的特殊行政行为。换句话说，其所实施的行政行为必须是行政主体介入经济生活所实施的有关经济调节的行为，例如市场进入、退出、投资、价格的监督与管理，具体表现为行政审批、行政许可、招标、投标、交通管理、检验检疫、行政协议或者针对经济活动颁布的规范性文件等。再次，抽象行政垄断逐渐抬头，并成为当下主要行政垄断方式。例如，2015 年山东省交通运输厅发布《山东省道路运输车辆动态监控社会化平台服务商备案管理办法（试行）》就是以红头文件的形式实施行政垄断。最后，行政垄断最终是通过行政协助、行政建议

---

① 段宏磊：《全球反行政垄断立法类型论》，载《理论月刊》2015 年第 8 期。

纠正。反垄断执法机构对于实施行政垄断的行政主体一般建议其上一级政府责令其改正,这种行政建议没有强制力和约束力,是否接受,还取决于行政主体。上下级政府或者行政机关之间的相互协调是行政协助的表现。[①]

二、关于行政垄断的规制路径与制度结构的研究述评

徐士英[②]在其文章中从竞争政策的视角阐述了行政垄断的规制路径。提出我国普遍存在的行政性垄断直接影响资源配置的效率,单一的行政系统内通过控权规制行政性垄断的路径,已不能有效解决政府通过行政权力对市场机制的侵蚀,从而影响"经济体制效率"的持续提高,探索新的规制路径十分必要。从性质上看,行政垄断实际上是一种"公权"与"私利"的结合,具有确定的利益取向,是行政行为的异化。传统法学关于行政行为的规制路径依赖一般从政治学、行政法学切入,研究对象主要是政府权力分配、运行以及监督、救济,试图构建完整有效的自我规制体系,然而其规制效果具有不确定性,易导致对权利的过度依赖且缺乏有效的衡量标准,不利于竞争法的实施。作者认为,竞争政策是连接"市场在配置资源中起决定性作用"和"更好发挥政府作用"的纽带,通过竞争政策的拟定和实施,以竞争政策影响其他社会经济政策,是全面制约政府权力运行的基本路径,也是规制行政性垄断的治本之策。

张占江[③]在其文章中认为目前我国行政垄断的反垄断架构需要重构。我国《反垄断法》对行政性垄断行为的规制,仅针对"行政机关和法律、法规授权的组织"以法定方式"滥用行政权力"及"排除、限制竞争"的行为。这一架构存在诸多局限,其根源在于对政府行为规制原理的曲解。文章认为现有的规制架构主要包括主体、行为方式、行为性质、行为后果四方面,对于现

---

① 廖丽环:《行政垄断规制路径的考察——从传统路径迈向反行政垄断诉讼》,载《四川警察学院学报》2015 年第 4 期。

② 徐士英:《竞争政策视野下行政性垄断行为规制路径新探》,载《华东政法大学学报》2015 年第 4 期。

③ 张占江:《行政性垄断的反垄断法规制架构重构》,载《华东政法大学学报》2015 年第 4 期。

实诉求而言,在规制范围、规制标准上都有缺陷。规制范围上,一方面,忽略了立法机关对竞争的限制;另一方面,法条中所列行政垄断方式并未涵盖完全。在规制标准上,滥用行政权力作为主观故意因素值得考量,因为政府对竞争的不合理限制可能并非出于其本意,而往往是源于政府自身缺乏对竞争重要性的认知和对政策后果估计的不足。同时,文章从经济学角度阐释了我国《反垄断法》对行政性垄断规制的局限,源于作为反垄断法分析依据的传统 SCP 范式将政府干预因素作为外生变量,而非独立的内生变量,作者在借鉴国外经验的基础上,提出在现有的《反垄断法》制度下,要克服对行政性垄断的规制局限,需要最大限度地发挥法律解释的作用。尽管《反垄断法》对行政性垄断进行了专门规制的安排,但这样的安排并不构成排斥间接规制的理由,这不仅是基于经济学上对 SCP 范式的修正以及欧盟双轨制规制模式的经验,最重要的是,从体系的角度来看,我国《反垄断法》已经明确将一定范围内的政府干预影响的合理性作为禁止企业反竞争行为的重要考量因素。

张占江[①]在其另一篇文章中叙述道,健全《反垄断法》对行政垄断规制的路径体系主要应把握好以下几个方面。第一,全面评价政府行为竞争影响的合理性:对反竞争制度安排的竞争评估;第二,事前避免政府不合理限制竞争的制度安排:对政府机构的竞争倡导;第三,事后排除政府不合理限制竞争制度的影响:对管制企业反竞争行为的执法。以上三条路径均以 SCP 范式对政府行为(制度安排)的竞争影响分析为基础,共同构成一个完整的规制体系。依据这样的分析,通过竞争倡导减少不利于竞争的结构性或行为性的制度安排;通过对受到管制的企业反竞争行为的有效执法,最大限度地排除不合理制度安排的负面影响。

陈林[②]在其文章中提出,反行政垄断出现困境的根本原因是行政垄断的

---

① 张占江:《弥补反垄断法行政垄断规制局限的制度方案——基于反垄断经济分析范式的修正》,载《中国价格监管与反垄断》2015 年第 1 期。

② 陈林:《"二元性"特征与反行政垄断的现实困境》,载《学术界》2015 年第 2 期。

两个“二元性”特征:其一是行政垄断的市场经济“二元性”,即行政垄断与市场经济之间的矛盾既有统一性,也有对立性;其二是行政垄断的法律制度“二元性”,行政垄断同时受行政法和《反垄断法》规制,这些法律之间的矛盾既有统一性,也有对立性,其中,前一个矛盾的理论性更强,亦更复杂,并具有一定的长期性。因此我国难以在短期内消弭行政垄断与市场经济之间的对立性。对于今后的经济学研究,如何在“公有制为主体、多种所有制经济共同发展的基本经济制度”上,科学有序推进反行政垄断工作,是值得经济学界探讨的重大理论问题。后一个矛盾,即行政垄断与法律制度的矛盾,则更多地表现为关乎今后反垄断法制建设与经济体制改革的成败的重大现实问题。这意味着在试图解决行政垄断的这两个“二元性”矛盾时,轻重缓急显而易见——完善反行政垄断的法制体系,减轻行政法与《反垄断法》之间的对立性,提高《反垄断法》的法律效力与司法效率是当务之急。

第六节　有关知识产权与反垄断研究成果的述评

一、知识产权与反垄断研究基本理论评述

(一)知识产权与反垄断法的关系

市场竞争行为包含模仿和创新两个冲突的要素,竞争法与知识产权法均具有界定模仿边界、保护创新成果的作用,因而都是调整竞争行为的法律规范。知识产权法通过对创新成果赋权来保护创新行为,进而保护正当的竞争行为;竞争法通过保护正当竞争和鼓励自由竞争以促进和保护创新。[①]《反垄断法》作为重要的竞争法之一,厘清《反垄断法》与知识产权两者之间的关系对我国在关于知识产权的法律法规的制定和实施以及反垄断法的完善等方面都有很重大的意义。

各国对知识产权的保护,不仅可以最大限度地保护创作者和产权人的

① 高富平:《竞争法视野下创新和竞争行为调整的体系化思考》,载《法商研究》2015 年第 3 期。

创新权益,而且在补偿创作成本的基础上还可以获得额外的利益。正是因为如此,对知识产权进行保护能够激励人们不断创新,从而促进科技的发展和社会的进步,对市场经济起到推动作用。与此同时,也正是因为对知识产权的保护能够给权利人带来额外的收益,才会导致一些权利人滥用知识产权在市场上形成垄断,以此来扩大自己的收益。而我国通过在《反垄断法》中对滥用知识产权的行为进行限制,正好补充了在保护知识产权过程中的这一缺陷,从而保护他人的合法利益和社会的公共利益。李朝晖认为,知识产权与《反垄断法》之间的关系是错综复杂的,概括来讲,知识产权虽不由《反垄断法》来调整和规制,但是《反垄断法》对滥用知识产权行为的规制恰恰弥补了知识产权法中的缺陷。①

徐新宇、王甲举②亦持类似观点,知识产权与《反垄断法》之间既具有某些方面的一致性,又可能存在潜在的冲突。一致性表现在两者对竞争的促进和对消费者福利的增加两个方面。潜在的冲突则表现在当知识产权的权利人在行使其权利时超出了法律所允许的范围或者界限,导致对该权利的不正当利用,损害他人利益和社会公共利益时,往往需要《反垄断法》予以规制。

(二)反垄断法对知识产权限制的必要性和价值③

知识产权的本质属于无形财产权,其权利边界虽可界定但不十分清晰,故知识产权人在行使权利过程中有时会超出权利的边界,构成权利滥用,并造成排除、限制竞争的后果。在此情形下,以维护自由竞争及市场竞争活力为己任的《反垄断法》则有介入的必要。

《反垄断法》对知识产权的限制,并非是为缩小知识产权人的权利范围,或者对其行使权利的行为进行压制,而是为了确保其行使权利的行为不超

---

① 李朝晖:《探究关于知识产权适用〈反垄断法〉的规定》,载《黑龙江教育(理论与实践)》2015年第11期。

② 徐新宇、王甲举:《知识产权、知识产权滥用及其反垄断法规制》,载《中国价格监管与反垄断》2015年第10期。

③ 张广良:《竞争法对知识产权的保护与限制》,载《法学杂志》2015年第2期。

出法律所规定的界限,避免给市场竞争带来不利的影响,以实现促进竞争和创新、增加消费者的福祉、提升社会经济运行的效率之目的。因此,《反垄断法》对知识产权的限制具有重大的价值。各国须自行决定如何最好地协调知识产权政策和竞争政策,以追求可促进创新的有效产业政策。

(三)《反垄断法》规制知识产权滥用的逻辑机理

《反垄断法》对特定知识产权行使行为进行规制的正当性,源于知识产权滥用行为可能产生排除、限制竞争效果,从而破坏市场自由竞争机制,最终导致市场失灵。因此,《反垄断法》对知识产权滥用行为进行规制的逻辑起点便是特定知识产权行为产生或可能产生的相关反竞争效果。以反竞争效果为起点,《反垄断法》规制知识产权滥用行为的制度逻辑应是围绕着特定知识产权行为产生或可能产生的反竞争效果的认定、抗辩与救济这三个方面展开。

就反竞争效果的认定而言,结构性方法是传统反垄断执法中适用的主要认定方法,它通过分析知识产权权利人以及交易对象的市场份额等结构性因素去判断反竞争效果。结构性方法往往依赖于相关市场的准确界定,市场份额与市场集中度等结构性指标起着非常重要的作用。就反竞争效果的抗辩而言,效率抗辩、破产抗辩、公共利益抗辩等是知识产权人可以使用的主要的抗辩理由。就反竞争效果的救济而言,停止违法行为、罚款是一般类型。在特殊情况下,救济措施还可能涉及结构性措施与行为性措施,前者比如在经营者集中交易中,剥离交易方的特定知识产权,后者比如基于特定条件,知识产权权利人向第三方开放其知识产权,在特殊情形下,行为性措施甚至还可能涉及知识产权的强制许可等。①

有学者从经济学中的外部性理论、民法学中的权利不得滥用原则以及社会学中的利益平衡理论来为反垄断法规制知识产权滥用寻找理论根基。持此观点的学者认为,外部性理论说明在利用知识产权扩大企业内部经济

① 韩伟、徐美玲:《知识产权滥用的反垄断规制逻辑——以欧盟 2014 年摩托罗拉禁令案为例》,载《2015 年欧盟法治专题研讨会论文集》2015 年 7 月。

的同时应当利用《反垄断法》消除滥用知识产权造成的外部不经济；权利不得滥用原则强调知识产权的行使需要有范围限制，《反垄断法》可以对超出行使范围的知识产权进行遏制；利益平衡理论论证《反垄断法》可以在知识产权所有人的个人利益和社会利益之间进行很好的平衡，这些理论都能很好地支撑利用《反垄断法》来规制滥用知识产权破坏竞争的行为当为首选。①

二、知识产权滥用的反垄断规制问题评述

国家对知识产权的保护极大地调动了人们从事科学技术研究和文学艺术作品创作的积极性和创造性，为人类带来巨大的经济效益和社会效益。然而知识产权本质上是一种垄断权，这种垄断权的不当行使在一定层面上会造成不利影响，损害不特定公共的利益。在法律上，将知识产权的不当行使称为“知识产权滥用”。“知识产权滥用”指的是权利人不正当的行使权利，在行使过程中不仅违背了法律的规定和限度，同时对他人和公共利益造成了损害。如何正确把握和适用《反垄断法》第 55 条之规定，实现保护知识产权保护与反垄断两者之间的平衡，合理有效地规制知识产权滥用，一直是学界讨论的热点。

王先林②认为虽然国家工商总局在 2015 年 4 月发布并在同年 8 月实施了《关于禁止滥用知识产权排除、限制竞争行为的规定》，但是该规定的出台不能取代我国滥用知识产权反垄断指南的制定，并进一步提出了对制定我国滥用知识产权反垄断指南的一些设想。在制定主体方面，由于国务院反垄断委员会只是负责组织、协调、指导反垄断工作，而不负责具体的反垄断执法工作，因此相关指南的具体起草工作是由相关的国务院反垄断执法机构负责。在具体操作上，无论是一个执法机构牵头起草还是三家反垄断执法机构分别或者共同起草，都需要进行必要的协调，至少要在国务院三个反

---

① 李丹：《反垄断法规制知识产权滥用的理论拓补》，载《理论月刊》2015 年第 11 期。

② 王先林：《关于制定我国滥用知识产权反垄断指南的若干思考》，载《价格理论与实践》2015 年第 10 期。

垄断执法机构取得一致意见后才能形成正式的文本,由国务院反垄断委员会审议通过。在行文体例方面,应采取相对柔性的、灵活性比较大的行文方式,着重阐述反垄断执法机构在涉及知识产权领域的反垄断执法的基本态度,进行相关分析的原则和方法,包括对一些典型行为的比较系统和专门的分析意见。在结构选择上,他提出了三种结构模式,但他更倾向于最后一种模式,即作为滥用知识产权的反垄断指南,其更适合从《反垄断法》规制的不同类型的垄断行为的角度进行分析,进而形成与《反垄断法》规定的三种垄断行为相对应的指南结构。另外,他对指南内容方面的一些重要问题做了回应,比如关于相关市场的界定,可以考虑引进单独的创新市场概念和相应分析方法;在制定我国滥用知识产权反垄断指南时需要合理确立安全港规则,这将会对今后我国在涉及知识产权领域进行反垄断执法提供重要的指引,也会促进国内外高科技企业之间的良性与合理竞争;关于拒绝许可的问题,他建议采取与《关于禁止滥用知识产权排除、限制竞争行为的规定》相同的处理原则,但可以作进一步细化的规定;对涉及专利的标准制定与实施方面,指南需要作出合理的分析和谨慎的处理。

徐新宇、王甲举①分析了我国知识产权滥用的规制现状,并在此基础上就我国知识产权滥用适用《反垄断法》规制提出了三点建议。一是将鼓励创新与维护自由竞争确立为基本原则。二是在指南中明确区分知识产权的存在与知识产权的行使,因为知识产权的存在并不必然会产生支配力,即使产生支配力也不一定会产生垄断效果,只有滥用市场支配力,才是知识产权领域的《反垄断法》要规范的对象。三是指南要体现较强指引性与阶段灵活。

李浩成、王立武②从比较法视角出发,通过对欧、美、日知识产权滥用反垄断立法规制进行深入剖析和探讨,提出了几点借鉴设想。首先,在反垄断控制方式上,采取消极被动的“事后处理”的方式是美国一大特色,欧盟和日

① 徐新宇、王甲举:《知识产权、知识产权滥用及其反垄断法规制》,载《中国价格监管与反垄断》2015 年第 10 期。

② 李浩成、王立武:《欧、美、日知识产权滥用反垄断立法规制比较与借鉴》,载《山东社会科学》2015 年第 6 期。

本在知识产权领域的反垄断控制则采取积极预防的“事前申报”方式。“事前申报”和“事后处理”在使用中各有利弊，我国在学习借鉴的时候，可以只选择其中一种，也可以分情况使用两种，要以适合我国知识产权保护和反垄断实际为原则。其次，欧盟在对待企业的拒绝许可方面，更多地强调竞争法的任务是推动市场竞争和保护消费者。我国应着重借鉴欧盟竞争法的做法，因为当前我国仍主要是一个技术进口国。最后，在知识产权反垄断规则的确定性和透明度上，建议借鉴日本的做法，增加《反垄断法》的确定性。

李丹[①]立足于反垄断法三大领域，主张应针对具体知识产权滥用限制竞争的行为——知识产权与禁止滥用市场支配地位、禁止联合限制竞争以及控制企业合并在《关于知识产权领域反垄断执法的指南》中进行规制，明确知识产权及其行使在主要限制竞争行为中的地位及其合法与非法的界限。具言之，在禁止滥用市场支配地位方面，遵循权利存在与权利行使二分法原则，仅对超出范围行使知识产权、不当维持或滥用市场支配地位的行为进行规制，并借用关键设施理论赋予因知识产权拥有市场支配地位的企业更多的义务。在禁止联合限制竞争方面，知识产权横向限制直接限制适用本身违法原则、间接限制则适用合理性原则分析，知识产权纵向限制则依据权利耗尽标准适用合理性原则进行分析认定。在控制企业合并方面，重点关注知识产权造成的市场进入障碍及其带来的经济效率分析企业合并给市场带来的影响，结合市场份额最终确定是否准许合并。

此种规制模式的优点在于完全从《反垄断法》自身的特点和内容出发，将知识产权行使过程中的行为按其不同的形式分别归入不同类型的限制竞争行为中进行分析，充分体现了从《反垄断法》的角度控制知识产权滥用行为的特点。

三、标准必要专利反垄断规制述评

标准必要专利（standard essential patents，SEPs）是指技术标准中包含的

---

① 李丹：《知识产权滥用的矫正机制论纲——以反垄断法为视角》，载《技术经济与管理研究》2015年第10期。

必不可少和不可替代的专利,即为实施技术标准而不得不使用的专利。如果一个技术标准得到了广泛应用而成为行业标准或者国家强制性标准,达不到标准的产品或者服务就不能进入市场,这个技术标准对相关企业就是强制性的要求。不当行使专利权的行为会遭到反垄断执法机关的查处或者反垄断私人诉讼,也即滥用专利权的行为会受到反垄断法的规制。①

专利一旦成为广泛应用的标准必要专利,权利人一般得向标准化组织承诺以公平、合理和无歧视(foir,reasonable and non-discnminatory,FRAND)条件实施许可。尽管 FRAND 许可条件是对专利权人的约束,但因这个承诺没有可操作性,现在有越来越多涉及标准必要专利的案件进入了反垄断执法机构和法院。华为诉 IDC 一案说明,标准必要专利与一般专利相比具有特殊性,必要专利权人在其专利许可市场占支配地位,权利人收取过高的专利许可费或者请求法院制止专利侵权的行为可能被视为滥用市场支配地位。专利标准化容易形成垄断,对专利标准化的《反垄断法》规制显得非常必要。然而现有《反垄断法》制度中并无针对专利标准化的权利确认,也没有其垄断性的明确判断标准和具体评估方法,更没有针对性的规制手段与程序。② 标准必要专利的权利具有正当性,但也存在边界。其边界主要是不侵犯他人专利权,不产生垄断。在对标准必要专利进行《反垄断法》规制时,应当明确反垄断执法机构的职责及标准必要专利垄断性判定步骤和判定标准,同时明确审查执法机构。标准必要专利具有双重属性:一方面为激励创新而具有私人独占属性;另一方面因纳入标准而具有强烈的社会公共利益属性。在社会分工不断深化的背景下,标准必要专利的公共利益属性日益凸显。③ 因此,公共利益与个人专属利益应当加以平衡。

---

① 王晓晔:《标准必要专利反垄断诉讼问题研究》,载《中国法学》2015 年第 6 期。

② 季任天、陈乃新:《专利标准化权利边界及其反垄断法规制》,载《湘潭大学学报》(哲学社会科学版)2015 年 11 月。

③ 朱战威:《垄断语境下标准必要专利许可费之厘定——兼评“高通案”专利许可费的裁决》,载《价格理论与实践》2015 年第 11 期。

（一）标准必要专利相关市场界定

相关市场的界定是进行反垄断分析的基础和起点。如果对相关市场作相对小的界定，市场上每一个经营者都可以成为市场上的垄断者；相反，如果对相关市场作相对大的界定，则可能使每一个经营者都不具有市场上的垄断地位。随着“技术专利化”趋势的发展，越来越多的先进技术被申请为专利，基于先进性和科学性的要求，在标准的制定过程中，标准制定组织会将标准必不可少的专利技术纳入其中，这也即是标准必要专利。标准与专利的结合使传统专利许可的交易环境和竞争态势发生了极大的改变。标准必要专利相关市场界定区别于一般相关市场界定主要体现在其相关产品的专属性及相关地域上的相对性。①

我国关于相关市场的立法规定主要来源于《反垄断法》以及《国务院反垄断委员会关于相关市场界定的指南》两部法律，而对知识产权相关市场界定长期以来缺乏明确的指导。国家工商总局于 2015 年 4 月 7 日公布了《关于禁止滥用知识产权排除、限制竞争行为的规定》，对于涉及知识产权时界定相关市场的基本原则和方法，该规定第 3 条第 2 款进行了明确说明：（1）知识产权相关市场的界定仍然要依据《反垄断法》和《国务院反垄断委员会关于相关市场界定的指南》，从相关商品市场和相关地域市场两个基本维度出发进行考量，并同时考虑知识产权、创新等因素的影响。（2）在涉及知识产权许可等反垄断执法工作中，相关商品市场可以是技术市场，也可以是含有特定知识产权的产品市场。

关于知识产权领域相关市场的认定，我国在华为诉 IDC 滥用市场支配地位案、高通反垄断调查中进行了大胆实践和探索。这两起案件中如何界定标准必要专利的相关市场均成为首要解决的焦点问题。华为诉 IDC 滥用市场支配地位案中，法院最终认定：交互数字在中国的 3G 无线通信技术标准中的每一个必要专利许可市场，以及在美国的 3G 无线通信技术标准中的

① 郑伦幸：《标准必要专利反垄断纠纷中相关市场的界定——兼评华为公司诉美国 IDC 公司案》，载《南京理工大学学报》（社会科学版）2015 年第 3 期。

每一个必要专利许可市场,均构成一个独立的相关市场,该案中相关市场是一个个独立相关市场的集合。

高通反垄断案中根据《国家发展和改革委员会行政处罚决定书》(2015)1 号文件的认定,每一项无线标准必要专利许可均单独构成一个独立的相关产品市场。在该案中,由于当事人将持有的无线标准必要专利进行组合许可,相关产品市场为当事人持有的各项无线标准必要专利许可单独构成的相关产品市场的集合,相关地域市场为当事人持有的各项无线标准必要专利的国家或者地区市场的集合。

以上两个案件对日后我国处理标准必要专利反垄断具有积极的指导意义,但在知识产权相关市场界定的问题上,尤其是在技术标准的背景下,由于技术标准的特性使相关市场的界定更加复杂,尽管《关于禁止滥用知识产权排除、限制竞争行为的规定》的出台和相关案件的实践都提供了一定的思路,但仍然缺乏明确的分析指导。我们认为在界定标准必要专利相关市场的问题上,应沿着知识产权相关市场的分析思路,综合运用替代性分析法和假定垄断者测试法,以相关产品市场和相关技术市场两个独立的维度来考察,结合标准的替代性,适当考虑时间、地域、创新的因素进行个案分析。①

(二)标准必要专利反垄断救济

针对滥用标准必要专利案件所采取的救济措施取决于滥用的种类,关于拒绝许可行为,欧盟委员会可依据 FRAND 原则作出强制许可的决定,责令强制专利权人依据 FRAND 原则的条款授出许可。大部分标准必要专利涉及 FRAND 原则的案件均以承诺和解的方式结案。② 域外法上,2009 年德国联邦最高法院通过“橘皮书标准”案引入了反垄断抗辩制度,以法官造法的形式,承认在必要专利权人主张禁令救济可能构成滥用市场支配地位时,

① 彭格:《标准必要专利纠纷中的相关市场》,载《现代商业》2015 年第 24 期。

② 美国佳利律师事务所:《标准必要专利反垄断救济问题》,载《竞争政策研究》2015 年第 3 期。

则标准实施者可基于此抗辩阻却权利人的停止侵害请求权。[①] 事实上，这种反垄断抗辩经历了"拒绝—刻意回避—逐渐接受"这三个阶段。判断是否构成"滥用"的标准值得我们借鉴。与司法解释意见稿所提的"单边考量"模式相比，欧盟法院就"华为诉中兴"案所提出的给予禁令救济的标准则奉行了"双边考量"的方法，不仅要求标准必要专利权人作为，亦要求标准实施人的不作为，采取了一种更为公允的"中间路线"。这种模式对我国在标准必要专利反垄断实践中具有较强的借鉴意义。

（三）滥用标准必要专利的反垄断法规制

随着知识经济的发展，技术标准中出现越来越多的专利，标准必要专利一旦被滥用极易为企业实施垄断行为提供便利，形成市场垄断状态，导致国际贸易壁垒的形成，故专利权人滥用标准必要专利的行为需要运用《反垄断法》予以规制。有学者曾提出对滥用标准必要专利的进行规制的方案：[②]关于拒绝许可——专利被纳入技术标准可视为对专利实施的默示许可，专利权人丧失拒绝许可的权利；关于许可费过高——专利权人无权获取基于技术标准产生的额外收益，专利许可费只能占产品利润的合理比例；关于搭售非必要专利——必要专利需由独立专家依法定程序确定。

标准必要专利反垄断的法律规制手段一般有刑事措施、行政措施和民事措施三大类。就目前我国专利标准化垄断尚未达成非常严重后果的情形下，一般宜采用刑事措施这一手段进行规制。行政措施中可采取行政处罚及行政强制许可等其他形式。例如，针对专利权人的拒绝许可，判定构成垄断后，可以根据专利标准实施者的申请给予强制许可。而民事措施中一般不会产生专利权人向专利标准实施者的逆向赔偿，往往是通过对专利权人的专利使用费率判定降低，来实现对专利标准化垄断的规制。加强专利标准化的《反垄断法》规制，可以约束专利标准化权利的行使，调和专利标准化

① 魏立舟：《标准必要专利情形下禁令救济的反垄断法规制——从"橘皮书标准"到"华为诉中兴"》，载《环球法律评论》2015 年第 6 期。

② 李丹：《滥用标准必要专利的反垄断法规制》，载《价格理论与实践》2015 年第 10 期。

带来的物质增量利益分配不合理问题,不但不会阻滞我国专利标准化发挥其效用,而且会更好地防范我国产业受跨国公司的垄断冲击,从而促进我国企业和整个经济的发展。[①]

① 季任天、陈乃新:《专利标准化权利边界及其反垄断法规制》,载《湘潭大学学报》(哲学社会科学版)2015 年第 39 卷第 6 期。

第六章　全球主要经济体竞争法律与政策最新进展

第一节　美国竞争法律与政策最新进展

苏　华*

本节主要梳理了美国联邦反托拉斯制度2016财年（2015年10月1日至2016年9月30日）的若干重要进展，部分内容涉及2015财年数据和信息，涵盖机构与政策发展以及典型执法活动。

一、联邦反托拉斯机构与政策发展

（一）美国司法部反托拉斯局

1. 机构

2016财年（2015年10月1日至2016年9月30日），反托拉斯局财政预算为1.6497亿美元（含国会直接拨款6147万美元、并购交易申报费收入1.035亿美元）。[①]有关司法部反托拉斯局的历史演变与发展，参见《中国竞争法律与政策报告》（2014年）第六章第一节的相关内容。

反垄断局局长由司法部助理部长担任，由总统提名，经参议院批准任

---

* 苏华，中国社会科学院美国研究所副研究员。本节资料依据截至2016年10月31日有效的美国法律、法规。注释所援引网页的最后访问时间均为2016年10月31日。

① DoJ Antitrust Division, Appropriation Figures: FY 1903 – 2016, http://www.justice.gov/atr/public/atr-appropriation-figures.html.

命。2016 年 4 月,司法部首席副助理部长雷纳塔 · B. 海塞(Renata B. Hesse)出任反垄断局局长,原局长比尔 · 巴尔(Bill Baer)出任司法部代理副部长。在长期的公共服务中,雷纳塔 · B. 海塞积累了广泛而全面的反垄断和知识产权法领域专业知识。①

2. 竞争倡导与政策指引②

有效的竞争执法是反托拉斯局的核心任务,在执法的同时,反托拉斯局非常重视针对政府机构、私人公司、各类组织及大众开展的指导和竞争倡导活动。反托拉斯局开展竞争倡导工作的政策工具主要包括发布商业审查函、发布政策陈述、举办研讨会、就相关政策问题征询公众意见、发表讲话、国会作证以及提供其他形式证言、结束案件调查的陈述、出具法庭之友意见书、发布指南等。反托拉斯局认为,前述政策工具提高了执法机构决策透明度,促进业界激烈竞争、同时避免出现违法行为,确保法律、法规的制定者考虑规则对竞争的影响,促进其他监管机构考虑执法对竞争的影响,带来更具竞争性的市场,为美国消费者提供更好的产品和服务质量。

2016 财年,反托拉斯局的竞争倡导工作围绕若干重要领域展开,包括医疗卫生行业、标准制定、知识产权许可、农业、数字安全以及附条件定价行为等。通过与大众、业界、学术机构、律师界以及其他执法和监管机构积极互动,反托拉斯局促进社会各界对联邦反托拉斯法解释与适用的理解,进而达到促进竞争的目的。

2016 年 8 月 12 日,联邦贸易委员会与司法部联合发布《知识产权许可反垄断指南》(以下简称《指南》)修订案并公开征求意见。③ 1995 年 4 月,《指南》由反托拉斯局与联邦贸易委员会联合颁布。20 余年来,《指南》使联邦执法机构有关常见许可行为的主要观点和关键分析原则更为透明。《指

---

① DoJ, Division Update 2016, http://www.justice.gov/atr/division-update.

② DoJ Antitrust Division, Competition Guidance and Advocacy 2016, https://www.justice.gov/atr/division-operations/division-update-2016.

③ FTC and DOJ Seek Views on Proposed Update of the Antitrust Guidelines for Licensing of Intellectual Property, https://www.ftc.gov/news-events/press-releases/2016/08/ftc-doj-seek-views-proposed-update-antitrust-guidelines-licensing.

南》涉及的常见知识产权许可行为包括交叉许可、专利池、知识产权许可中的地域限制和技术使用范围、排他交易和搭售等。《指南》涉及的反托拉斯执法关键分析原则包括:(1)一般的反垄断原则适用于知识产权行使行为的反垄断分析;(2)不推定专利、版权和技术秘密的所有人因拥有该等知识产权而具备市场力量;(3)承认知识产权许可行为潜在的促进竞争效果,对于绝大多数的知识产权许可行为适用合理原则。

《指南》颁布以来多次被美国法院引用,包括联邦最高法院 *Illinois Tool Works Inc.* 案。[①]《指南》已成为反托拉斯局相关执法工作以及法庭之友、商业审查函等政策文件的依据,包括 2007 年反托拉斯局与联邦贸易委员会联合颁布的《反托拉斯执法与知识产权报告》。同时,《指南》帮助业界更好地进行知识产权许可行为的商业计划。越来越多的竞争执法机构颁布了类似的知识产权指南,提高了跨境知识产权许可行为的法律确定性。

联邦贸易委员会与司法部指出,从反垄断与经济学的角度来看,《指南》三项基本原则迄今仍未改变,包括:(1)即便不同产权各有其特性,反垄断执法机构仍采取相同的方法处理包含知识产权的行为以及包含其他产权的行为;(2)不因为当事人享有知识产权而推定其享有市场支配地位;(3)知识产权许可使其所有者能够结合有关生产的互补性因素,通常情况下是有利于竞争的。

然而,联邦贸易委员会与司法部指出,为准确反映成文法与判例法的发展变化,修订《指南》势在必行。例如,专利有效期由"自授予之日起 17 年"变更为"自申请之日起 20 年"。以及联邦最高法院在 *Leegin* 案中指出,应适用合理原则而非本身违法原则来分析固定转售价格案件,联邦贸易委员会与司法部指出 *Leegin* 案判决同样适用于知识产权许可领域中的固定转售价格行为。

3. 国际合作[②]

国际合作活动旨在强化执法、促进反垄断原则的国际一体化从而保护

---

① *Illinois Tool Works Inc. v.* Independent *Ink, Inc.* ,547 U. S. 28(2006).

② DoJ International Program, https://www. justice. gov/atr/international-program -4.

美国消费者。国际合作是反托拉斯局的另一工作重点,主要包括执法和政策合作、双边和多边活动以及技术援助。在强有力的国际执法合作之外,反托拉斯局越来越重视软合作,包括通过分享执法经验、提供技术援助和意见建议等,与其他法域执法机构建立良好关系,积极参与能影响反托拉斯局政策发展的国际讨论,如担任国际竞争网络(ICN)“单方行为工作组”(Unilateral Conduct Working Group)共同主席,积极参与 ICN 和 OECD 相关活动。

反托拉斯局向发展中国家的竞争执法机构积极提供技术援助和实用建议,内容主要包括反垄断法的起草,以及宽大制度的适用、合并审查等具体问题。此外,反托拉斯局积极参与各类双边和多边对话活动。比如,2016 年 4 月 13 日至 14 日,中国国家发展改革委副主任胡祖才、商务部部长助理童道驰以及国家工商总局副局长王江平到访司法部反托拉斯局和联邦贸易委员会,会见了反托拉斯局局长比尔·巴尔和联邦贸易委员会主席埃迪斯·拉米雷斯(Edith Ramirez)。双方就各自辖区反垄断的发展和优先考虑的问题交换了意见,还讨论了在促进创新过程中竞争执法和竞争倡导所扮演的角色。本次会面是中美双方竞争执法机构自 2011 年 7 月 27 日签订反垄断谅解备忘录以来的第三次高层会面。中美反垄断执法机构谅解备忘录旨在促进中美机构间的交流与合作,并提供一个定期高层磋商机制。

(二)联邦贸易委员会

1. 机构

自 1914 年成立以来,联邦贸易委员会在与美国民众利益紧密相关的医疗卫生、高科技、能源、消费者商品与服务以及制造业等领域积极执行反托拉斯法,同时通过举办研讨会、发布研究报告、开展倡导活动等方式,使竞争、教育政策制定者和消费者理解竞争所带来的利益。

2016 财年,联邦贸易委员会预算为 3.11 亿美元,全职员工在编 1165 名,在职 1161 名,含律师 644 名、经济师 81 名、调查与并购分析师 46 名、律师助理 55 名,业务运营人员 244 名,(律师和经济师以外的)其他专业人员 46 名,其他人员 45 名。2016 财年,联邦贸易委员会履行其保护竞争职能的净成本目标为 2900 万美元。①

联邦贸易委员会设 5 名委员,由总统提名,经参议院批准任命,任期 7 年,可以连任,属于同一政党的委员不得同时超过 3 名,其中 1 名委员任主席。现任主席埃迪斯·拉米雷斯自 2010 年起任联邦贸易委员会委员,2013 年 3 月由参议院批准任主席。截至 2016 年 10 月 31 日,联邦贸易委员会现任委员还包括莫林·K. 奥赫豪森(Maureen K. Ohlhausen)和特雷尔·麦克斯威尼(Terrell McSweeny),另有 2 名委员空缺。② 2015 年 11 月,联邦贸易委员会任命华裔学者、马里兰大学经济学教授金哲(Ginger Zhe Jin)为联邦贸易委员会经济局局长,负责反垄断工作。③

2. 竞争倡导与政策指引

在竞争倡导领域,联邦贸易委员会针对目标受众,积极有效开展研究和外联工作,通过教育和倡导,促进各界对反托拉斯法的理解。同时,联邦贸易委员会为政策制定者提供指南和建议,旨在促进监管决策过程更好地考虑竞争原则。联邦贸易委员会下设政策计划办公室(Office of Policy Planning),具体负责竞争倡导工作。在法院、政府监管机构或其他组织考量案件时,如果其决策可能影响竞争,联邦贸易委员会通过法庭之友意见书或倡导函提供意见建议,旨在避免法院和其他机构的决定产生扭曲竞争的效果。④

(1)加强医疗卫生市场的竞争倡导

以医疗卫生市场为例,在执法之外,联邦贸易委员会充分利用其政策和倡导工具在医疗卫生市场上促进竞争。对于通过州立法保护相互竞争的医院等医疗服务提供者之间的并购和其他合作,使其免于联邦反托拉斯法规

---

① FTC, Budget Justifications and Reports, http://www. FTC. gov/about-FTC/budgets/financial-documents; Fiscal Year 2014 Performance Report and Annual Performance Plan for Fiscal Years 2015 and 2016, https://www. FTC. gov/system/files/documents/reports/1 – fy – 2015 – 2016 – performance-plan-fy – 2014-performance-report/pprfy15 – 16. pdf.

② FTC, Commissioners, http://www. FTC. gov/about-FTC/commissioners.

③ FTC, Bureau of Economics, https://www. ftc. gov/about-ftc/bureaus-offices/bureau-economics.

④ FTC, Advocacy, https://www. FTC. gov/policy/advocacy.

制的倾向,联邦贸易委员表示将会持续加强竞争倡导。联邦贸易委员会认为,各州试图保护前述行为的努力是多余的。反托拉斯法允许促进竞争、有利于消费者的合作行为,而各州立法仅仅是为了保护限制竞争、导致消费者支付高价却没有任何抵销性利益的行为。

2015 年 10 月,联邦贸易委员会发布了关于州立监管委员会反垄断合规的指导意见。北卡罗来纳州牙医协会诉联邦贸易委员会一案关注的一个主要问题是北卡罗来纳州的牙医协会是否享有州政府豁免权。在 Parker v. Brown(1943)判决中,联邦最高法院豁免"州的行为"不受反垄断法起诉,在其后的一系列判例里,联邦最高法院相当明确地定义了哪些行为算是州的行为。该案中,联邦最高法院认为北卡罗来纳州牙医协会作为一个州立机构,不能得到反垄断法的豁免。该协会禁止无牙医执照的非专业人士与专业的牙医竞争为大众提供牙齿美白服务。联邦最高法院认为反垄断法适用于参与市场活动的州立机构和管理委员会。[①]在此背景下,各州开始向联邦贸易委员会寻求有关州立委员会的反垄断合规建议。作为回应,联邦贸易委员会于 2015 年 10 月发布了相关的指导意见。[②]

(2)就汽车经销和太阳能分布式发电中的竞争问题举办研讨会

通过研究和学术活动,联邦贸易委员会努力加深理解其监管范围内的市场,进一步研究动态竞争,加强对未来反托拉斯政策发展的预测,考察市场发展趋势对消费者购买商品和服务的影响。2016 年,联邦贸易委员会就前沿竞争问题举办了两次研讨会。

2016 年 1 月,联邦贸易委员会举行公开研讨会,讨论汽车经销市场的状态和未来发展趋势,参会人员包括经济学家、律师、业界代表,议题涉及汽车

① FTC, Reflections on the Supreme Court's North Carolina Dental Decision and the FTC's Campaign to Rein in State Action Immunity, https://www.ftc.gov/public-statements/2015/03/reflections-supreme-courts-north-carolina-dental-decision-ftcs-campaign.

② FTC Staff Guidance on Active Supervision of State Regulatory Boards Controlled by Market Participants, https://www.ftc.gov/system/files/attachments/competition-policy-guidance/active_supervision_of_state_boards.pdf.

直销、保修赔付、未来汽车技术以及互联汽车中的竞争和消费者保护问题。汽车经销研讨会的召开是基于联邦贸易委员会此前在汽车经销领域多年的竞争倡导努力，由于新车销售州立法的严格管制，美国不少的州立法禁止汽车制造商直销新车，联邦贸易委员会认为这类立法具有潜在的反竞争效果。①

2016 年 6 月，联邦贸易委员会就太阳能分布式发电中的竞争问题举办研讨会。太阳能分布式发电涉及家庭安装的太阳能板，各州监管机构正在激烈讨论恰当的监管措施和分布式发电费率问题。在研讨会上，专家们讨论太阳能产业和技术的发展，目前太阳能分布发电的补偿和收益模式，以及消费者在购买太阳能板时可能面临的消费者权益保护问题。②

(3)发布专利主张实体研究报告

高科技领域的反垄断与知识产权保护的交集越来越多，对竞争和消费者的影响深远，因而成为联邦贸易委员会执法重点之一。联邦贸易委员会对 25 家专利主张实体(patent assertion entities，PAE)和 15 家其他相关实体开展研究，并于 2016 年 10 月发布了 PAE 报告。该报告分析了 PAE 商业模式，提出改革专利诉讼的建议，对其他政府机构、学界和业界提供指导。此前关于 PAE 的官方和学术研究是基于公开的诉讼数据，本次报告，联邦贸易委员会首次根据《联邦贸易委员会法》所赋予的权力，直接从 PAE 获得非公开数据，更深入地理解 PAE 业务组织、收购交易，以及许可条款和数据，旨在更深入地理解 PAE 商业模式，提高政策对话的质量。③

---

① FTC，Auto Distribution：Current Status and Future Trends，https://www. ftc. gov/news-events/events-calendar/2016/01/auto-distribution-current-issues-future-trends.

② FTC，Something New Under the Sun：Competition & Consumer Protection Issues in Solar Energy，https://www. ftc. gov/news-events/events-calendar/2016/06/something-new-under-sun-competition-consumer-protection-issues.

③ Patent Assertion Entity Activity：An FTC Study，https://www. FTC. gov/reports/patent-assertion-entity-activity-FTC – study；https://www. FTC. gov/news-events/press-releases/2016/10/FTC-report-sheds-new-light-how-patent-assertion-entities-operate.

二、联邦反托拉斯机构典型执法活动

(一)横向垄断协议

严惩违法行为是反托拉斯局的长期工作重点。关于反托拉斯局卡特尔查处工作概览,参见《中国竞争法律与政策报告(2014年)》第六章第一节的相关内容。反托拉斯局的刑事执法受联邦调查局、国税局、国防刑事调查处、邮政署总监察官、商务部等联邦机构的支持。

2015财年,反托拉斯局在查处跨国卡特尔工作,特别是与国际和国内执法机构合作方面继续取得实质进展,对公司和个人的起诉记录主要针对金融业和汽车零部件卡特尔调查,收获巨大。全年共有20家公司、66名个人受到刑事指控,8人因违反联邦反托拉斯法被判刑。全年罚金总额达到39亿美元,其中有28亿美元来自查处金融机构操纵外汇汇率,其余主要来自汽车零部件卡特尔调查中涉案公司缴纳的罚金。①严厉的公司及个人刑事责任和引渡制度为美国反托拉斯执法提供了充分的威慑力,确保了惩处卡特尔的效力;高昂的违法成本则促使企业主动合法合规经营,促进竞争和效率,减少消费者福利损失。

1. 刑事执法数据和趋势

表6-1 反托拉斯刑事罚金数据(2005~2015年)②

财年	罚金总额(亿美元)
2005	3.38
2006	4.73
2007	6.3
2008	7.01
2009	10

① DoJ, Criminal Program Update 2016, http://www.justice.gov/atr/division-update.

② Criminal Enforcement Trends Charts, https://www.justice.gov/atr/criminal-enforcement-fine-and-jail-charts.

续表

财年	罚金总额（亿美元）
2010	5.55
2011	5.24
2012	11.4
2013	10
2014	13
2015	36

个人刑事责任是反托拉斯局刑事执法强大威慑力的另一个来源。《谢尔曼法》规定对违反该法的个人最高可判罚监禁10年，罚金100万美元。自20世纪90年代，反托拉斯局通过刑事执法对个人判处监禁的案件数比之前提高了2倍，个人刑期的长度比之前提高了3倍。表6－2列出了1990～2015年年平均受个人刑事指控人数和被判监禁的平均刑期。[①]

表6－2　反托拉斯个人刑事责任数据（1990～2015年）[②]

年	年平均受个人刑事指控数（人）	被判监禁的平均刑期（月）
1990～1999	13	8
2000～2009	21	20
2010～2015	29	24

2. 汽车零部件卡特尔[③]

反托拉斯局与联邦调查局针对汽车零部件卡特尔的调查仍在继续，截至2016年11月初，已有47家公司和65名高管被指控通过固定价格、分割市场、串通投标等行为参与汽车零部件卡特尔，侵害了美国消费者的利益。

---

① DoJ, Criminal Program Update 2016, http://www.justice.gov/atr/division-update; Criminal Enforcement Trends Charts, https://www.justice.gov/atr/criminal-enforcement-fine-and-jail-charts.

② Criminal Enforcement Trends Charts, https://www.justice.gov/atr/criminal-enforcement-fine-and-jail-charts.

③ DoJ, Criminal Program Update 2016, http://www.justice.gov/atr/division-update.

汽车零部件卡特尔调查总罚金迄今累计已达 29 亿美元,其中 26 名高管已认罪并被判处 1 年至 2 年监禁。涉案公司主要包括:丰田合成株式会社(Toyoda Gosei Co. Ltd.)、三菱电机公司(Mitsubishi Elec. Corp.)、日立汽车系统公司(Hitachi Automotive Supply Ltd.)、普利司通(Bridgestone)、捷太格特(Jtekt Corp.)、三叶电机(Mitsuba Corp.)、三菱重工(Mitsubishi Heavy Industries)、日本精工(NSK)、日本 T. RAD 公司、法雷奥集团(Valeo Japan)、山下橡胶(Yamashita Rubber)、松下集团(Panasonic Corp.)、三洋电机(SANYO)、矢崎(Yazaki)、电装(DENSO Corp.)、古河电器(Furukawa Electric)、臼井国际产业株式会社(Usui Kokusai Sangyo Kaisha Ltd.)等。

3. Libor 汇率操纵案①

2016 年 3 月,美国司法部发布新闻,称两名前荷兰合作银行衍生品交易员 Anthony Allen、Anthony Conti 因操纵伦敦银行同业拆借利率(London Interbank Offered Rates,Libor)中美元和日元汇率,分别被纽约南区法院处以 24 个月监禁和 12 个月零 1 天监禁。Conti 针对地区法院的判决向美国第二巡回法院提起上诉。

反托拉斯局称,Allen 和 Conti 被授权设定 Libor 汇率使银行非法获得高额利润,损害了美国金融市场的完整性以及公众对于金融体系公正性的信心。该案展示了反托拉斯局致力于与国内外执法机构合作,使金融类罪犯对其行为负刑事责任的决心,以确保全球投资者市场的完整性。反托拉斯局局长比尔·巴尔指出,司法部将继续追查金融机构管理层,让其为公司不法行为负法律责任。通过与司法部刑事局和联邦调查局的合作,反托拉斯局将继续关注欺诈与共谋行为,以确保市场自由和公平竞争。

4. 房屋公开拍卖串通投标案②

2016 年 9 月,反托拉斯局发布公告,宣布 10 名房地产投资人因在房屋

---

① Division Achieves Important Milestones in Financials Industry Cleanup, https://www.justice.gov/atr/division-operations/division-update-2016/milestones-financial-industry-cleanup.

② Prosecuting Collusion and Fraud at Real Estate Foreclosure Auctions, https://www.justice.gov/atr/division-operations/division-update-2016/real-estate-foreclosure-auctions.

公开拍卖(public foreclosure auctions)中实施串通投标行为而受到刑事处罚,刑事罚金、赔偿金共计约600万美元。房屋公开拍卖是指房屋所有人无力偿还贷款时,贷款人将房屋拍卖以偿还贷款的行为,所拍款项在偿付贷款及其他债务后,剩余款项归房屋所有人。反托拉斯局称投资人串通投标的行为限制了拍卖市场的竞争,损害了银行及房屋所有人的利益。

反托拉斯局已就房地产公开拍卖的串通招投标及欺诈行为对另外23个位于亚特兰大地区的被告展开调查,其中21个被告已经或即将同意认罪。除了乔治亚州,反托拉斯局也在阿拉巴马、北卡罗来纳以及加利福尼亚展开类似案件的调查。超过100个被告已经被提起诉讼,或已经就参与有关房地产拍卖的串通招投标行为认罪。

5. 苹果电子书案①

苹果电子书案的起源可追溯至2009年,当时亚马逊Kindle占据了美国电子书市场约90%的份额,亚马逊将大多数电子书的价格定为每本9.99美元。苹果公司计划通过iBooks增加iPad的销量。出版商非常希望苹果公司进入电子书市场,纷纷表示与苹果公司制定更低的价格策略,以削弱亚马逊的垄断地位。2009年,苹果公司与5家出版商(Hachette Book Group、Harper Collins Publishers、Macmillan、Penguin Group、Simon & Schuster)达成协议,引入"代理定价模式"。iBooks的出现使亚马逊无法压低出版商的价格,电子书价格一度从9.99美元涨至12.99美元甚至14.99美元。

2012年,美国33个州的消费者针对苹果公司以及全美五大电子书出版商提起的电子书侵犯反垄断法的诉讼,同年司法部介入,指控被告共谋控制价格,给消费者带来了损失。2013年,地区法院判决要求苹果向用户支付4.5亿美元赔偿金。之后苹果一路上诉最终至联邦最高法院。2015年10月,联邦最高法院驳回苹果公司的上诉,维持原判。本案值得注意的一点

① DoJ, Division's Suit Against Apple Successfully Concludes After Supreme Court Rejects Cert. Petition, https://www.justice.gov/atr/division-operations/division-update-2016/division-suit-against-apple-successfully-concludes-after-supreme-court-rejects-cert-petition.

是,苹果公司与 5 家出版巨头达成的协议存在转售价格维持问题。但司法部的起诉针对的是横向卡特尔,认为涉嫌违法行为本质是苹果公司和出版商之间共谋定价模式导致的横向垄断问题。其中存在的转售价格维持被认为实现横向垄断的手段,是卡特尔的副产品和组成部分,属于形式而非实质问题。

2016 年 3 月,联邦最高法院裁定,苹果必须要支付 4.5 亿美元的赔偿金,其中 4 亿美元将支付给电子书消费者,3000 万美元为相关法律费用,另外 2000 万美元付给涉及此案的 33 个州。根据和解协议,消费者将获得 2 倍的损失赔偿,相当于每本电子书(绝大部分)赔偿 1.57 美元,部分最畅销电子书的赔偿费用为每本 6.93 美元。苹果公司将以 Store Credit(存入用户购买电子书的账户里)或支票形式,向 iBooks 电子书用户支付赔偿金。

(二)纵向限制

1. 纵向价格限制

2007 年美国联邦最高法院 *Leegin* 案判决之后,美国出现通过州反垄断法挑战 *Leegin* 案判决的趋势。与州执法活动相比,联邦层面针对纵向价格限制的行政执法略显宽松,但并非放任自流。参见《中国竞争法律与政策报告(2015 年)》第六章第一节的相关内容。

Leegin 案判决迄今已近 10 年。仅有极少数针对转售价格限制的案件诉至联邦最高法院。比较具有代表性的一起诉讼是强生隐形眼镜案(Costco Wholesale Corp V. Johnson & Johnson Vision Care, Inc)。[①] Costco 是一家大型连锁零售企业,该公司诉称强生视觉护理公司(JJVC)就强生隐形眼镜的最低零售价格与护眼专家、批发商和零售商达成共谋。该案诉至佛罗里达州中区联邦地区法院。Costco 指称,根据 JJVC 实施的所谓"单方定价政策",如果零售商在零售中低于 JJVC 设置的最低价,JJVC 将停止供货。Costco 诉称 JJVC 的定价政策违反《谢尔曼法》第 1 条、加州和马里兰州反托拉斯法相关条款以及纽约州《普通商业法》中的一款。JJVC 辩称其定价政

① 2015 U. S. Dist. LEXIS 168581(M. D. Fla. 2015).

策是单方行为，该政策的执行并非基于 JJVC 与护眼专家、批发商和零售商达成的任何协议。

佛罗里达州中区联邦地区法院指出，应根据合理原则评估 JJVC 与转售商之间的任何纵向协议的合法性。因此，法院指出 Costco 需要证明：(1) JJVC的行为对相关市场造成的反竞争影响；(2) JJVC 的行为缺乏任何促进竞争的利益或正当化理由。基于此，法院分析了 Costco 起诉书的充分性。法院认定 Costco 作为该案原告具有合格的反托拉斯诉由，支持 Costco 关于相关商品市场包括视觉护理产品批发市场和零售市场，相关地域市场是美国市场的界定。由于美国市场上仅有 4 家隐形眼镜制造商，JJVC 占有 43% 的市场份额，法院认可原告关于被诉行为对相关市场的竞争和消费者产生了实质和潜在损害的主张。法院拒绝了 JJVC 关于定价政策是单方行为的主张，指出如果原告最终能证明其诉求，则意味 JJVC 分别与护眼专家、批发商和零售商达成纵向固定价格的共谋。

2. 纵向非价格限制①

2016 年 7 月，联邦贸易委员会向 Invibio 公司发出指令，禁止该公司与客户签署排他协议而限制客户多源采购。Invibio 专门制造高性能聚合物聚醚醚酮（Polyetheretherketone，PEEK），其产品被全球大型医疗器械制造商用于制作脊柱植入管和其他医用植入管。联邦贸易委员会称，Invibio 公司通过长期实施排他合同，限制医疗器械制造商选择 Invibio 竞争者的产品，因此非法维持在用于脊柱植入管和其他医用植入管的高性能聚合物市场的垄断地位。联邦贸易委员会表示，指令的目的在于促进价格竞争，激励创新，并使医疗器械制造商在 PEEK 供应商中能进行有效的选择。

（三）合并控制

并购交易在促进市场发展的同时，有可能对有效竞争造成严重损害，特

① FTC Approves Final Order Settling Monopolization Charges Against Supplier of High-Performance Polymer for Medical Implants, https://www. ftc. gov/news-events/press-releases/2016/07/ftc-approves-final-order-settling-monopolization-charges-against.

别是竞争者之间的横向并购直接消灭了竞争对手。美国反垄断执法机构对严重限制竞争的并购交易对症下药，通过附加限制性条件，如剥离资产、剥离股份、变更长期排他性合同、许可使用知识产权和基础设施，积累了大量有益经验，在保障企业自由发展与维护市场有效竞争之间寻求平衡。

1. 发布第 38 期 HSR 年度报告①

2016 年 8 月，联邦贸易委员会联合司法部反托拉斯局发布了第 38 期《HSR 年度报告》（the 38th Annual Hart-Scott-Rodino Report），提供了 2015 财年 HSR 申报数据。报告指出，2015 财年期间，申报交易达 1801 起，相较于 2014 财年的 1663 起提升了 8.3%。报告总结了美国反垄断执法机构的并购审查活动，强调了为确保各类重点行业有效竞争而采取的 42 次并购反垄断执法活动，所涵盖的行业包括消费品和服务、医药、医院、高科技和工业产品以及能源。

2. 通用电气中止向伊莱克斯出售 33 亿美元电器业务②

2015 年 12 月，通用电气宣布中止向伊莱克斯出售旗下的电器业务。此项价值 33 亿美元的交易在 2014 年 9 月达成。2015 年 7 月，司法部反托拉斯局要求伊莱克斯和通用电气中止此项交易，质疑收购完成后将会削弱市场竞争，并抬高美国市场厨具电器的价格。

反托拉斯局认为，在美国烤炉及烤箱市场中（销售对象为大型建筑商和物业管理者），伊莱克斯、通用电气和惠而浦三家共占有 90% 的份额，伊莱克斯和通用电气合并此项业务将违反反托拉斯法。通用电气与伊莱克斯间的竞争有利于厨具电器领域的消费者。若不终止该项并购，伊莱克斯在美国将会独占 2/3 的市场份额，将导致产品价格提升 5% 以上。来自司法部反托拉斯局的质疑使通用电气最终中止了拟议交易。

---

① FTC Bureau of Competition and DoJ Antitrust Division, Hart-Scott-Rodino Annual Report Fiscal Year 2015: https://www.ftc.gov/system/files/documents/reports/federal-trade-commission-bureau-competition-department-justice-antitrust-division-hart-scott-rodino/160801hsrreport.pdf.

② GE AND ELECTROLUX WALK AWAY FROM ANTICOMPETITIVE COOKING APPLIANCE MERGER BEFORE FOUR-WEEK TRIAL ENDS, https://www.justice.gov/atr/division-operations/division-update-2016/ge-electrolux-walk-away-anticompetitive-appliance-merger.

3. 通用电气以54亿美元向海尔出售电器业务获批[1]

2016年3月,司法部反托拉斯局批准通用电气以54亿美元向海尔出售电器业务。通用电气决定出售电器业务的原因是其一直尝试剥离商品化的、利润率低下的业务类别,转而生产更多的高科技工业产品,如动力涡轮机、喷气发动机和油气设备。

司法部反托拉斯局曾在2015年起诉,旨在阻止通用电气将其电器业务出售给瑞典伊莱克斯公司,导致通用电气与2015年12月中止该交易,随后于2016年1月与海尔集团达成了此笔交易。2016年年初,海尔集团在美国市场上的业务量非常微小,通用电气已于2016年中期完成了该交易。

4. 百威英博收购南非米勒获附条件批准[2]

2016年7月,司法部反托拉斯局宣布与百威英博(Anheuser-Busch InBev)达成和解协议,将附条件批准百威英博收购南非米勒(SABMiller)。和解协议要求百威英博剥离南非米勒在美国境内的全部业务,包括南非米勒在MillerCoors中的所有权权益,在美国境内酿造并销售南非米勒啤酒的权利,以及在全球范围内与米勒啤酒品牌相关的权利。

该和解协议将防止美国啤酒市场上出现过度集中的现象。和解协议同时还禁止百威英博从事可能会限制独立啤酒经销商销售、促销百威英博竞争对手的啤酒(包括高端工艺和进口啤酒)的能力和具有此动机的行为。此外,和解协议阻止百威英博继续收购啤酒经销商或啤酒酿造公司,包括不需要提交HSR申报的工艺啤酒酿造公司的收购。

---

① GE gets anti-trust approval to sell appliance unit to Haier, http://www.businessinsider.com/r-ge-gets-anti-trust-approval-to-sell-appliance-unit-to-haier - -2016-3.

② Justice Department Requires Anheuser-Busch InBev to Divest Stake in MillerCoors and Alter Beer Distributor Practices as Part of SABMiller Acquisition, https://www.justice.gov/opa/pr/justice-department-requires-anheuser-busch-inbev-divest-stake-millercoors-and-alter-beer.

5. 因违反 HSR 申报规则,ValueAct 被罚 1100 万美元①

2016 年 7 月,司法部反托拉斯局宣布,因违反 HSR 有关申报和等待期的规定,ValueAct 同意支付 1100 万美元的罚款与美国司法部达成和解。作为和解协议的一部分,ValueAct 还同意禁令救济,以防止预期违法行为。

2014 年 11 月 17 日,世界三大油田产品和服务提供商之二的哈里伯顿和贝克休斯宣布合并,该笔交易预估价值为 350 亿美元。之后,作为投资公司的 ValueAct 买入价值超过 25 亿美元的哈里伯顿和贝克休斯的有投票权的股份,但并未履行 HSR 申报义务。加利福尼亚州北区地方法院认为,ValueAct 买入这些股票的意图在于影响相关公司的商业决策,包括并购、公司重组、定价、生产能力和产出,因此不能以"仅以投资目的"为由享受申报豁免。

6. 联邦贸易委员会附条件批准恩智浦收购飞思卡尔②

2016 年 1 月,联邦贸易委员会通过恩智浦(NXP)收购飞思卡尔(Freescale)的最终决定,认为该收购可能损害全球范围内射频功率放大器市场内的竞争,恩智浦需要将部分业务剥离,并出售给北京建广资产管理有限公司。我国商务部于 2015 年 11 月 25 日发布公告,附条件通过了该项收购。

第二节　欧盟竞争法律与政策最新进展*

自 2015 年以来,欧盟经济在经济和财政危机后缓慢复苏,为了建立持续发展的坚实基础以及创造足够的就业,欧盟需要恢复它的投资水平,尤其是

① Justice Department Obtains Record Fine and Injunctive Relief against Activist Investor for Violating Premerger Notification Requirement, https://www. justice. gov/opa/pr/justice-department-obtains-record-fine-and-injunctive-relief-against-activist-investor.

② FTC Requires NXP Semiconductors N. V. to Divest RF Power Amplifier Assets as a Condition of Acquiring Freescale Semiconductor Ltd. ,https://www. ftc. gov/news-events/press-releases/2015/11/ftc-requires-nxp-semiconductors-nv-divest-rf-power-amplifier.

* 本节撰写人为岑兆琦、洪露申。岑兆琦,法学博士,中伦律师事务所合伙人。洪露申,法学硕士,中伦律师事务所律师。

在研究、开发、创新等战略性领域。而健全的竞争政策能够创造出鼓励投资和创新的良好环境，从而帮助欧盟实现上述目标。本节对欧盟的竞争法律和执法中的重要案例进行阐述，概括了 2015 年 7 月以来欧盟竞争法律与政策方面的主要发展。

一、欧盟竞争立法的新发展

2015 年 7 月以来，通过制定和颁布一系列指南，欧盟委员会进一步完善了竞争立法。具体而言，在实体方面，欧盟委员会在 2013 年共同农业政策改革方案的基础上，出台了《关于橄榄油、牛肉、种植作物联合销售的指南》，进一步明确了欧盟反垄断法农业豁免条款的适用情形；在程序方面，欧盟委员会通过制定和颁布一系列程序性指南，提高了执法的透明度，给企业和法律职业者更加明确的预期和指导。

（一）农业新指南的出台①

2015 年 11 月 27 日，欧盟委员会正式出台了《关于橄榄油、牛肉、种植作物联合销售的指南》，②进一步明确了欧盟反垄断法中的农业豁免条款在上述特定农产品市场中的适用问题。

根据《欧盟运行条约》第 101 条和第 103 条的规定，横向垄断协议通常是被禁止的，除非该协议能够改进生产或者分销的效率，同时使消费者能够分享到协议所带来的益处。对于上述条款在具体领域如何适用，欧盟委员会通常会制定具有针对性的规则。早在 2013 年，欧盟就出台了共同农业政策改革方案（Common Agricultural Policy Reform，2013），引进了一系列规范欧洲农民合作经营的新条款。该方案旨在提升欧洲农业的竞争力以及可持续发展能力，增强欧洲农民对买家的议价发言权，同时保留以市场为导向的

① See http://europa.eu/rapid/press-release_IP - 15 - 6187_en.htm; http://europa.eu/rapid/press-release_MEMO - 15 - 6188_en.htm.

② *Guidelines on the application of the specific rules set out in Articles* 169, 170 *and* 171 *of the CMO Regulation for the olive oil, beef and veal and arable crops sectors* (2015/C 431/01), http://eur-lex.europa.eu/legal-content/EN/TXT/HTML/? uri = CELEX:52015XC1222(01)&from = EN.

方针。在欧盟市场中,橄榄油、牛肉、种植作物市场的市值每年都突破 800 亿欧元,因此,欧盟对上述具体产品市场格外重视。在此背景下,2014 年,欧盟委员会就开始着手起草针对上述三种产品的具体指南,2015 年 1 月至 5 月,欧盟就该指南公开征求意见,并进行进一步的评估和修改,最终于 2015 年 11 月正式出台。这一新指南正是对 2013 年改革方案的一项补充。

新指南明确了在何种条件下,橄榄油、牛肉、种植作物的生产者可以进行联合销售活动,通过经认可的组织共同设定价格、产量以及其他交易条件。具体而言,生产者的联合销售享受反垄断法上的豁免需要满足以下条件:第一,联合销售活动必须通过本国反垄断执法机构所认可的生产者组织或者行业协会组织来进行;第二,联合销售的产品数量不能超过特定的比例,牛肉、种植作物的联合销售数量不能超过本国市场的 15%,橄榄油的联合销售数量不能超过本国市场的 20%;第三,上述组织除联合销售外,还必须同时承担其他的相关活动,如仓储和分销;第四,上述第三点所提及的其他相关活动必须能够显著提升在该市场上农业生产者的竞争力。为了方便农业生产者的理解,该指南也提供了清晰的思路流程图,并针对每一种产品提供了相应的案例,使农业生产者能够清楚地判断自身的行为能否获得反垄断豁免。

(二)程序性指南的制定和颁布

2015 年 7 月以来,为了进一步增强执法的透明度,以及给予企业和法律职业者更加清晰的引导,从而调高可预见性和效率,欧盟委员会先后制定并颁布了一系列的程序性指南。

在新颁布的程序性指南中,欧盟委员会通过两个指南对其自身作出的竞争执法决定如何公开的问题作出了进一步的澄清,即《关于欧盟委员会 2003/1 号条例第 7 条到第 10、23、24 条下反垄断调查执法决定公开版本处理的指南》[①]《关于欧盟委员会并购条例下反垄断申报决定公开版本处理的指南》。[②] 这两个指南详细地规定了欧盟委员会将如何就其反垄断调查和并购反垄断申报的执法决定来准备用于公开的非保密版本，具体而言包括哪些信息企业可以主张要求作保密处理，企业该如何证明自己的保密主张，哪些信息欧盟委员会可以自主决定作保密处理，以及上述过程需要遵循的程序。

另一个程序性指南是 2016 年 10 月 10 日欧盟委员会颁布的《在反垄断调查案件程序中如何通过电子方式提交相关文件的建议》，[③]对案件相关方通过电子方式提交相关文件的途径、格式、数据加密、命名、语言和非保密处理等方面进行了细致的规定。根据该建议，欧盟委员会允许在案件中通过以下四种电子方式提交相关文件：第一，通过电子邮件提交；第二，通过欧盟委员会设立的电子文件平台 eTrustEx 提交；第三，针对欧盟委员会提交信息的要求，案件相关方可以通过欧盟委员会设立的电子问卷平台（e-questionnaire）提交；第四，在上述三种方式均无法实现时，案件相关方可以通过数据设备（如 U 盘、刻录光盘）通过邮寄的形式进行提交。就文件的语言问题而言，该建议规定，如果文件的原始语言非欧盟语言，案件相关方必须提供案件程序适用语言的翻译；如果文件的原始语言为欧盟语言，但是并非案件程序适用的语言，则案件相关方被建议提交案件程序使用语言的翻译。

二、欧盟委员会竞争执法的主要案例

自 2015 年 7 月以来，欧盟委员会通过积极的执法，进一步规范了各行业

---

① Guidance on the preparation of public versions of Commission Decisions adopted under Articles 7 to 10, 23 and 24 of Regulation 1/2003, See http://ec. europa. eu/competition/mergers/legislation/guidance_on_preparation_of_public_versions_mergers_26052015. pdf.

② Guidance on the preparation of public versions of Commission Decisions adopted under the Merger Regulation, See http://ec. europa. eu/competition/antitrust/guidance_on_preparation_of_public_versions_antitrust_04062015. pdf.

③ Recommendations for the Use of Electronic Document Submissions in Antitrust and Cartel CaseProceedings, See http://ec. europa. eu/competition/contacts/electronic_documents_en. pdf.

的竞争秩序,也体现出了其对各行业的竞争政策和导向。以下将分别阐述欧盟委员会针对 ICT 和媒体、能源和环境、汽车、金融、运输和邮政、基础工业和制造业、食品和农业等重要行业的竞争执法主要案例。

(一)ICT 和媒体行业

1. 谷歌涉嫌滥用搜索市场及搜索广告中介市场支配地位案①

该调查始于 2010 年 11 月,欧盟委员会收到数家企业的举报后,开始调查谷歌公司可能的滥用市场支配地位的行为,2015 年以来,该案取得了新的进展。

在该案中,欧盟委员会认为,谷歌公司在以下两个细分市场中具有市场支配地位。第一,谷歌公司的旗舰产品是普通网络搜索,即谷歌公司通过其网络搜索引擎,根据消费者输入的搜索关键词,向消费者提供相关的免费网络搜索结果以及网络广告。欧盟委员会调查发现,在过去 10 年,谷歌公司在欧盟经济区的普通网络搜索市场中占据了高达 90% 的市场份额,具有市场支配地位。第二,谷歌公司除了在自己的谷歌搜索网站上布置广告外,也作为中介,通过其设立的"AdSense for Search"平台,在第三方网站上布置广告。这些第三方网站包括在线零售商、电信运营商和报纸的网站。这些网站通常会设置搜索框,来方便浏览网站的用户搜索相关的信息,谷歌公司通过其技术服务,使用户输入关键词后,搜索到的除了相关的结果外,还包括网络广告。欧盟委员会调查发现,在过去 10 年,谷歌公司在欧盟经济区的网络广告中介市场上占据了高达 80% 的市场份额,具有市场支配地位。

在欧盟反垄断法下,具有市场支配地位本身并不违法,但具有市场支配地位的经营者负有不滥用其市场支配地位来限制竞争的义务。欧盟委员会认为,谷歌公司存在滥用上述两个市场的支配地位的行为。

第一,谷歌公司滥用其在普通搜索市场上的支配地位,当网络用户在谷歌搜索网站上搜索在线比较购物服务时,通过其搜索技术,在其搜索结果中进行差别待遇,将自己的比较购物服务 Google Shopping 在结果页上出现的

① See http://europa.eu/rapid/press-release_IP-16-2532_en.htm.

顺序提前,将其他企业的比较购物服务排列靠后,从而获得了不正当的竞争优势,削弱、排除了该市场上的竞争。欧盟委员会也担心,在这种情况下,消费者可能无法得到最为相关的搜索结果,损害了消费者的利益,也阻碍了创新。因此,欧盟委员会就此问题在 2015 年 4 月向谷歌公司发出了第一份异议声明,[①]谷歌公司于 2015 年 8 月作出了答复,随后在 2016 年 7 月,欧盟委员会就此问题向谷歌公司发出了补充异议声明,目前案件尚在进一步调查中。

第二,在与上述第三方网站的合作中,谷歌公司与其中一些大型第三方网站(谷歌称其为 Direct Partner)签署了协议,在协议中规定了以下条款,滥用其支配地位,限制了竞争:(1)要求第三方网站不能将谷歌竞争者的搜索广告作为搜索信息来源;(2)要求第三方网站在其搜索信息来源中必须包括一定数量的谷歌搜索广告,设定了最低限额,同时预定了第三方网站搜索结果页中最显眼的位置来布置自己的搜索广告,不允许第三方网站在谷歌公司的搜索广告前面或者相邻的位置布置其他竞争者的广告;(3)要求第三方网站在更改其他竞争者搜索广告的布置前,须先征得谷歌公司的同意。欧盟委员会认为,上述行为持续长达 10 年,限制、排挤了现有的以及潜在的竞争者,损害了这一重要商业市场上的竞争。2016 年 7 月 14 日,欧盟委员会正式就此问题向谷歌公司发出了异议声明,目前案件尚在进一步调查中。

2. 高通涉嫌滥用基带芯片市场支配地位案[②]

2015 年 12 月 8 日,欧盟委员会向世界上最大的基带芯片提供商高通公司发出了两份异议声明,初步认为,高通公司涉嫌滥用其在 3G(UMTS)和 4G(LTE)基带芯片市场上的支配地位,违反了欧盟的反垄断法规。

欧盟委员会的第一份异议声明指出,自 2011 年起,高通公司向一家智能手机和平板制造商支付了大笔款项,使其只采用高通的基带芯片。欧盟委

---

① See http://europa.eu/rapid/press-release_IP-15-4780_en.htm. 同时参见《欧盟竞争法律与政策最新进展》,载《中国竞争法律与政策研究报告 2015 年》,法律出版社 2016 年版,第 227~228 页。

② See http://europa.eu/rapid/press-release_IP-15-6271_en.htm.

员会初步认定这一行为限制了制造商从高通的竞争对手处获取同类芯片,从而阻碍了 UMTS 和 LTE 基带芯片市场的竞争和创新。高通和制造商签订的包含上述排他性支付条款的合同目前依然有效。

欧盟委员会在第二份异议声明中初步认定,2009 年至 2011 年,高通公司涉嫌"掠夺性低价",即以低于成本的价格销售部分基带芯片,从而阻碍相关市场的竞争。当竞争对手 Icera 凭借其先进的数据速率性能在相关市场上对高通公司造成威胁时,高通公司便采取了上述措施。欧盟委员会初步认定,高通公司以低于成本的价格向它的两个客户销售了一定数量的 UMTS 基带芯片,意图将 Icera 排挤出相关市场。目前,案件尚在进一步调查中。

3. 谷歌涉嫌滥用安卓操作系统市场支配地位案①

2016 年 4 月 20 日,欧盟委员会向谷歌和其母公司 Alphabet 发出异议声明,初步认定谷歌在欧盟市场中滥用安卓操作系统的市场支配地位,违反欧盟反垄断规则,对想要获得 Android 授权的手机制造商和电信营运商加诸不合理限制。

根据欧盟委员会的相关数据,谷歌在欧洲经济区一般互联网搜索服务市场、许可智能手机操作系统市场和安卓手机操作系统下的应用商店市场有超过 90% 的市场份额,具有市场支配地位。在本案中,欧盟委员会初步认定,谷歌要求硬件厂商在它们的设备上预装谷歌产品,并在一些情况下要求它们在设备上将谷歌产品设为默认或唯一选择。欧盟委员会还指控谷歌禁止硬件厂商出售运行竞争对手利用 Android 开源代码编写的操作系统的智能移动设备,只要硬件厂商和移动网络运营商在它们的移动设备上只预装谷歌搜索服务,谷歌就同意为它们提供财务奖励。这些行为损害了其他竞争者以及消费者的利益。目前,案件尚在进一步调查中。

(二)能源和环境行业

1. 保加利亚能源滥用电力批发市场支配地位案②

该案的调查始于 2012 年 11 月 27 日,在 3 年多的调查后,欧盟委员会于

---

① See http://europa.eu/rapid/press-release_IP-16-1492_en.htm.

② See http://europa.eu/rapid/press-release_IP-15-6289_en.htm.

2015 年 12 月 10 日接受了保加利亚能源控股公司(Building Energy Holding, BEH)提出的一系列承诺方案,结束了调查程序。

保加利亚能源控股公司是保加利亚的一家国有纵向一体化能源公司,是保加利亚主要的电力供应商。欧盟委员会认为,该公司在电力批发市场上具有市场支配地位。欧盟委员会此前认为该公司可能滥用其在电力批发销售市场的支配地位,在与下游电力零售商的供应合同中附加了地域限制,要求其所出售的电力仅能在保加利亚境内出售,或者只能用于出口。欧盟委员会于 2014 年 8 月 12 日向该公司发出异议声明。①

保加利亚能源控股公司为此作出了一系列承诺:它将通过保加利亚一家新建的电力交换设施,在独立的交易市场上提供一定数量的电力。而该电力交易市场将保证电力的匿名交易,电力供应商无法追踪电力销售的去处,从而也无法再施加电力转售的地域限制。保加利亚能源控股公司将与具有专业经验的第三方联合建立上述电力交换设施,然后将该设施的所有权让渡给保加利亚财政部。除此之外,它将通过该电力交换设施提供规定的最低数量的电力,为期 5 年。欧盟委员会认为上述承诺方案终结上述限制,使保加利亚的电力批发市场更加开放和透明。

2. 生物燃料卡特尔②

该案始于 2013 年 5 月,欧盟委员会对生物燃料领域开展未公开的反垄断核查,于 2014 年 10 月和 2015 年 3 月分别进行进一步的核查。2015 年 12 月 7 日,欧盟委员会正式对 3 家乙醇制造商——西班牙 Abengoa S. A. 公司、比利时 Alcogroup SA 公司和瑞典 Lantmännenekför 公司以及他们的子公司立案调查。

乙醇是一种从生物质(如小麦、玉米、甜菜)中提取的酒精,主要添加于汽油,以及作为一些机动车辆的生物燃料使用。在欧盟,价格报告机构 Platts 会根据市场的实际报价定期公布乙醇的基准价格。在本案中,欧盟委员会

---

① See http://europa. eu/rapid/press-release_IP – 14 – 922_en. htm.

② See http://europa. eu/rapid/press-release_IP – 15 – 6259_en. htm.

认为,上述公司可能涉嫌共谋,通过协同价格来操纵 Platts 发布的乙醇基准价格。例如,上述公司互相协同,提出或者支持一定的报价,进而提高基准,最终推动乙醇价格的上涨。上述行为一旦被证实,将阻碍竞争,并对欧盟能源利用目标的实现产生负面影响。具体而言,生物燃料的使用量将因此下降,化石燃料的使用量将进一步上升,这不仅会损害消费者利益,而且会导致严重的环境污染。目前,案件尚处于进一步调查中。

(三)汽车行业

1. 汽车零部件卡特尔①

2016 年 1 月 27 日,欧盟委员会对 Melco(Mitsubishi Electric)和 Hitachi 作出罚款 137,789,000 欧元的处罚决定。上述企业与另一家公司 Denso 共同参与了生产发电机和启动装置的卡特尔,从而违反了欧盟的反垄断法。Denso 因主动向欧盟委员会举报了该卡特尔被免予罚款。所有公司都承认它们的参与行为,并且同意和解。

在 5 年多的时间里,3 家日本汽车零部件制造商就汽车引擎的两大重要组成部分——发电机和启动装置的价格以及消费者群体、项目分割进行共谋。欧盟委员会的调查显示,2004 年 9 月至 2010 年 1 月,上述公司在各自的办公室、餐厅里会面,并且定期通电话,以达到减少彼此间竞争的目的。具体而言,3 家公司(1)对汽车生产商发布的部分投标事宜保持了一致的口径,共同确定了报价和特定项目的最终中标者;(2)彼此之间划分需要供应发电机和启动装置的特定汽车制造商和项目;(3)交换价格元素和市场策略等商业敏感信息。

2. 卡车卡特尔②

2016 年 7 月 19 日,欧盟委员会认为 MAN、Volvo/Renault、Daimler、Iveco 和 DAF 5 家卡车制造商违反了欧盟竞争法。在过去 14 年,这些卡车制造商通过卡特尔操控卡车定价,并将由于更严格的排放标准而增加的成

---

① See http://europa.eu/rapid/press-release_IP-16-173_en.htm.

② See http://europa.eu/rapid/press-release_IP-16-2582_en.htm.

本转嫁给消费者。欧盟委员会因此对这5家企业罚款29.3亿欧元,其中MAN公司因为向欧盟委员会披露了该卡特尔的存在而免于处罚。所有企业都承认他们参与了上述卡特尔并同意与欧盟委员会达成和解。

欧盟委员会的这次调查涉及MAN、Volvo/Renault、Daimler、Iveco和DAF 5家卡车制造商涉嫌参与的卡特尔行为,包括:在欧洲经济区范围内按照“总清单”协调中型和重型卡车的价格;串通推出符合日益严格的欧洲排放标准的中型和重型卡车时间,以及将由于更严格的排放标准而增加的成本转嫁给了消费者。这些卡特尔行为从1997年持续到2011年,范围涉及整个欧洲经济区。

欧盟委员会这次决定延续了2014年11月下发给上述卡车制造商的异议声明的内容。在调查过程中,欧盟委员会也对Scania展开了调查,但是Scania拒绝达成和解,因此,欧盟委员会将按照标准卡特尔处理程序对Scania作出决定。

(四)金融行业

在金融行业,欧盟委员会通过2015年以来的调查和沟通,最终以接受承诺的方式结束了长达5年的对信贷违约互换(CDS)中竞争问题的反垄断调查。

信贷违约互换(CDS)是一种用来转移信贷风险或违约风险、与债务(如政府或者公司债券)相挂钩的衍生品合同。CDS被投资者用来对冲风险,同时也是一种投资工具。CDS主要通过两种方式进行交易:第一种是通过场外交易(over-the-counter),即通过私下、双边的协商来进行交易,在其中,投资银行主要作为买卖双方的中介。2006年至2009年,CDS交易主要都是通过场外交易进行的。第二种是通过交易所交易平台进行交易,即通过交易所的交易平台匿名匹配供需。

欧盟委员会对提供CDS交易服务中涉及的知识产权许可存在竞争法上的疑虑,早在2011年3月,欧盟委员会开始调查16家投资银行以及CDS市场上的龙头信息服务提供商Markit是否共谋和/或滥用市场支配地位,来控制 CDS 的相关财务信息。[①] 2013 年 3 月,欧盟委员会在调查中发现国际互换与衍生工具协会(ISDA)也涉嫌参与了上述共谋行为,于是扩展调查范围,对 ISDA 也进行了调查。[②] 2013 年 7 月,欧盟委员会正式向 ISDA、Markit 以及 13 家投资银行发出异议声明,控告上述协会及企业通过共谋,拒绝将用于 CDS 交易的两类财务信息许可给交易所交易平台,可能阻碍或者延误了一个有效的信贷衍生品交易市场的出现。[③] 2015 年 12 月,由于在调查以及后续听证中的证据不足以证实上述 13 家投资银行进行了上述共谋行为,欧盟委员会决定停止对上述投资银行的调查,继续对 ISDA 和 Markit 进行调查。[④]

具体而言,交易所交易平台想要进行 CDS 交易需要获得两类财务信息,第一类是最终价格。即通过拍卖所产生的信用衍生品在相关公司违约后的最终价格,在行业中广泛地采用该价格来确定在相关公司违约后的 CDS 价格。第二类是 CDS 指数。例如,Markit 所拥有的 ITraxx 指数和 CDX 指数,这些指数是根据最常交易的 CDS 产品的组合来制定的,大部分 CDS 合同都会参考这些指数来制定,这些指数吸引了更多的流动性。欧盟委员会在调查中发现,ISDA 和 Markit 及其部分的成员投资银行拒绝将上述两类财务信息许可给交易所交易平台,同时,在许可最终价格信息时通过许可使用合同来限制该信息在交易所交易的产品中及在交易所交易中的使用。欧盟委员会认为这些行为可能会延迟、阻碍一个有效、安全、低价的 CDS 市场的出现,有效的 CDS 市场可以降低 CDS 经销商提出的买卖价差,从而降低了交易的成本,因此,这些行为违反了欧盟反垄断法。

为了回应欧盟委员会的疑虑,ISDA 和 Markit 提出了一系列旨在促进为了交易目的而进行的知识产权和数据交换的承诺。这些承诺的主要内容有:ISDA 和 Markit 将防止 CDS 经销商作出个人许可决定并阻止他们对这

---

① See http://europa.eu/rapid/press-release_IP-11-509_en.htm.

② See http://europa.eu/rapid/press-release_IP-13-286_en.htm.

③ See http://europa.eu/rapid/press-release_IP-13-630_en.htm.

④ See http://europa.eu/rapid/press-release_MEX-15-6254_en.htm.

些决定产生影响；ISDA 会根据 FRAND 原则许可其在最终价格中的权利；Markit 会根据 FRAND 原则许可在交换金融产品中使用 iTraxx 和 CDX 的权利。这些承诺会持续 10 年，期间会有独立托管人监督 ISDA 和 Markit 的履行情况。2016 年 4 月，欧盟委员会对这些承诺进行了市场测试并得出了积极的结论，并就上述承诺寻求利益相关方的意见。2016 年 7 月 20 日，欧盟委员会接受 ISDA 及 Markit 提出的承诺方案，①认为这些承诺可以解决其在竞争问题上的担忧，结束了反垄断调查程序。

（五）运输和邮政行业

在运输和邮政行业，欧盟委员会的一个重要竞争执法活动便是对集装箱班轮运输卡特尔的调查。

2013 年 11 月，欧盟委员会对 15 家集装箱班轮公司综合费率上涨附加费公告（General Rate Increase Announcement）行为开展反垄断调查。这 15 家公司包括中国远洋运输（COSCO）、中国海运（China Shipping）、东方海外（OOCL）、长荣海运（Evergreen）、达飞（CMA CGM）、汉堡南美航运（Hamburg Süd）、赫伯罗特（Hapag Lloyd）、韩进（Hanjin）、现代商船（HMM）、马士基（Maersk）、地中海航运（MSC）、商船三井（MOL）、日本邮船（NYK）、阿拉伯联合国家轮船（UASC）和以星轮船（ZIM）。② 该调查一直延续至 2016 年。

集装箱班轮运输指的是从一组港口（例如，上海—香港—新加坡）到另一组港口的集装箱运输（例如，鹿特丹—汉堡—南汉普敦），有特定航线和固定时间。欧盟委员会在调查中发现，上述 15 家公司定期通过其官方网站、媒体或者其他方式发布他们未来计划提高船运服务价格的信息。这些综合费率上涨附加费通知（以下简称 GRI 通知）并没有明示相关服务的最终价格，仅仅标明了每运输单位（20 英尺同等单位，即"TEU"）的上涨金额（以美元为单位），受影响的贸易路线和计划实施的日期。GRI 通知在实施日期前 3

---

① See http://europa.eu/rapid/press-release_IP-16－2586_en.htm.

② See http://europa.eu/rapid/press-release_IP-13－1144_en.htm.

周到5 周发布,在这段时间里,部分或者其余所有运输公司将会就相同、类似路线以及相同、类似实施时间的类似费率涨价计划发布通告。欧盟委员会认为,GRI 通知可能无法向消费者提供与新价格有关的全部信息,而仅仅是让运输公司知晓彼此的价格策略从而展开协同行为。这样的行为将会违反欧盟以及欧洲经济区竞争法对协同行为的禁止性规定。

为了消除欧盟委员会的疑虑,这 15 家班轮运输公司向欧盟委员会作出了几项承诺,承诺内容主要包括:停止发布和交流综合费率上涨附加费公告,即不再只是通过公告公布上涨的比例;在正常的价格公告中,公开总价格中至少包含的五项因素,即基础费率、燃油费、安保费、码头操作费以及旺季收费(如果适用);未来的价格公告中的价格将会作为对应有效期内的最高价格约束运输商;任何的价格公告不应在生效前的 31 天前公布,因为这一时间开始时,客户才开始大量预订船只。上述承诺存在两个例外,在这两种例外情况下,不大可能带来竞争损害,具体包括:第一,当时已经签有费率协议的买方之间的交流;第二,就根据特殊需求或者特定买方而定制的运输服务而言,双方开展的交流和协商。欧盟委员会认为这些承诺能够使运费更透明,减小集运公司协调运费的可能性。因此,欧盟委员会于 2016 年 7 月 7 日接受了上述企业①的承诺,②这些承诺从 2016 年 12 月 7 日起具有法律约束力,有效期 3 年。调查宣告终结。

(六)基础工业和制造业

1. 光驱卡特尔③

2015 年 10 月 21 日,欧盟委员会对 8 家光驱供应商处以共计 11,600 万欧元的罚款。上述企业在两家电脑制造商的招标采购活动中采取协同行为,违反了相关的欧盟反垄断法。

欧盟委员会的调查显示,从 2004 年 6 月至 2008 年 11 月,上述公司在

---

① 其中,中国海运(China Shipping)在此过程中发生了重大重组,推出了集装箱班轮运输业务,因此最终欧盟委员会接受承诺的时候并不包括中国海运。

② See http://europa.eu/rapid/press-release_IP-16-2446_en.htm.

③ See http://europa.eu/rapid/press-release_IP-15-5885_en.htm.

卡特尔组织中交流彼此的竞标策略，分享招标采购的结果，同时交换与手提电脑和台式电脑光驱相关的商业敏感信息。它们建立了平行的双边联系网络，采用一致的行动计划以避免 Dell 和 HP 招标采购活动中的激烈竞争。

上述公司非常清楚自己的行为是违法的，因而试图掩饰彼此间的联系，防止外界发现他们的计划安排。例如，他们避免在内部的通讯邮件中对竞争者指名道姓，而是采用了缩写或者通用名称。卡特尔组织成员尽量采用面对面的会谈形式，同时确保他们之间的谈话不会被消费者所知晓。一些成员选择在如停车场、电影院等极其隐蔽的地点碰面。

2. 电解电容器卡特尔[①]

2015 年 11 月 4 日，欧盟委员会向 10 家涉嫌参与卡特尔组织的亚洲电解电容器制造商发出异议声明，目前案件尚在调查中，欧盟委员会并未公开这 10 家企业的名称。

欧盟委员会认为，至少在 1997 年至 2014 年，10 家亚洲电解电容器制造商在日本的一系列多边会议中会面，讨论未来的市场发展趋势、价格以及具体的消费者信息。这些多边会议表面上由这些公司之间的其他附加的双边或者三边的商业会谈补充和掩盖。上述附加会议的地点有些表面上也在欧洲召开，但其目的似乎也只是与一家日本公司的欧洲子公司洽谈业务。上述行为违反了欧盟反垄断法有关禁止价格共谋行为的规定，因而成为欧盟委员会调查的重点。

根据欧盟委员会官方公告，事实上，针对上述企业的调查从 2014 年 3 月就已经开始。多个国家的反垄断执法机构同时采取了相应的调查。

（七）食品和农业

1. 罐装蘑菇卡特尔[②]

2016 年 4 月 6 日，欧盟委员会宣称其发现西班牙罐装和新鲜蔬菜公司

---

① See http://europa.eu/rapid/press-release_IP-15 -5980_en.htm.

② See http://europa.eu/rapid/press-release_IP-16 -1261_en.htm.

Riberebro 参与了协调价格、分割欧洲境内罐装蘑菇消费者的卡特尔行为,持续时间超过 1 年,并决定对该公司处以 5,194,000 欧元的罚款。

欧盟委员会与 2014 年 6 月就 Bonduelle,Lutèce 和 Prochamp 参与了上述同一卡特尔协议的行为达成了和解协议。Riberebro 公司拒绝了和解,因此针对该公司卡特尔行为的调查程序正常进行。本案中的卡特尔行为涉及在欧洲经济区(EEA)范围内向自有品牌出售的罐装蘑菇(例如,非生鲜蘑菇或者冰冻蘑菇)。所有卡特尔参与者共享一个目标:稳定市场份额并阻止价格下降。为了实现这一目标,各卡特尔成员互换敏感信息,设定最低价格,并就目标销量和分割消费者达成一致意见。欧盟委员会发现,Riberebro 参与该卡特尔行为的时间从 2010 年 9 月 10 日延续至 2012 年 2 月 28 日。

因为 Riberebro 积极配合调查,欧盟委员会最终决定依据《2006 年罚款指引》(2006 Guidelines on Fines)以及《2006 年宽大(制度)通知》(2006 Leniency Notice)降低应罚款总额的 50%,对 Riberebro 处以 5,194,000 欧元的罚款。

2. 百威英博滥用比利时啤酒市场支配地位案①

2016 年 6 月 30 日,欧盟委员会启动对啤酒生产商百威英博公司(Anheuser-Busch InBev)的调查,目的在于评估百威英博公司是否违反欧盟竞争法规,滥用其在比利时啤酒市场的支配地位阻止该公司生产的啤酒从邻国进口至比利时市场。

目前,案件尚在进一步调查中。欧盟委员会将通过进一步调查以确定百威英博公司是否实施了蓄意限制所谓"平行贸易"的策略。在这种平行贸易中,同一种产品从一个销售价低廉的欧盟国家被运输到另一个销售价较高的国家进行销售,如啤酒从荷兰和法国进口到啤酒价格更高的比利时。欧盟委员会将会特别调查百威英博公司几种可能限制竞争的行为,例如可能改变啤酒罐/啤酒瓶的包装使这些啤酒难以再其他国家销售;可能限制

① See http://europa.eu/rapid/press-release_IP-16-2361_en.htm.

"非比利时"零售商得到折扣和核心产品，以阻止他们进口更廉价的啤酒产品到比利时。如果这种限制行为成立，将阻碍欧洲单一市场内的竞争，该行为也将被欧盟委员会认定为违反《欧盟运行条约》第 102 条。

第三节　日本竞争法律与政策最新进展*

日本作为世界重要经济体之一以及与我国有密切贸易关系的邻国，其竞争法《独占禁止法》的实施与发展对我国学术界、实务界都有重要的参考意义与关注价值。本节将以时间为序对日本公平交易委员会 2016 年中竞争法相关法规的修改动态进行详细介绍分析，然后介绍 2016 年该委员会查处的相关主要行政执法案例以及主要司法判决，最后对日本竞争执法机关的国际合作进行回顾与评论。

一、相关法令的修改动向

2016 年 1 月 21 日，日本公平交易委员会公布了《关于知识产权利用的独占禁止法指南》的部分改正的公告。① 此次修改重点明确了标准化机构在制定标准时，关于 FRAND 宣言的必要事项，以及明确 FRAND 宣言的意义在于为促进相关技术研发及标准规格的普及利用。该改正指南中特别指出：在 FRAND 条件下，如果有企业有意接受实施许可，而标准化机构拒绝许可或者对其提起停止侵权诉讼的，则该行为有可能会违反《独占禁止法》（需

---

* 本节撰写人为陈丹舟、权金亮、李慧敏、王威驷。陈丹舟，对外经济贸易大学法学院助理教授，承担本节第一部分内容的写作以及全体总括。权金亮，商务部国际贸易经济合作研究院亚洲所助理研究员，承担本节第二部分案例 1、案例 2、案例 3 案例的撰写。李慧敏，中国科学院科技战略咨询研究院助理研究员，承担本节第二部分案例 4、案例 5、案例 6 的撰写。王威驷，早稻田大学法学研究科博士研究生，承担本节第二部分案例 7 以及第三部分的撰写。

① （平成 28 年 1 月 21 日）「知的財産の利用に関する独占禁止法上の指針」の一部改正，载日本公平交易委员会官方网站：http://www.jftc.go.jp/houdou/pressrelease/h28/jan/160121.html，最后访问时间：2016 年 12 月 15 日。

要满足一定的排除限制竞争的效果要件)。

2016 年 2 月 4 日,公平交易委员会发布了《关于外航海运的独占禁止法的豁免制度设计》,[①]认为无论是基于国际性制度协调,还是为了保护货主的利益,自 1949 年开始的外航海运实施反垄断法豁免的制度都没有必要再维持下去。因此,公平交易委员会发布了此报告,并着手准备与国土交通省进行协议,打算废止从 1949 年以来开始赋予外航海运的《独占禁止法》豁免的《海上运输法》的相关规定。

2016 年 3 月 7 日,日本公平交易委员会针对电力产业的竞争法规制修改了《关于合理开展电力交易的指南》。[②] 该指南最早公布于 1999 年,为了配合步入新阶段的日本电力改革(即电力交易的全面自由化)以及 2016 年 4 月日本《电力事业法》的新修改,公平交易委员会经过向各方收集意见对指南作出了相应修改。这次修改主要集中在三大部分,即为了确保电力市场的公平有效竞争:第一,在电力零售领域增加确保用电方能够顺利更换电力零售商等措施;第二,在电力批发领域明确禁止无正当理由的内幕信息交易、明确操纵批发市场价格行为违反《电力事业法》等;第三,在委托输电领域明确禁止对用电方歧视对待(如同时输送自己公司电力与其他公司委托输送的电力的公司,对购买自己公司电力的用户给予优惠待遇)。公平交易委员会与经济产业省都表示今后将为防止出现违反《独占禁止法》与《电力事业法》的行为继续加强对这两部法律的执行,并促进对电力产业的竞争法适用。

2016 年 3 月 31 日,公平交易委员会又公布了《对于官方支援企业重建

---

① (平成 28 年 2 月 4 日)外航海運に係る独占禁止法適用除外制度の在り方について,载日本公平交易委员会官方网站:http://www. jftc. go. jp/houdou/pressrelease/h28/feb/160204. html,最后访问时间:2016 年 12 月 15 日。

② (平成 28 年 3 月 7 日)「適正な電力取引についての指針」の改定について,载日本公平交易委员会官方网站:http://www. jftc. go. jp/houdou/pressrelease/h28/mar/160307_1. html,最后访问时间:2016 年 12 月 15 日。

的竞争政策上的意见》[1]（以下简称《意见》）。《意见》的主要目的是要求各规制当局在进行相关官方支援企业重建时，需要留意参考《意见》，预先评估支援重建的决策对竞争的影响，尽量将官方支援重建活动而导致对竞争产生的影响降至最小。《意见》首先将官方支援重建对象范围限定在由政府出资的，基于特别法规而成立的法人，同时指出由官方出面支援重建有可能会不恰当地干涉优胜劣汰的市场机制，降低企业自身改善经营效率的努力欲望等不良后果。因此，《意见》指出了进行支援重建必须要注意的三大原则：一是补充性原则。即民先官后，官方出面支援应当时在所有非官方支援重建无效的情况下才能进行；二是最小的必要性原则。支援重建的规模及手法应当限定在必要的最小限度范围；三是透明性原则。支援标准及支援程序一定要公开透明。

为促进电信领域的竞争，在 2001 年公平交易委员会与总务省共同制定了《关于促进电信领域竞争的指针》，明确了基本的思路及相关问题。随着相关领域市场情况的变化，2016 年 5 月 20 日，公平贸易委员会对 2001 年版指针进行改正并予以公布。[2] 关于本次改正的《独占禁止法》部分主要是追加了如下几点：（1）拥有相对较高的市场份额的电信经营者如拒绝移动通信设备中某特定设备的接入，则有可能违反《独占禁止法》。（2）拥有相对较高的市场份额的电信经营者在与其他经营者合作经营如有排他性独家交易条件；或在将电信服务与其他商品服务打包提供时，设定显著低于供给成本价格的行为；以技术手段锁定终端使之不能用于其他电信经营者的服务的行为；以及拒绝提供接入服务或设定极低的 ISP 接入服务价格的行为，以上行为均有可能违反《独占禁止法》。（3）拥有相对较高的市场份额的系统运营商在提供相关服务时有歧视性行为，有可能违反《独占禁止法》。（4）拥有相

---

① （平成 28 年 3 月 31 日）「公的再生支援に関する競争政策上の考え方」の公表について，载日本公平交易委员会官方网站：http://www. jftc. go. jp/houdou/pressrelease/h28/mar/160331. html，最后访问时间：2016 年 12 月 15 日。

② （平成 28 年 5 月 20 日）「電気通信事業分野における競争の促進に関する指針」の改定について，载日本公平交易委员会官方网站：http://www. jftc. go. jp/houdou/pressrelease/h28/may/20160520_2. html，最后访问时间：2016 年 12 月 15 日。

对较高的市场份额的电信经营者要求终端机器制造商不得制造竞争对手的终端机器,或者要求终端机器不得销售其指定经营者以外商品的行为有可能违反《独占禁止法》。

2016 年 5 月 27 日,公平交易委员会发表了《关于流通、交易惯例的独占禁止法指南》。① 本次指南修改的最大要点就是将"市场里的有力经营者"标准提高。在旧指南里"市场里的有力经营者"的标准被大致定义为"市场份额 10% 以上,或者市场份额在前 3 位"的经营者。在新的指南里被修改为"市场份额 20% 以上"的经营者,市场份额排位的标准被取消。由于纵向非价格限制的一部分行为(如排他性纵向条款、严格的地域限制)的违法主体必须是"市场里的有力经营者",因此,此次修改最大的意义是放松了对此流通领域的规制,新设立了一个 20% 的安全港。对于较受关注的限制最低转售价格的问题,该指南依然维持了旧指南的规定,无论违反行为的市场份额排位如何,是否拥有较高的市场份额,限制最低转售价格依然一律是"原则违法"的行为。

2016 年 7 月 13 日,公平交易委员会公布了《关于课征金制度改进的论点整理》,就课征金制度的修改广范围征求意见。② 日本的课征金制度自 1977 年导入到目前为止已将近 40 年,其间虽然进行过多次改正,但其非裁量性的本质始终未改变。非裁量性的课征金制度有其益处,也有其弊端。特别是在反垄断执法日趋国际化的今日,裁量性的行政罚款制度成为标准模式的现在,日本执法当局也在酝酿对该制度进行改革。近年来,日本当局成立了修改的专家小组,进行了几轮讨论之后,于 2016 年 7 月 13 日公布了该意见征集稿,大范围征求意见。在该资料中提出了如下对课征金制度进行改进的几大理由:(1)现有的课征金制度的计算及处罚方式过于僵化,不

① (平成 28 年 5 月 27 日)「流通・取引慣行に関する独占禁止法上の指針」の一部改正について,载日本公平交易委员会官方网站:http://www. jftc. go. jp/houdou/pressrelease/h28/may/160527_2. html,最后访问时间:2016 年 12 月 15 日。

② (平成 28 年 7 月 13 日)「課徴金制度の在り方に関する論点整理」に係る意見募集について,载日本公平交易委员会官方网站:http://www. jftc. go. jp/houdou/pressrelease/h28/jul/1607013_3. html,最后访问时间:2016 年 12 月 15 日。

能很好地应对复杂多变的经济现实;(2)无法有效地鼓励企业配合调查;(3)偏离了国际标准制度,造成了诸如国际企业间的不公平现象,及执法机构国际权威性降低。针对上述主要问题,首先就共同行为的课征金处罚制度提出了如下需要讨论的论点:(1)课征金计算及处罚方式如何导入裁量权;(2)课征金额度的计算比率如何确定,裁量性判断该如何进行;(3)基于企业的配合调查的程度、违法行为的参与程度、支付能力等来判断课征金额度如何调整的问题;(4)如何提高企业配合调查的诱因;(5)如何导入与和解制度先关联的课征金额度调整问题;(6)如何处理与刑事处罚(是否构成双重处罚)的关系、与民事赔偿制度的关系。虽然在前几次课征金制度的讨论中也曾经有此动议,尽管未获成功,但已经在学界引起了很大的反响。此次意见征集的问题点非常具体,收到的反馈也很多,本次的意见征集之后的课征金制度改革涉及其基本性格的变化,既要做到加强处罚的灵活性及功能性,又要防止给执法机关带来过重的负担等,此尺度把握起来较为困难,而且与企业的处罚方式及额度计算有着直接联系,非常值得我们关注。

日本的《独占禁止法》里有关于对于垄断状态规制的条款(现行《独占禁止法》第 8 条之 4 以及第 2 条第 7 款),日本公平交易委员会基于这些条款制定了相关指南,并定期根据经济调查结果对这些指南进行修改。2016 年 8 月 5 日,日本公平交易委员会根据调查结果公布了指南修改的征求意见稿,同年 10 月 11 日公布了改正后的指南。[①] 日本公平交易委员会基于法定的营业额以及市场占有率的基准用列表的方式列出属于垄断状态市场构造要件的行业及商品范围,但满足垄断状态市场构造要件并不意味着马上会进行规制,还要满足一定的弊害要件。此次修改将液晶电视制造业、便携式游戏机以及游戏机的存储媒介制造业从指南列表中删除,新增了焦炭、普通钢

---

① (平成 28 年 8 月 5 日)「独占的状態の定義規定のうち事業分野に関する考え方について」の一部改定(原案)に対する意見募集について,载日本公平交易委员会官方网站:http://www. jftc. go. jp/houdou/pressrelease/h28/aug/160805. html,最后访问时间:2016 年 12 月 15 日。(平成 28 年 10 月 11 日)「独占的状態の定義規定のうち事業分野に関する考え方について」の一部改定について 载日本公平交易委员会官方网站:http://www. jftc. go. jp/houdou/pressrelease/h28/oct/161011_1. html,最后访问时间:2016 年 12 月 15 日。

冷延广幅带钢、平板电脑、安全软件、电子票务、通信教育、机械保安这 7 个行业。另外比较引人注目的是在征求意见稿公布以后,有意见提出要将音乐著作权管理业从指南的行业目录中删除,理由是该行业的营业额的计算应该以著作权者支付给著作权管理业者的管理费为基准计算(而非著作权管理业者向使用者收取的利用许可费来计算)。对此日本公平交易委员会否认了上述意见,认为应当将著作权管理业者向使用者收取的利用许可费作为营业额来计算,因此依然将音乐著作权管理业列入指南目录。该问题之所以引起关注,是因为去年日本最高法院就音乐著作权管理业作出了著名的 JASRAC 案的判决,[①]认为日本音乐著作权协会的打包收费行为违反了日本《独占禁止法》。虽然日本最高法院作出了违法判决,但日本音乐著作权协会在该行业的垄断地位仍然没有被打破,于是学界有研究者提出考虑动用垄断状态规定来进行规制,现在正处于较为敏感的时期,因此日本公平交易委员是否将音乐著作权管理业列入指南目录也就较为引人注目了。

2016 年 12 月 14 日,公平交易委员会公布了《关于防止推迟支付分包资金等的法律运用基准》的改正。[②] 此次改正是为了改善中小经营者的交易条件,强化相关法规的实施运用。作为优势地位滥用规制的特别法《防止推迟支付分包资金等的法律》(以下简称《分包法》)是着眼于分包业务的优势地位滥用行为,此次改正主要是大幅度增加了违反行为的案例(从现行的 66 件案例增加至 141 件案例),还特别追加了需要重点注意的违反行为类型,例如,将降价后的价格溯及至已经完成交货的交易。另外追加了经营者较容易误认不属于《分包法》规制对象的交易行为的案例,并将案例的违法交易行为进行分类、附加标题等。《分包法》是优势地位滥用规制的特别法,也是日本公平交易委员会对分包领域的优势地位滥用重点实施监管的法律工

---

① 平成 27 年 4 月 28 日 · 平成 26 年(行ヒ)第 75 号。关于该案的中文介绍部分可参见:戴龙《日本竞争法律与政策最新进展》,载中国世界贸易组织研究会竞争政策与法律专业委员会编著:《中国竞争法律与政策研究报告 2014》,法律出版社 2014 年版,第 315 页。

② (平成 28 年 12 月 14 日)「下請代金支払遅延等防止法に関する運用基準」の改正について,载日本公平交易委员会官方网站:http://www.jftc.go.jp/houdou/pressrelease/h28/dec/161214_1.html,最后访问时间:2016 年 12 月 15 日。

具，由此次运用基准的改正可以看出日本公平交易委员会对优势地位滥用规制的一贯重视及继续强化监管的倾向。

2016年2月4日，12个成员国代表正式签署跨太平洋伙伴关系协定（TPP），虽然美国当时候选总统特朗普已表明将退出TPP，但日本国会仍批准了TPP协定。因此，日本的《独占禁止法》也要随之作出相应的修改。12月9日，日本参议院通过相关的修改法案，该修正案正式公布。[①] 此次修改最主要的内容就是要导入公平交易委员会与相关经营者能通过协商自主解决竞争法上的问题的制度。据称该制度主要是借鉴了EU竞争法相关制度（commitment procedure），类似于我国的承诺制度。该制度大致内容如下：在公平交易委员会发现经营者有违反《独占禁止法》嫌疑的行为时，通知经营者该涉嫌行为的概要及相关法条，经营者在60天之内可以主动申请提交具体措施消除该行为后果的计划。如果公平交易委员会认可经营者的计划，可以不对该经营者进行行政处罚，中止调查。该制度适用也有各种条件，例如，价格卡特尔、围标等除外；如果经营者提交的计划达不到公平交易委员会的要求，或者具体措施的不实施等情况，公平交易委员会有权启动正常的调查程序。

二、主要案例

1. 农业协会对北海道地区谷物·调制·储藏设施工程招标案（2016年2月10日）[②]

该案为特定农业设施施工者为了防止特定农业设施工程的竞标价格的低落而实施的预先指定竞标人（预定竞标者）以及除预先指定的竞标人以外的其他经营者协助预定竞标者中标等行为违反了日本《独占禁止法》第3条（禁止不正当的交易限制）的案件。

---

① （平成28年12月9日）独占禁止法の一部改正を含む「環太平洋パートナーシップ協定の締結に伴う関係法律の整備に関する法律」の成立について，载日本公平交易委员会官方网站：http://www.jftc.go.jp/houdou/pressrelease/h28/dec/161209_4.html，最后访问时间：2016年12月15日。

② 平成28年（措）第4号。

日本公平交易委员会指出,本案中的 7 家公司的经营负责人在 2011 年 4 月 5 日之后,通过举行会议,对工程有意愿竞标的公司在会议中表明其欲竞标的意愿,并且欲竞标的公司只有一家时,其为预定竞标者;如有意竞标的公司为多家时,根据对农业协会设计的配合情况以及作为设计对象的谷物的干燥、调制、储藏设施等的建筑或保养维修等的业绩进行综合考量后,通过欲竞标者间的商定,最终决定竞标人。预先指定的竞标人在竞标中所提示的竞标价格或预算价格由预定竞标者决定,除预定竞标者以外的经营者的投标价格应高于预定竞标者事先所告知的价格。最终,日本公平交易委员会认定上述行为违反了公共利益限制了特定农业设施工程交易领域的竞争,并于 2016 年 2 月 10 日作出停止违法行为的排除措置命令并处以了 6.7151 亿日元的课征金。

2. 铝电解及钽电解电容器案(2016 年 3 月 29 日)①

该案为铝电解电容器以及钽电解电容器制造贩卖业者每月定期举办所谓“市场研讨会”,通过该研讨会相互传达涨价的意思表示,对提高铝电解电容器以及钽电解电容器的贩卖价格达成协议的行为违反了日本《独占禁止法》第 3 条(禁止不正当的交易限制)的案件。

铝电解电容器,是指以铝箔表面上形成的酸化皮膜为导体的电容器;而钽电解电容器,是指以钽粉体的烧结体表面所形成的酸化皮膜为导体的电容器。日本公平交易委员会认定 4 家铝电解电容器制造贩卖业者和 4 家钽电解电容器制造贩卖业者的上述行为违反了公共利益及限制了日本铝电解电容器以及钽电解电容器的贩卖领域的竞争,并于 2016 年 3 月 29 日作出今后禁止铝电解电容器及钽电解电容器的贩卖业者之间或与其他经营者共同制定铝电解电容器及钽电解电容器的贩卖价格及针对该产品的价格变更进行情报交换等的排除措置命令并处以了合计 66.9796 亿日元的课征金。

3. 加藤化学株式会社案(2016 年 4 月 18 日)②

该案为异构化糖及糖稀、葡萄糖等制造业者合谋提高特定异构化糖及

---

① 平成 28 年(措)第 5 号。

② 平成 25 年(判)第 24 号 – 第 27 号。

糖稀、葡萄糖的销售价格的卡特尔案。本案的争论焦点为：(1)当初涨价时，被告及9家公司是否就提高本案的各商品的贩卖价格达成了协议；(2)被告及9家公司是否就再次提高本案的各商品的贩卖价格达成了协议；(3)前两个争论点中相关协议是否包括纯果糖。

对于前两个争论点，公平交易委员会的判断大致如下：关于第一个争论点，公平交易委员会指出，10家公司以芝加哥商品交易所的玉米期货交易高涨为由，于2010年10月，同年11月及同年12月在糖化委员会中，针对本案所涉及的各种制品的销售价格决定从第二年年初起每公斤提价10日元的意向进行了情报交换及针对本次提价进行日经对策达成协议。并且，10家公司至2011年1月下旬，以出席糖化委员会会议的人员或从出席该会议的人员中听取了糖化委员会会议中关于涨价的情报交换内容报告的人员为中心，作出了对本案中所涉及的制品每公斤提高10日元的决定，并于2011年1月至同年2月，向消费者及商社进行了该决定的传达。关于第二个争论点，公平交易委员会指出，10家公司以玉米在芝加哥交易所的交易价格于2011年1月以后也一直持续高涨为由，在同年的1月至6月的各糖化委员会中，就本案中当初涨价的各个制品的销售价格的涨价额度修改为15日元乃至20日元的意向进行了情报交换，并针对本次提价进行日经对策达成协议。同时，2011年2月及同年5月糖化委员会根据协议的内容与日经记者举行了恳谈会，并于同年的6月2日由日本经济新闻对涨价一事进行了报道。并且，至2011年6月29日10家公司向消费者及商社告知了关于涨价的决定。基于上述认定，公平交易委员会判定，关于涨价及追加涨价，10家公司之间存在相互认知乃至预测，并具有与此保持步调一致的意愿，可以认定当初达成了协议。

4. 特定电力保安通信器械制造商案(2016年7月12日)[①]

本案中，向东京电力公司提供特定电力保安通信器械的3家器械制造商(富士通株式会社、大井电气株式会社、日本电气株式会社)因违反日本《独

① 平成28年(措)第8号。

占禁止法》第 3 条,即禁止不正当交易限制的相关规定,根据该法第 7 条第 2 款的相关规定,对其中的两家制造商(富士通株式会社、大井电气株式会社)下达排除措施命令,并对其处以 4.291 亿日元的课征金。

据日本公平交易委员会进行的相关调查,3 家特定电力保安通信器械制造商的违法行为类型和具体内容认定如下:在东京电力公司发出的订单中,3 家制造商为了防止出货价格下降,制造商之间进行相互协商,(1)预先指定与东京电力公司进行交易的出货制造商,并使其他制造商进行相应的配合协助;(2)根据不同种类器械对出货制造商进行指定外,为使该发货制造商顺利拿下合同,根据订货方式的不同,向东京电力公司或专门销售店提出高于该指定出货制造商的报价。3 家制造商的该系列行为,违反公共利益,对相关器械交易市场的竞争造成实质性限制,因而构成《独占禁止法》第 2 条第 6 款规定的"不正当交易限制"行为。

日本交易委员会下达排除措施命令,命令 3 家制造商停止上述系列行为,并对采取的整改措施相互通知,并通知东京电力公司等交易方,彻底告知本公司的从业人员,保证今后不再进行此类行为。在下达的罚款命令中,命令行为人在 2017 年 2 月 13 日之前全部予以支付。

5. 东日本高速道路株式会社东北分社招标案(2016 年 9 月 6 日)①

本案中,在东日本高速道路株式会社东北分社进行的东日本大地震相关修复工程招标中,20 家竞标者的行为因违反《独占禁止法》第 3 条,即禁止不正当交易限制的相关规定,日本公平交易委员会对这 20 家经营者下达排除措施命令,对其中的 11 家经营者处以共计 14.951 亿日元的课征金。

根据日本公平交易委员会进行的相关调查,这 20 家竞标经营者的违法行为类型和具体内容认定如下:行为人在 2011 年 7 月中旬以后,在东日本大地震灾害修复工程的竞标活动中,为了防止竞标价格低落,(1)事先协商指定中标经营者,其他经营者在投标价格上对该预先指定的中标经营者进行协助,以使该经营者顺利中标;(2)"调整者"(2011 年 7 月中旬至 9 月 20

① 平成 28 年(措)第 9 号。

日,其中的4家经营者担任过调整者)在综合考虑各经营者中标期望等的基础上,对各个工程项目预先分别指定相应的预定中标经营者。调整者通过把握工程的申请状况,并按照预定中标经营者通知的价格告知其他竞标者,以共同协助该预定中标者顺利中标。事先指定预定中标者并协助该中标者顺利中标的该系列行为,违反公共利益,并对东日本大地震相关灾害修复工程的相关交易市场的竞争造成实质性的限制,构成《独占禁止法》第2条第6款规定的“不正当交易限制”行为。因此,根据该法第7条第2款的规定,日本公平交易委员会对20家当事企业下达排除措施命令,并对其处以课征金。该命令的具体内容为,命令20家当事企业停止上述违法行为,今后在东日本高速道路株式会社东北分社的修复工程招标中,不得相互之间或者同其他经营者共同指定预先中标经营者,应让经营者自主决定竞标活动。20家当事企业将各自采取的措施分别通知其他19家当事企业以及东日本高速道路株式会社东北分社,并对本公司职员进行彻底告知。20家当事企业今后不得相互之间或者同其他经营者共同指定预先中标经营者。

6. 东日本高速道路株式会社关东分社招标案(2016年9月21日)[①]

本案中,在东日本高速道路株式会社关东分社进行的东日本大地震相关修复工程相关招标中,8家竞标者的行为违反《独占禁止法》第3条,即禁止不正当交易限制的相关规定,日本公平交易委员会对这8家经营者均下达了排除措施命令,并对其中的5家经营者处以共计4.8029亿日元的课征金。

日本公平交易委员会通过相关调查,对这8家竞标经营者的违法行为类型和具体内容认定如下:该8家当事企业为了在东日本大地震灾害修复工程的竞标活动中,出于确保得到中标机会等目的,于2011年9月7日在琦玉市内饮食店中,事先协商指定预先中标经营者,并协商其他经营者在竞标过程中对该指定中标经营者进行协助,以使事先决定的中标经营者顺利中标。事先指定预定中标者并协助该中标者顺利中标的系列行为,违反公共利益,并对东日本大地震相关灾害修复工程的相关交易的市场竞争造成实质性的

① 平成28年(措)第10号。

限制,构成《独占禁止法》第 2 条第 6 款规定的“不正当交易限制”行为。

因此,根据该法第 7 条第 2 款的规定,日本公平交易委员会对 8 家当事企业下达排除措施命令,并对其中 5 家处以课征金。具体内容为:命令 8 家当事企业停止上述违法行为,今后在东日本高速道路株式会社关东分社的修复工程招标中,不得相互之间或者同其他经营者共同决定预先中标经营者,应让经营者自主决定竞标活动。8 家当事企业将各自采取的措施分别通知其他 7 家当事企业以及东日本高速道路株式会社关东分社,并对本公司职员进行彻底告知。8 家当事企业今后不得相互之间或者同其他经营者共同指定预先中标经营者。在罚款命令中,5 家当事企业须于 2017 年 4 月 24 日之前将 4.8029 亿日元予以支付。其中,由于日本道路株式会社企图并教唆其他 7 家经营者实施上述行为,按照《独占禁止法》第 7 条之 2 第 8 款第 1 号的相关规定,对该经营者增加 50% 的罚款计算率。前田道路株式会社、鹿岛道路株式会社、大林道路株式会社以及大成ロテック株式会社 4 家经营者在调查开始一个月前已经停止上述违法行为,违法行为实施不满 2 年,因此按照《独占禁止法》第 7 条之 2 第 6 款的相关规定,对上述 4 家的罚款计算率减免 20% 。

7. 司法判决:电视显像管卡特尔案

在 2016 年的日本《独占禁止法》判决中,东京高等法院作出的电视显像管卡特尔案判决具有重要的意义。

在本案中,11 家电视机用显像管公司(分别是日本企业:MT 映像及其 3 家子公司:马来西亚、印度、泰国;韩国企业:三星 SDI 及其 1 家子公司:马来西亚;韩国企业:LG 飞利浦 Display 及其实质上的 1 家子公司,LP Display 印度尼西亚;我国台湾地区企业:中华映管及其 1 家子公司:中华映管马来西亚;泰国企业:泰国 CRT)就使日本显像管电视制造销售经营者(Orion 电机、三洋电机、夏普、JVC、船井电机共 5 家)及其东南亚的制造子公司等购入的电视用显像管,最迟到 2003 年 5 月 22 日为止持续每两个月一次进行商谈并规定各公司向东南亚的制造子公司每季度必须遵守的最低销售价格。

其中,MT 映像、三星 SDI、中华映管、LG 飞利浦 Display 的子公司共 6

家及 LG 飞利浦与泰国 CRT 的显像管销售量合计占了显像管总销售量的绝大部分。我国台湾地区企业中华映管及其子公司中华映管马来西亚为第一批向日本公平交易委员会申请课征金（行政制裁金）减免的企业。另外，本案的排除措施命令[①]发出前 MT 映像 Display 的三家子公司进行了清算停止经营，LG 飞利浦 Display 向第三方转移了业务，泰国 CRT 也已经解散，停止了一切经营。

日本公平交易委员会认定，电视机用显像管的制造销售经营者和东南亚的子公司共 11 家企业，通过共同协商的方式，设定各家公司向东南亚当地的制造子公司销售特定显像管应当遵守的最低价格，实质性地限制了特定显像管销售领域的竞争。公平交易委员会向日本和韩国的 2 家经营者企业下达了排除措施命令，并向 6 家外国经营者下达了课征金缴纳命令（MT 映像的三家子公司中的马来西亚子公司 6.5083 亿日元、印度尼西亚子公司 5.8027亿日元、泰国子公司 5.6614 亿日元；三星 SDI 的马来西亚子公司 13.7362亿日元；LG 飞利浦 Display 公司 1.5138 亿日元、其印度尼西亚子公司 9.3268 亿日元）。本案是在国际卡特尔案件中第一次向外国经营者下达课征金缴纳命令。

对公平交易委员会的行政处罚不服的企业向东京高等法院提起诉讼，要求取消本案的排除措施命令。东京高等法院于 2016 年 1 月 29 日[②]（三星 SDI 马来西亚子公司）、4 月 13 日[③]（MT 印度尼西亚 · MT 马来西亚 · MT 泰国）、4 月 22 日[④]（三星 SDI 公司）作出了判决。判决支持了公平交易委员会的排除措施命令，并基本上认同了公平交易委员会对本案如域外适用、间接购入问题等争点上的认定。

由于本案涉及本国竞争法对发生在境外的反竞争行为的适用，且本案

---

① 日文原文为排除措置命令，相当于我国竞争执法机关的行政处罚决定。

② 平成 27 年（行ケ）第 37 号サムスン・エスディーアイ（マレーシア）・ビーイーアールエイチエーディーによる審決取消請求事件。

③ 平成 27 年（行ケ）第 38 号 MT 映像ディスプレイ（株）ほか3 名による審決取消請求事件。

④ 平成 27 年（行ケ）第 36 号サムスン・エスディーアイ・カンパニー・リミテッドによる審決取消請求事件。

的案情有特殊之处:由于最终产品大部分并未实际销往日本境内或最终从日本境内转售到东南亚各国,各方对本案反竞争行为的效果是否波及了日本境内这一点存在争议。而且最终公平交易委员会与东京高等法院对这一争议都没有进行详细的分析就简单认定了本案可以适用日本《独占禁止法》,因而受到了学界与实务界的种种批判。[①]

三、2016 年日本竞争执法机关的国际合作

综观 2016 年日本竞争执法机关在国际合作方面的各种动向,可以看出日本与世界各国在竞争法的合作上呈现出深化欧美、重视东南亚,并与其他新兴发展中国家增加交流的特征,更值得注意的是加强了与中国各竞争执法机关的交流与合作。

1. 深化与欧美竞争执法机关的合作

2016 年,日本与加拿大、英国、美国以及欧盟的竞争执法机关都进行了交换意见,具体涉及领域十分广泛,既包括电力市场的竞争政策、国际海运的适用豁免、知识产权、串通投标、优势地位滥用等适用领域方面的沟通交流,也包括了调查程序、企业合并审查中的经济学运用等具体适用机制上的合作协商。

更值得注意的是,2016 年 3 月 15 日,日本与欧盟达成了修改双方签订的双边竞争政策领域合作协定《就反竞争行为的协作相关的日本国政府与欧洲共同体间协定》的合意,决定接受经合组织(OECD)的意见,将规定允许不经信息来源同意即可进行双方竞争执法机关间的信息交换。这标志着双方的合作将达到一个更为深入的阶段。

2. 重视并进一步加强与东南亚各国的合作

日本一直以来都很重视与东南亚各国在各方面的交流合作,竞争执法领域也不例外。与同欧美竞争执法机关相比,2016 年日本对东南亚各国的

---

① 关于本案的详细介绍与评论,参见王威驷:《域外适用中对反竞争效果的具体认定:以日本电视显像管卡特尔案为例》,载《竞争政策研究》2016 年第 4 期。

竞争执法领域协作主要体现在人才培养等援助方面上。2016 年 2 月，日本公平交易委员会对来自菲律宾竞争执法机关等部门的 15 人进行了培训，主要内容为讲解日本的规制改革和竞争政策，竞争执法机关与其他政府部门间的关系。在 2016 年 3 月至 4 月，日本公平交易委员会对印度尼西亚竞争执法机关的工作人员进行了《分包法》的相关培训。以此为契机，公平交易委员会自 2016 年 7 月起对印度尼西亚竞争执法机关派出专家，进行预定为期两年的培训指导工作。

更具标志性意义的是，2016 年 9 月 30 日，日本利用日本 · 东盟统合基金（JAIF）开展了旨在强化东盟各国竞争执法机关的竞争法执行能力的技术支援项目，为期两年。其具体内容为在日本及东盟各国召开竞争法研讨会，并且开展对东盟各国的竞争执法机关人员的培训等工作。该项目还特别提出，在项目的具体实施中会针对东盟各国中有一定竞争法执法经验国家与尚未积累足够经验国家的不同情况进行具体安排。

3. 与其他发展中国家的合作

除上文提到的东南亚各国外，日本竞争执法机关在 2016 年与其他发展中国家也开展了各种不同程度上的交流合作。例如，2016 年 5 月，日本公平交易委员会对包括蒙古公正竞争 · 消费者保护厅长官及部分法官在内的 16 人进行了以日本《独占禁止法》、竞争政策及部分案例为内容的讲解；另外，2016 年 6 月 9 日，日本与肯尼亚签署了两国竞争执法机关间的合作备忘录，其主要内容为进行执行相关信息提供以及新的法律法规相关的信息交换，并进行人员交换与培训等。

2016 年 7 月 29 日，日本公平交易委员会进行了针对发展中国家竞争执法机关工作人员的竞争法 · 竞争政策技术研修。该项目自 1994 年起开始实施，今年已经是第 22 次。参加者为包括中国在内的 13 个国家（中国、伊拉克、印度尼西亚、乌克兰、肯尼亚、萨摩亚、塞尔维亚、塔吉克斯坦、东帝汶、菲律宾、缅甸、蒙古、黑山）的竞争执法机关的 15 名工作人员。

4. 与中国的交流合作

随着我国《反垄断法》执行经验的不断积累以及各竞争执法机关对包括

日本企业在内的外资企业的执行增多,中日之间竞争执法机关的沟通交流也变得更加必要。在这一背景下,2016 年 4 月 11 日,中国商务部与日本公平交易委员会在东京签署了竞争执法机关间的合作备忘录(《中华人民共和国商务部与日本公平交易委员会反垄断合作备忘录》)。该备忘录明确了以下几点:(1)双方将交流竞争立法、执法以及相关政策进展情况;(2)在双方均认为适当的时候,交流竞争执法经验;(3)经双方同意,就双方同期审查的个案交流信息;(4)交流双方执法人员能力建设的做法和经验;(5)就多边竞争法律和政策国际合作问题交换意见方面进行交流合作,双方每年至少会见一次,并会在备忘录下开展技术合作。这是继 2015 年 10 月与国家发展改革委之后的第二个两国竞争执法机关间的合作备忘录。同时,日本公平交易委员会也在就与我国国家工商总局间签订同样的合作备忘录而进行协商。①

需要注意的是,合作备忘录并不具有法律上的拘束力,这一点与竞争执法合作协定不同。截至目前,日本只与美国、欧盟、加拿大签署了竞争执法合作协定。除合作备忘录外,2016 年 9 月 13 日,日本公平交易委员会的山本和史委员等与中国国家发展改革委的张汉东局长也就最近双方的动态等进行了意见交换。

四、总结

综上,从相关法令的修改动向来看,2016 年日本公平交易委员会将相关竞争政策法制度的改善重心放在了规制产业的放松管制上。例如,为强力推进电力交易的全面自由化;促进电信领域的竞争;废止外航海运的《独占禁止法》豁免,特别是在对破产企业重建的官方支援的竞争当局的意见表态上,对目前我国的相关制度建设有一定的参考价值。除此之外,日本公平交易委员会还较为注重与一般消费者关心的领域(转包、农业、电信、流通等)

---

① 諏訪園貞明=桜井祐介「中国競争当局との協力に関する覚書の締結について」『公正取引』788 号 50 頁(2016)。

作出相应对策,准备改正课征金制度,强化《独占禁止法》的威慑力。公平交易委员会还对日本《独占禁止法》所特有的垄断状态规制进行持续的指南修订,反映了其稳定而持续的强化竞争政策的倾向。

2016 年正式作出的行政裁决决定的 6 个主要案件皆为串通投标案件,反映了日本执法机构的本年度执法重点,但也凸显出在东亚文化传统深厚的日本,注重集体协调,串通招投标行为猖獗,尽管执法机关强力打击,但该行为仍然屡禁不止。虽然日本《独占禁止法》对卡特尔行为有关于刑事责任的规定,但很少动用,且行政罚款的额度低于其他法域。这显示出行政执法对串通招投标的行为的惩罚不够严厉,缺乏足够的威慑力。这样的现象对我国的相关执法具有一定的借鉴意义,我国目前串通招投标行为多发,随着《反垄断法》执法的加强,串通招投标行为也一定会成为《反垄断法》的主要规制对象。尤其我国在《反垄断法》里并没有直接规定串通招投标行为的刑事责任,如何保障《反垄断法》对该行为的威慑力值得思考。

另外,日本竞争执法机关与东南亚等国交流的日渐深入也值得我们注意。考虑到我国《反垄断法》的国际适用将会逐渐加强,其适用对象也将不仅局限于发达国家企业,有必要与同我国经贸往来较为频繁的国家之间利用各种现有框架(东盟、金砖国家等)加深在竞争法方面的交流,为将来可能出现的竞争法国际适用等做好准备。

第四节　韩国公平交易法最新进展和典型案例*

一、概论

在过去的 2014 年,改变不公平交易惯例的必要性已成为社会共识,而

---

* 本节撰写人为金善明、全玲贤。金善明,法学博士,中国社会科学院法学研究所副研究员。全玲贤,韩国首尔大学法学院博士研究生。

通过经济的创新与改革,追求市场经济的稳健发展,使改变不公平交易和促进竞争效应的呼声越来越高。为了增加企业的创新力,革新其竞争力,使其成为经济再发展的基础,公平交易委员会也不断施行相关政策。为此,公平委员会以“经济民主化为基础,建设公平公正、充满活力的市场经济”为目标,积极推进改变不公平交易惯例,形成良好的市场环境,加强民生领域的法律执行,贯彻经济民主化,实现竞争法的世界化五大核心措施。

截至 2015 年,公平交易委员会确立了“树立良好的市场经济秩序”的目标,即集中于全球垄断企业、新型交易领域、公共领域的法律执行力,实现大中小企业间公平交易理念的传播,提升消费者的幸福指数。除此之外,公平交易委员会为了保障被调查企业的程序性权利,还发布了案件处理程序的革新方案(案件处理 3.0)。[①]

详细来看,韩国公平交易委员会 2015 年接受案件的总数为 4034 件,处理案件的总数则为 4367 件。其中,征收罚款的案件总数为 202 件,罚款金额为 5889.59 亿韩元。[②] 此外,对公平交易委员会的处分案件提起的诉讼,共接受 158 件,委员会胜诉的案件为 16 件,败诉的案件为 0 件,进行中的案件为 142 件。[③]

以下将对公平交易委员会于 2015 年度处理的主要业务及其成果进行详细介绍,再对 2015 年的主要判决及其先前的公平交易委员会处分进行探讨。

---

① 公平交易委员会,2015 年报道资料。
② 公平交易委员会,政策制度,2015 年公平交易委员会统计年报。
③ 同上。

二、2015 年公平交易政策的运营特征

(一)韩国公平交易委员会简介

1. 韩国公平交易委员会的结构[①]

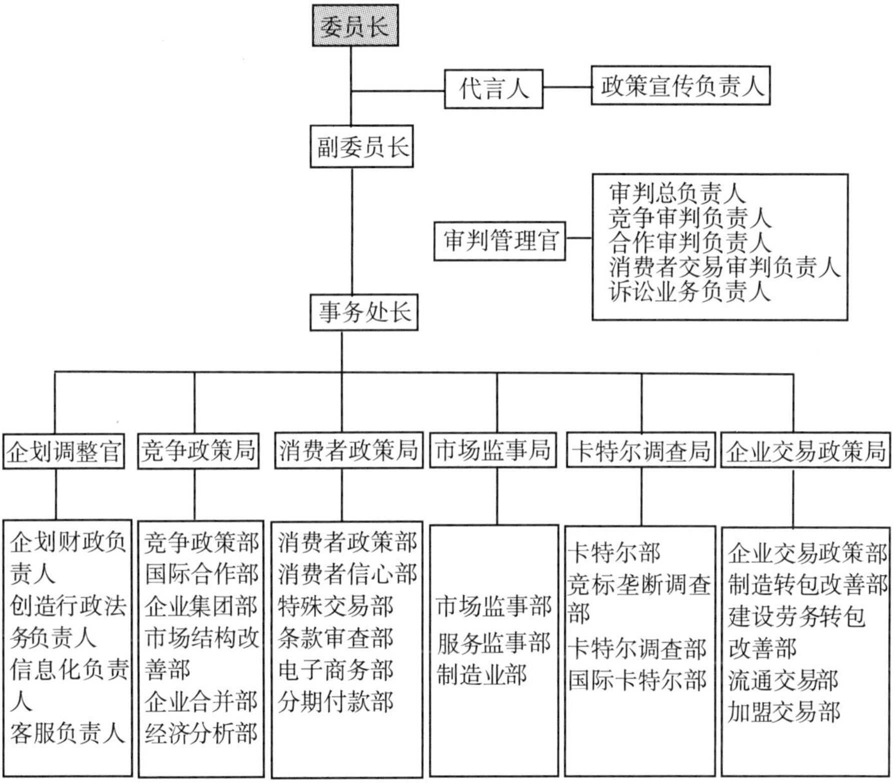

图 6-1　公平交易委员会组织结构[②]

2. 公平交易委员会的性质

韩国公平交易委员会既是合议制中央行政机关,也是准司法机关。其作为中央行政机关以追求自由且公正的市场秩序为主要职能,扮演着树立、

① 公平交易委员会,2015 年公平交易百书。

② 公平交易委员会的结构图以 2016 年 6 月为准。

执行竞争政策及消费者政策的角色。此外,不同于其他行政机关,公平交易委员会还具有准司法机关的性质,在对审结构下,可对管辖内的违法事件进行审理及决议。

公平交易委员会具有独立性及政治中立性,且公平交易委员会的决议具有与一审法院判决相同的效力,因此对其不服的企业必须向首尔高等法院(二审法院)提起诉讼。

3. 公平交易委员会可运用的法律

公平交易委员会可运用的与经济政策及公平交易政策、消费者政策有关的共有 13 部法律,与竞争政策及公平交易政策有关的法律共有 5 部,即公平交易法、转包法、加盟事业法、大规模流通业法、卡特尔总括整理法。

与消费者政策有关的法律共有 8 部,即消费者基本法、标识广告法、格式合同法、分期付款交易法、访问销售法、电子交易法、消费者合租社法、制造物责任法。

(二)2015 年公平交易委员会的政策促进方向①

2015 年公平交易委员会以"树立良好的市场经济秩序"为其主要的政策目标,其具体内容包括:(1)改变大中小企业间的不公平交易惯例;(2)强化对全球垄断企业的法律执行;(3)通过促进新型交易领域的竞争,提高企业的创新及革新能力;(4)促进公共领域的竞争力,确立公平交易秩序;(5)推动企业结构调整,引导大企业集团支配结构的改善。主要内容如下:

第一,改变大中小企业间的不公平交易惯例。主要内容包括:(1)强化承包、流通、加盟、代理等中小企业的重点业务领域的市场监督(2014 年 5 月制定《关于明确连续再销售环节中滥用市场交易地位行为的具体类型通知》);(2)建立完善的举报—事后管理的身份保护制度,使受损企业无须担心报复,放心申告和举报;(3)引导大中小企业间不公平交易惯例的自主改善,传播遵守自律文化;(4)推进承包相关法律的修改,保护作为承包商的未达一定规模的中坚企业。

① 公平交易委员会,政策制度,2015 年业务计划表。

第二，强化对全球垄断企业的法律执行。具体内容包括：(1)对在韩国国内具有重大影响力的、拥有自主技术的全球垄断企业滥用市场支配地位行为进行集中监督；(2)加强对高进口系数产业领域的国际卡特尔行为的监督，例如，对于汽车等支柱产业进口核心配件及原材料领域的集中监督；(3)强化对韩国国内市场具有影响力的跨国企业并购行为的审查。

第三，通过促进新型交易领域的竞争，提高企业的创新及革新能力。主要内容包括：(1)加强对社交网络服务(SNS)、操作系统(OS)等平台领域中滥用市场支配地位行为的监督。韩国国内的移动操作系统市场的两大企业的市场占有率共计高达99.5%(以2014年6月为准)；(2)对软件市场的垄断企业及持有技术标准的企业滥用市场支配地位的行为进行集中监督，例如，商品合同或技术合同规定的被许可人自主取得的知识、经验或技术成果须提供给许可人使用的不合理规定等；(3)随着电子、网络、移动形态的商品券流通领域的扩大，制定新型的商品券格式条款。

第四，促进公共领域的竞争力，确立公平交易秩序。具体内容包括：(1)扩大调查对象的范围，包括他国的国有企业及地方国有企业，使人民群众切实感受到全面改善公共部门不公平交易行为的成效。在韩国，其国有企业共有302个，地方国有企业共有398个；(2)迅速处理并严厉整治公共领域的串通投标行为，并推进事前预防机制。

第五，推动企业结构调整，引导大企业集团支配结构的改善。主要内容包括：(1)鉴于企业的申报负担及竞争限制可能性，通过选择机制与集中化处理，更加有效地完成企业并购。对于在事前审查中没有问题的企业，在正式申报时可以缩短其审查时间，并使其制度化(审查时间由30日缩短为15日)；(2)为有效监督企业集团之间不当支援等对控股股东提供的不当利益及优惠提供行为，实行公示及定期核查内部交易实况制度。

表 6 -3 公平交易委员会主要政策(2015 年)

政策领域	主要内容
改变大中小企业间的不公平交易惯例	1. 大中小企业间的交易出现了积极的变化,然而不公平交易惯例仍有所遗留,实际效果不尽如人意 2. 强化对中小企业常见问题的监督检查,通过传播遵守自律文化,改善中小企业间的不公平交易惯例
强化对全球垄断企业的法律执行	1. 随着经济全球化的不断深化,海外企业的活动对国内市场产生巨大影响 2. 为避免全球垄断企业滥用市场支配地位造成的国内市场损害而进行集中检查
通过促进新型交易领域的竞争,提高企业的创新及革新能力	1. 虽然信息化技术、知识产权、软件等新型交易领域的创意与革新情况活跃,却也容易产生垄断,使不公平行为导致损害发生的可能性增加 2. 纠正妨碍创意与革新的限制竞争行为,强化法律执行,促进竞争效益
促进公共领域的竞争力,确立公平交易秩序	1. 公共领域由于其制度上的垄断,一定程度限制了竞争,使不公平交易惯例增多 2. 公共部门率先实现改革,使公平竞争意识及惯例被普遍接受
推动企业结构调整,引导大企业集团支配结构的改善	1. 随着全球经济陷入长期停滞,大型企业推进以核心产业为主的结构改革,预计企业并购的数量会持续增加(严格审查限制竞争行为,积极推行任意事前审查制度,支持企业结构调整) 2. 提高大型企业集团间的交易状况及所有支配结构的透明性,确立公平交易文化

三、2015 年垄断规制及公平交易相关主要法律的修改情况

1. 修改原因①

2014 年 12 月 29 日，国会全体会议通过了《垄断规制及公平交易相关法律》（以下简称公平交易法）（法律第 13071 号，2015 年 1 月 20 日颁布并施行），规定了对于举报人以违法或不正当手段搜集证据，或以不据实申报、虚假陈述、伪造证据等方式领取奖金时可以收回该奖金，从而实现了不当行为的事前预防。该规定是为了解决以往当延长缴纳罚款期限或分期缴纳的决定被撤销时，发放的奖金无法撤销的问题而进行的修正。

2. 公平交易法修改内容

一是规定收回举报奖金的依据。举报奖金发放后，出现举报人以违法或不正当手段搜集证据，或以不据实申报、虚假陈述、伪造证据等方式领取奖金，或以同一举报事由，又依据其他法令领取奖金，或其他错误发放奖金等情形时，可以收回该举报奖金。如果不予归还，可类推适用国税的滞纳处分予以征收（第 64 条之 3 新设规定）。

二是取消延长缴纳期限或分期缴纳的决定。罚款的缴纳期限延长或分期缴纳的事由被取消，可证明缴纳罚款义务人可即刻缴纳罚款时，公平委员会可以撤销延期或分期缴纳的决定（修正第 55 条之 4）。

3. 公平委员会案件处理程序的改革方案—案件处理 3.0

（1）推进案件处理 3.0 的背景

为了进一步保障被调查企业的程序性权利，公平交易委员会公布了最新的案件处理程序改革案，即案件处理 3.0，旨在解决以往的案件处理程序存在的巨额罚款案件的败诉、案件处理拖沓、不合理的现场调查惯例等问题。

由于以往公平委员会更多的是致力于公平交易法等实体法的不断完善，导致在保障被调查企业程序性权利的方面存在相对不足。为了改善这

---

① 资料来源：韩国法制处，国家法令信息中心。

一现象,公平委员会加大对企业违法行为的严格审查,实现企业不必要负担最小化,促进案件处理程序的改革,完善企业的救济机制。截至目前,公平委员会的案件处理程序的变化情况如表 6 –4 所示。

表 6 –4　案件处理程序变化

类型	期间	主要内容
案件处理 1.0	1981 ~2003 年	新设审判管理机构(1997 年) 案件程序规则(1997 年)
案件处理 2.0	2004 ~2014 年	审阅附带的审查报告书或许可复印(2007 年)
案件处理 3.0	2015 年	制定调查程序规则 制定记录管理规定

(2)案件处理 3.0 的主要内容

第一,改善不合理的现场调查惯例,即制定调查程序规则,保障被调查企业的权益,强化调查程序的透明性。调查程序规则主要包括:现场调查报告应当包括调查目的和范围;对调查人员威逼利诱的行为予以处罚;保障被调查企业委托的律师参与调查前程序的权利;对现场调查的过程予以记录,并将调查资料的目录等交给被调查企业。①

第二,强化案件管理及监督等内部控制,即依职权调查的案件在现场调查之前也应在电子系统中予以登录,无论是否违法,所有的调查结果均应通知被调查企业。例如,对于没有违反法律,排除嫌疑的调查结果应当在 15 日之内以书面的形式通知被调查企业。为了保障案件的迅速处理,原则上从调查开始之日起 6 个月之内,应当提交调查报告。但对于滥用垄断行为或不当支援行为的调查报告应在 9 个月之内提交,卡特尔案件则应在 13 个月之内提交。除此之外,对于案件的处分时效与公诉时效的期限届满日期,应当按照类别分别输入电子系统并进行严格管理。②

第三,强化对宽恕制度的运用,即部分企业为了处罚减免优惠,存在恶

① 公平交易委员会,2015 年报资料。
② 同上。

意串通的可能性。在这样的情况下,不必要的调查不仅会导致行政浪费,还会加重无违法行为的竞争企业不必要的调查负担。为了改善上述情况,规定具有卡特尔行为的嫌疑人在审理过程中应当出席,对其自行申报的真实性进行全面审查。[①]

第四,强化案件记录与管理,即制定了"案件记录惯例规定",要求对在调查、审查决定、诉讼等案件处理前的过程中发生的一切记录均应体系化保存。[②]

四、2015 年公平交易委员会处理的案件及其成果

(一)2015 年公平交易委员会受理及处理状况[③]

2015 年受理的案件中,《公平交易法》领域的案件 844 件、《消费者保护法》领域的案件 950 件、《转包法》领域的案件 2232 件,案件处理状况显示各个类型的处理数总共达到了 4376 件。

(二)各部门法项下案件的处理成果[④]

比较近 5 年的法律案件受理情况,2011 年共有 3879 件,2012 年共有 4404 件,2013 年共有 3438 件,2014 年共有 4079 件,而 2015 年共有 4367 件,比 2014 年增加了很多(见表 6 –5)。

表 6 –5 各部门法案件处理情况

单位:件

类别 年度	公平交易法	消费者法	转包法	加盟业法	大规模流通业法	合计
2011	1017	1.315	1293	254	0	3879
2012	1130	1206	1827	241	0	4404

① 公平交易委员会,2015 年报资料。
② 同上。
③ 同上。
④ 同上。

续表

年度＼类别	公平交易法	消费者法	转包法	加盟业法	大规模流通业法	合计
2013	663	899	1671	201	4	3438
2014	878	1450	1486	246	19	4079
2015	1004	1074	1942	319	28	4367

(三)各部门法征收罚款的情况①

比较各部门法征收罚款的情况,2011 年共有 608,564 万韩元,2012 年共有 511,084 万韩元,2013 年共有 418,429 万韩元,2014 年共有 804,387 万韩元,2015 年共有 588,959 万韩元(见表 6-6)。

表 6-6　各部门法征收罚款的情况

单位:件/万韩元

年度＼类别	公平交易法		消费者法		转包法		加盟业法		大规模流通业法		合计	
	件数	金额	件数	金额	件数	金额	件数	金额	件数	金额	件数	金额
2011	142	604,333	5	2.310	9	1.921	0	0	—	—	156	608,564
2012	60	496,392	7	4.616	16	10.072	0	0	0	0	83	511,084
2013	65	389,958	9	83	15	28.139	1	249	0	0	89	418,429
2014	83	785,243	5	658	20	10,445	2	1992	3	6058	113	804,387
2015	108	560,306	23	5526	57	8152	3	300	11	14,675	202	588,959

(四)《公平交易法》项下各类别案件处理情况②

比较《公平交易法》项下各类别案件的处理情况,2011 年共有 1017 件,2012 年共有 1146 件,2013 年共有 633 件,2014 年共有 878 件,而 2015 年共有 1004 件(见表 6-7)。

① 公平交易委员会,2015 年统计年报。

② 公平交易委员会,2015 年公平交易委员会统计年报。

表 6-7　《公平交易法》项下各类别案件处理情况

单位：件

类别＼年度	2011	2012	2013	2014	2015
滥用市场支配地位	23	10	13	14	11
经营者集中	22	39	21	39	27
经济力集中	83	34	45	65	100
共同行为(卡特尔)	134	76	89	173	235
不公平交易行为	600	843	381	478	505
经营者团体	155	144	114	109	126
合计	1107	1146	663	878	1004

(五)《公平交易法》项下各类别案件征收罚款的情况①

比较《公平交易法》项下各类别案件征收罚款的情况,2011 年共有 142 件并罚没 604,333 万韩元,2012 年共有 60 件并罚没 496,396 万韩元,2013 年共有 64 件并罚没 389,958 万韩元,2014 年共有 83 件并罚没 785,243 万韩元,2015 年共有 108 件并罚款 545,663 万韩元(见表 6-8)。

表 6-8　《公平交易法》项下各类别案件征收罚款的情况

单位：件/万韩元

类别＼年度	滥用市场支配地位		抑制经济力集中		不正当共同行为(卡特尔)		不公平交易行为		经营者团体禁止行为		合计	
	件数	金额	件数	金额	件数	金额	件数	金额	件数	金额	件数	金额
2011	0	0	4	5900	34	577,902	77	20,291	27	240	142	604,333
2012	1	424	1	3	24	398,867	28	96,266	6	836	60	496,396
2013	0	0	6	5909	29	364,731	16	18,604	14	714	64	389,958
2014	0	0	4	1899	56	769,428	7	12,714	16	1193	83	785,243
2015	4	12,538	3	2166	63	504,919	19	24,295	19	1,745	108	545,663

① 公平交易委员会,2015 年统计年报。

(六)处理异议申请的情况①

2015 年共有 48 件异议,其中共处理了 44 件。异议申请处理情况,比起 2014 年有少量增加(见表 6 -9)。

表 6 -9 异议申请的处理

单位:件

年度	异议申请的数量	处理结果						待处理
		驳回	部分引用	引用	退回	撤回	合计	
2011	35	31	3	0	0	3	37	9
2012	18	21	5	0	0	0	26	2
2013	25	19	1	1	0	1	21	6
2014	41	28	4	1	—	7	40	9
2015	48	36	3	3	1	1	44	13

(七)诉讼的受理及处理情况②

2015 年诉讼案件的受理及处理情况,共受理了 158 件。而公平交易委员会胜诉的案件共有 16 件,没有败诉案件。但在法院等待处理的案件仍有 142 件(见表 6 -10)。

表 6 -10 诉讼受理及处理情况

单位:件

年度	受理案件数	诉讼结果				保留中			
		委员会胜诉	委员会一部分胜诉	委员会败诉	合计	高等法院	大法院	其他	合计
2011	96	68	7	11	86	2	7	1	10
2012	120	69	18	10	97	6	16	1	23
2013	98	61	2	12	75	4	18	1	23
2014	160	44	5	1	50	89	10	11	110
2015	158	16	0	0	16	127	2	13	142

① 公平交易委员会,2015 年公平交易委员会统计年报中的案件受理,统计表。

② 同上。

五、2015 年《公平交易法》项下的典型案例

根据 2015 年公平交易委员会事件统计年报,2015 年全年所处理的事件中有一半以上,即 50.3% 的事件为不公平交易行为事件,而不正当共同行为事件占比为 23.4%,位居第二。下文中,笔者将比较具有代表性的《公平交易法》项下的典型案例作一下简单介绍。

（一）不公平交易行为①

1. 对娱乐场所提供现金的不当诱客

（1）案件概要

韩国帝亚吉欧（Diageo Korea）株式会社②是一家主要销售威士忌的酒类销售公司,自 2011 年 6 月以来,共向 197 家娱乐零售场所的所谓 Keyman③支付了总计 148,532 万韩元的现金,主要用以与 Keyman 约定降低竞争厂商的产品,并要求该零售场所购买一定数量以上其公司的产品,韩国帝亚吉欧株式会社向各娱乐零售场所提供的现金每次平均 5000 万韩元,最高 3 亿韩元,次数总计 288 次。除此之外,为了提高产品的销售量,韩国帝亚吉欧株式会社还在 2013 年向需要额外缴纳综合所得税的 69 家娱乐场所的 Keyman 提供了 3.6454 亿韩元作为补偿。

（2）公平交易委员会判断

对此,公平交易委员会认为韩国帝亚吉欧株式会社隐秘地向客户提供了超过社会传统观念上的金额,诱导处于中间地位并能够推荐特定产品的客户代替最终客户挑选特定产品或歪曲事实,而代为缴付应由娱乐场所缴付的税金的行为也超出了通常的促销活动范畴,该等行为均属于不当提供利益、诱客的行为。

---

① 《公平交易法》第 23 条中有所规定。

② 韩国帝亚吉欧株式会社是一家主要销售威士忌的酒类销售公司,在威士忌市场的市场占有率为 40%,是排名第一的公司。

③ Keyman 是指在娱乐场所对酒厂和消费者选择、购买各种酒类的行为产生影响的实务人员,主要从公司代表、管理员、经理、室长、老板中指定。

公平交易委员会认为上述行为属于《公平交易法》第 23 条第 1 款第 3 项所规定的不当诱客的行为。对此,公平交易委员会下达了修改命令并处以总计 12.16 亿韩元的罚款。

2. 音响标准技术持有厂商的交易上的地位滥用事件

(1)案件概要

持有国际音响技术的杜比(Dolby)[①]在签署有关特许使用 AC－3 技术和 E-AC－3 技术的合同时,利用其自身的交易上的地位,以向交易对方设置、维持交易条件的方式给交易对方造成了损失。

合同中不公平的交易条件内容包括以下几种:[②]①禁止交易对方干涉特许对象权利的效力、范畴、所有权的归属关系,如干涉该等内容,其可解除合同;②在交易对方有可能侵犯或滥用特许对象权利时,其也可解除合同;③以明显低于其与交易对方之间交易规模的水平,作为其对于交易对方未报告的产品提供的损害赔偿或各项费用的承担标准;④限制交易对方在使用特许技术的过程中处理或行使交易对方通过使用发明而取得的权利以及通过买卖等取得的特许技术相关权利。

(2)公平交易委员会判断

公平交易委员会认为,上述行为构成《公平交易法》第 23 条第 1 款第 4 项的交易上的地位滥用行为,并在 2015 年 8 月下达了修改命令。

(二)不当共同行为[③]

1.8 家免税店公司的不当共同行为事件[④]

(1)案件概要

8 家免税店[⑤]自 2007 年 1 月到 2012 年 2 月,以相互串通的方式,对韩国

---

① 持有特许技术等使用权(特许权)的"Dolby Laboratories Licensing Corporation"(美国法人)及"Dolby International AB"(瑞典法人)是整改措施对象公司。

② 公平交易委员会,议决第 2015－125 号,事件编号 2014SEOGAM2354。

③ 《公平交易法》第 19 条第 1 款有所规定。

④ 公平交易委员会,议决第 2016－133 号,事件编号 2014YOOTONG4502。

⑤ (株)Hotel Lotte、(株)BusanLotte Hotel、(株)Lotte DF Global、(株)Lotte DF Retail、(株)Hotel Shilla、(株)东和免税店、(株)SK Networks、韩国观光公社。

国产产品的适用汇率及适用时期作了共同决定。从 2006 年 7 月起，市内免税店开始允许向韩国人销售国产产品，对此韩国消费者对于相同产品在不同免税店之间不同的美元价格表达了不满。因此，上述免税店便从 2007 年 1 月开始对国产产品的适用汇率进行了协商。但在 2011 年 5 月，新罗免税店首先提出中断价格操纵行为。接着，乐天、东和等其余 7 家免税店也纷纷于 2012 年 2 月至 3 月提出中断价格操纵。

(2)公平交易委员会判断

公平交易委员会认为，上述行为构成《公平交易法》第 19 条第 1 款第 1 号的价格操纵行为，并对上述几家免税店作出了行为禁止命令、信息交换禁止命令等修正命令，但并未处以罚款。

2. 两家外国银行关于外汇掉期的不当共同行为事件

(1)案件概要

德意志银行(Deutsche Bank)与汇丰银行(HSBC)首尔分行的营销员工在 2011 年参与 A 公司进行的外汇掉期投标[①]项目时，为了使投标人轮流中标，预先确定好特定中标人后，以中标候选人出示高于预先确定好的中标人的价格的方式进行了操纵。

(2)公平交易委员会判断

对于上述行为，公平交易委员会认为其构成《公平交易法》第 19 条第 1 款第 1 项以及第 3 项中有关不当排除市场竞争的行为。对此，公平交易委员会作出了禁止在外汇掉期服务市场中进行不当行为的修改命令，并对两家银行处以共计 5900 万韩元的罚款，其中对德意志银行的罚款为 1300 万韩元，对汇丰银行的罚款为 4600 万韩元。

六、结论

公平交易委员会在 2015 年大体完成了《2015 年主要业务政策》的制定

---

① 在 2011 年 1 月至 2012 年 2 月，通过每几个月延长一次外汇买卖合同的方式来进行外汇掉期投标项目，得以将 8800 万美元汇兑成韩元使用一段时间后，再重新购入 8800 万美元。

工作,尤其在事件处理程序的改革方面,《3.0 事件处理》的制定可以说是2015 年最具意义的里程碑事件。然而其详细程序及其内容在 2016 年仍有待完善,从表 6-3 可以看出,对于《公平交易法》的修改,2015 年并无实质性的变化。

从统计数据来看,2015 年各个法规的事件处理数量包括:《公平交易法》1004 件,《消费者保护法》1074 件,《分包法》1942 件,《加盟事业法》319 件,《大规模流通业法》28 件,而 2015 年各个法规的罚款规模为:《公平交易法》共计 108 个事件,罚款总额为 560,306 万韩元;《消费者保护法》共计 23 个事件,罚款总额为 5526 万韩元;《分包法》共计 57 个事件,罚款总额为 8152 万韩元;《加盟事业法》共计有 3 个事件,罚款总数为 300 万韩元;《大规模流通业法》共计 11 个事件,罚款总额为 14,675 万韩元。

至此,2015 年度《公平交易法》的发展过程及事件整理已大致完成,期待2016 年度韩国《公平交易法》会有新的变化。

结语

反垄断法实施展望

盛杰民*

2016年是我国《反垄断法》历史上的重要年度。在这一年，我国正式建立了公平竞争审查制度，正式宣告了在经济政策体系中，竞争政策具有基础性地位。国务院反垄断委员会正在制定的6部指南，也完成了公开征求意见程序。同时，对燃气、供水、广电、盐业等垄断行业的执法，不仅让消费者从中受益，也有利于以竞争机制助推垄断行业改革。国家工商行政管理总局处理的利乐案，不论从行为认定还是从执法程序上看，都会成为我国《反垄断法》实践中的经典案例。

我国《反垄断法》的实施时间尽管不长，但常态化的执法机制基本形成。基于对2016年实施经验的回顾与总结，我们对未来的《反垄断法》实施提出如下展望。

一、民生领域《反垄断法》执法的加强

我国《反垄断法》实施已逾8年，期间曾有不少批评声音，如指责对国有企业执法不力、民众关心的垄断性行业问题未有明显改善。这些观点固然有对《反垄断法》的误解成分，如未能把握《反垄断法》规制的垄断行为与垄断状态的区分，但也反映了人们对《反垄断法》的期待，甚至反映了垄断性行业反垄断执法的不足。《反垄断法》的重要目标之一是维护消费者利益。如果消费者不能从《反垄断法》的实施中得到好处，则《反垄断法》的实效性可

---

* 盛杰民，北京大学教授。

能有所不足,《反垄断法》的权威也就难以树立。《反垄断法》实施固然需要关照事关经济发展的重要行业,但民生领域垄断行为的查处,也应作为《反垄断法》的执法重点。

2016 年反垄断执法已呈现向民生领域倾斜的特点,这一趋势应继续加强。在这一年,工商与价格部门处理了多起民生问题的案件。例如,山东省工商局认定青岛新奥新城燃气有限公司向用户收取“预付气费款”的行为构成了滥用市场支配地位附加不合理的交易条件(竞争执法公告 2016 年第 2 号);内蒙古自治区工商局先后认定阿拉善左旗城市给排水公司、内蒙古广播电视网络集团有限公司锡林郭勒分公司实施了附加不合理交易条件的滥用市场支配地位行为(竞争执法公告 2016 年第 4 号、第 5 号),以及赤峰市盐业公司对食用盐零售商在交易品种上实行了差别待遇行为(竞争执法公告 2016 年第 7 号);湖北省物价局认定中石油昆仑燃气有限公司咸宁分公司等 5 家天然气公司收取的非居民管道燃气设施建设安装费用构成了不公平的高价销售商品行为。

上述案件涉及燃气、供水、广电、盐业等公用事业,这些事业既是民众较为关心的民生领域,也是由国有企业经营的垄断性行业。对这些行业的反垄断执法,具有重要的现实意义,有利于树立《反垄断法》的权威。一方面,这些案件的处理能让消费者直接受益,而保护消费者利益是我国《反垄断法》的重要目标之一;另一方面,对垄断性行业的执法,能够彰显《反垄断法》的威慑力,有利于以竞争机制助推垄断行业改革。

民生领域反垄断执法未来可进一步加强或改进。目前执法比较积极的是内蒙古自治区工商局,除 2016 年的几个案件外,率先对电信业“流量清零”条款进行执法的也是内蒙古自治区工商局(竞争执法公告 2015 年第 8 号),这促使整个电信行业“流量清零”条款的废除;此外,内蒙古自治区工商局还对烟草行业(竞争执法公告 2014 年第 16 号)、烟花爆竹行业(竞争执法公告 2014 年第 15 号)进行了反垄断执法。相比而言,其他地方的执法活动似乎可以再作加强。这些地方的工商部门与物价部门可在已调查案件的基础上,有针对性地对本地垄断性行业是否存在类似行为进行排查。这样可以形成执法的连锁效应，扩大《反垄断法》实施的整体效果。此外，在加强执法活动的同时，还应加大对已查办案件的公布与宣传力度。详细公布案情并多做宣传，既可以让消费者和企业识别违法的垄断行为，也有助于《反垄断法》的普及，提高人们对《反垄断法》的认同。

我国可以考虑设立一个统一的垄断案件信息披露平台，将所有执法机构查处的垄断案件，在同一平台上公布。这种集中宣传比执法机构的单一宣传，可能效果要好很多。

二、反垄断执法的深入推进

2016 年的反垄断执法，有些是对上一年度执法活动的持续，有些在广度和深度上更进了一步。2015 年，我国反垄断执法机构对汽车业展开了密集的执法活动，2016 年这一活动仍在继续。先是上海市物价局对韩泰轮胎销售公司实施的限制转售价格行为作出了处罚决定，随后，湖北省工商局便对湖北省保险行业协会组织 4 家保险公司划分市场的行为进行了处罚。在广度上，2016 年的反垄断执法扩展到了以前未曾关注的领域。例如，在专业服务领域，山东省工商局对山东天元同泰等 25 家会计师事务所实施的划分市场行为进行了处罚（竞争执法公告 2016 年第 3 号）。在深度上，国家工商行政管理总局处理的利乐案，充分表明了我国反垄断执法水平的提升。

利乐案历时 4 年多，该案对我国反垄断执法的深入推进，具有重要意义：第一，在行为认定上，该案第一次明确了“忠诚折扣”这种变相限定交易行为构成市场支配地位的滥用。忠诚折扣行为在欧盟实践中较为常见，而我国《反垄断法》未明确规定，对执法实践的肯定，在规范适用上具有重要的示范意义；第二，在竞争分析中，国家工商行政管理总局第一次运用经济学模型分析了忠诚折扣的反竞争效应，这表明了我国执法机构在反垄断实践中引入经济分析的决心与能力，反映了我国反垄断执法水平的提升；第三，在执法程序上，国家工商行政管理总局不仅进行了大量的现场检查、问卷调查、询问调查等执法工作，还多次与当事人沟通，给予了当事人充分的陈述申辩机会。利乐案之所以历时较长，除因涉及较多的专业技术、经济和法律问题外,另一个重要原因就是当事人在执法程序中进行了充分的抗辩。利乐大中华区总裁殷长勋先生明确表示,在为期 4 年多的调查过程中,利乐公司和国家工商总局就相关问题进行了富有专业性和建设性的讨论。

总体来看,我国《反垄断法》具有后发优势,便于学习其他国家或地区的成功经验,这有助于《反垄断法》实施走向常态化与日渐深入。《反垄断法》实施的深入,既体现为深度推进,也表现为广度拓展。对已经出现并处理过的案件,执法机构在持续执法的同时,可进一步挖掘可能存在但尚未引起关注的限制竞争行为。对尚未出现的新型案件,执法活动更应加以关注。从这方面来看,我国《反垄断法》执法近年来虽取得明显进步,但仍有进一步深入推进的必要。

在我国《反垄断法》实施中,未来需要加强的一个重要方面是纵向非价格限制行为的处理。就汽车业反垄断执法实践来说,在整车销售市场上,我国目前处理的垄断行为基本是两类:汽车厂商限制汽车经销商转售价格的行为;汽车经销商间的固定价格协议。实际上,汽车业的垄断行为并不只有这些,汽车厂商对汽车经销商的限制,很多是非价格方面的,如限制经销商转售汽车的地域、客户,或者限制经销商销售竞争性品牌。在汽车售后市场,纵向非价格限制更为普遍。例如,汽车厂商在授权配件制造商生产配件时,约定出产的配件只能提供该品牌汽车的授权维修商;授权维修商获得这些原厂配件后,也只能在提供售后服务时销售给车主,不得外销给独立维修商。这些行为正是造成汽车业竞争不足,尤其是汽车维修成本较高的主要原因。但我国执法机构到目前为止还未查处过任何一个纵向非价格限制的案件。

造成这种状况的主要原因,应该是我国《反垄断法》第 14 条只对纵向价格限制行为作了列举,如果对纵向非价格行为进行执法,只能依赖第 14 条的“兜底条款”。兜底条款的适用使执法能力与执法资源将面临较大考验,执法机构可能不倾向于适用兜底条款。其实,设置兜底条款的目的,正是在于防止列举规定的遗漏,兜底条款本身也是一种法律规范,具有适用的可能性。

2016 年 6 月，上海市第一中级人民法院判决的上海日进电气诉松下及其经销商划分客户案，涉及的主要也是纵向非价格限制行为。被告松下电器与其经销商确立的“客户保护圈制度”，实际上就是转售地域和客户限制。可能由于这种行为在《反垄断法》第 14 条没有列举，原告坚持主张以横向垄断协议中的划分市场来起诉被告，即便法院告知原告本案应适用《反垄断法》第 14 条，原告仍坚持按第 13 条起诉。法院最终驳回了原告的诉讼请求，所以也并未对本案中的“客户保护圈制度”进行实质上的分析。本案原告不愿按纵向协议起诉，可能的一个原因是，《反垄断法》第 14 条关于兜底条款的表述是“国务院反垄断执法机构认定的其他垄断协议”。这里明确将纵向非价格协议的认定权限定为“国务院反垄断执法机构”，这样一来，法院便无权适用兜底条款。由于原告是向法院提起了民事诉讼，所以难以依据兜底条款来主张权利。造成这种尴尬局面的原因是我国《反垄断法》中兜底条款的表述方式不当。未来应将兜底条款的适用权，扩大至有垄断案件管辖权的法院。

除纵向非价格限制行为外，对《反垄断法》中明确列举但实践中处理较少或尚未处理过的垄断行为，也应在以后加强执法。例如，《反垄断法》第 13 条规定的数量限制协议、限制创新协议，以及该法第 17 条规定的掠夺性定价等行为，实践中还基本没有执法案件出现。

三、反垄断执法与司法的协调

《反垄断法》实施包括执法与司法两套体系，但执法机构与法院处理垄断案件都应依据《反垄断法》及其配套规范，应当遵循一致的法律原则，对法律规范作一致的理解与适用，但从我国当前实践看，执法机构与法院在不少问题上认识不一致，甚至存在明显的冲突。我们曾担心，设立多个执法机构，可能造成执法标准不一致。但现在看来，执法标准不一致的问题，主要不是来自执法机构内部，而是来自执法机构与法院之间。

两大实施主体 2016 年处理的几起涉及纵向垄断协议的案件，集中暴露了它们之间法律适用上的冲突。

2016 年 8 月,上海市物价局对海尔的三家子公司限制销售商向第三人转售商品最低价格的行为作出了 1234.8 万元的行政罚款决定。在认定限制最低转售价格行为成立后,上海市物价局即得出了“该行为排除、限制了市场竞争,损害了消费者利益和社会公共利益”的结论。这种对纵向价格限制行为“推定违法”的处理思路,与执法机构之前的执法实践完全一致,例如,在 2013 年的“洋奶粉”案、2015 年汽车业垄断案中,执法机构均在确认限制转售价格行为存在后,就认为该行为违反了《反垄断法》第 14 条。从立法看,这种处理思路并没有问题,因为我国《反垄断法》第 14 条明确“禁止”经营者与交易相对人达成固定或限制最低转售价格的协议。经营者要想主张行为合法,只能依据第 15 条的豁免规定来抗辩,但豁免抗辩应由竞争者承担举证责任。

然而,法院对纵向垄断协议另有一套处理思路。在 2016 年 8 月判决的格力电器经销商诉格力电器供货商限制最低转售价格案中,广州知识产权法院认为,本案中的限制转售价格行为不属于《反垄断法》所定义的垄断协议,理由是:东莞地区空调电器市场竞争充分,格力品牌在该地区空调市场并未占据绝对优势的份额,更不足以形成市场支配地位,所以,即使格力空调品牌限定最低销售价格,消费者完全可替代选择其他同类品牌;被告限定该品牌每一款空调产品区域内最低销售价格的行为也许限制了众多如原告的经销商之间在同一空调品牌内部的价格竞争,但原告与其他经销商仍然可以在售前宣传、售中促销和售后服务等多方面参与竞争。换言之,即使面对同一空调品牌,消费者也仍存有选择的空间。

广州知识产权法院的处理思路似乎受北京锐邦涌和诉强生垄断案影响较大。在强生案中,一审、二审法院均认为,纵向垄断协议应以具有排除、限制竞争效果为构成要件;二审法院还提出,在分析限制最低转售价格行为的性质时,相关市场竞争是否充分、被告市场地位是否强大、被告实施限制最低转售价格的动机、限制最低转售价格的竞争效果这四方面情况是最重要的考量因素,也是评价限制最低转售价格行为的基本方法。

不仅在纵向垄断协议认定上执法机构和法院观点不一致,在横向垄断协议认定上,法院也提出了与执法机构不同的判断标准。在2015年处理的多个汽车业垄断案件中,执法机构均认定同一汽车品牌经销商间达成的固定价格协议违反了《反垄断法》。但在2016年6月判决的上海日进电气诉松下及其经销商划分客户案中,法院对横向垄断协议作了全新的理解。上海市第一中级人民法院在判决中指出,品牌间具有竞争关系的经营者的联合才可能直接排除、限制市场竞争,《反垄断法》第13条所规定的横向垄断协议的行为主体应当是指处于同一经济层次、不同品牌间、具有竞争关系的经营者,因此纵向经济结构中平行成员之间的协议并非法律所要规制的横向垄断协议。这种过于狭隘的理解,基本上否定了执法机构处理过的涉及限制品牌内竞争的横向垄断协议案。

在同一问题上,执法机构与法院的认定标准相差巨大,可能因为二者对垄断协议的适用原则持不同观点。垄断协议的认定究竟需要合理分析,还是可以作出违法推定,理论上的确有不同认识。但不论是执法活动还是司法审判,都是《反垄断法》的实施过程,在我国现行法体系内,均应依据《反垄断法》来作出判断,而《反垄断法》确立的标准是统一的,不会因为实施主体的不同而有所区别。我国《反垄断法》在列举典型的垄断协议类型时,均使用了"禁止"的表述方式,这种规定可能过于严格,但法院超出立法规定,对垄断协议创造了一种新的认定方法,似乎也有一定的问题。另外,对横向垄断协议的主体,《反垄断法》仅规定为"具有竞争关系的经营者",至于这些经营者是品牌间的还是品牌内的,《反垄断法》并未作出限制。在此情况下,上海市第一中级人民法院大胆地将同一品牌内具有竞争关系的经营者间达成的垄断协议排除在横向垄断协议之外,似乎也于法不合。这种排除,与反垄断法理论认知也不一致。

执法机构与法院的认定标准差异,实践中可能产生不良影响。首先,它会增加企业合规成本,不利于企业对自身行为形成稳定预期。试想,同一种行为,因进入不同的处理程序,就可能得出完全相反的结论,企业该如何调整自身行为?其次,执法与司法冲突也不利于人们对《反垄断法》形成一致理解,不利于《反垄断法》的普及,进而影响《反垄断法》的遵从度与实施效果。长此以往,还可能影响人们对反垄断执法机构或法院的信任,最终损害《反垄断法》的权威。可以想象一下,由于法院倾向于更为严格的认定标准,如果被执法机构处罚的相对人,向法院提起了不服处罚决定的行政诉讼,结果会是怎样?

在未来的《反垄断法》实施中,必须注重执法活动与司法审判之间的协调。在《反垄断法》未作修改的情况下,两大实施主体应尽力确保在立法框架内从事执法和审判活动。在既定的处理思路短期难以放弃的情况下,两大实施主体之间可加强交流,尽可能地找到一个趋于平衡的认定标准。长远来看,垄断协议的认定标准应在规范上做到统一。

四、反垄断执法指南的制定与出台

针对《反垄断法》中的原则性规定,或者实践中比较突出的问题,由国务院反垄断委员会颁布执法指南,能大大降低企业的合规成本和反垄断执法机构的执法成本。我国《反垄断法》也赋予反垄断委员会制定执法指南的职责。我国目前正在制定的 6 部指南,即《关于汽车业的反垄断指南》《关于滥用知识产权的反垄断指南》《横向垄断协议案件宽大制度适用指南》《反垄断案件经营者承诺指南》《垄断协议豁免程序指南》《关于认定经营者垄断行为违法所得和确定罚款的指南》,都已完成公开征求意见程序。执法机构和反垄断委员会应尽快推动这些指南的出台,以给实践提供指导。指南出台时间越晚,对实践的指导意义也就越弱。例如,《关于汽车业的反垄断指南》对汽车业众多的纵向非价格限制行为作了规定,但我国汽车业反垄断实践始于更早时期,在执法机构处理的汽车业垄断行为中,并未涉及纵向非价格限制的情形。

除上述指南外,还可就《反垄断法》中的原则性规定继续出台指南,当前可考虑以下几部指南:(1)纵向垄断协议执法指南。如前所述,反垄断执法机构和法院对纵向垄断协议的认定存在较大分歧,这不利于人们把握纵向垄断协议的认定规则。通过指南确立纵向垄断协议的判断标准和分析框架,有助于消除这些分歧。尽管指南主要约束执法活动,但对法院也会形成一定的参考意义。(2)垄断协议豁免标准指南。国务院反垄断委员会目前正在指定的豁免指南仅限于程序性内容,就豁免制度来说,《反垄断法》第15条列举的各种豁免情形,内容均十分简单,基本没确定豁免的具体标准。所以,除豁免程序指南外,垄断协议豁免的实体规则也需要以指南形式进行细化。(3)经营者集中审查指南。我国《反垄断法》尽管规定了经营者集中审查标准,但每项标准都较为抽象,实务审查中,这些标准如何界定和把握,经营者可以提出怎样的集中抗辩等,均可以考虑以指南形式明确下来。美国和欧盟都颁布了合并指南,且区分了横向合并与非横向合并,我国也可考虑借鉴这种做法,将重点放在横向合并控制上。

五、公平竞争审查制度的落实

公平竞争审查制度的建立,是我国《反垄断法》历史上具有里程碑意义的事件。2016年6月,《国务院关于在市场体系建设中建立公平竞争审查制度的意见》(国发〔2016〕34号,以下简称国务院《意见》)颁布,我国正式建立了公平竞争审查制度。对建立公平竞争审查制度的重要性和紧迫性,国务院《意见》作了四个方面的概括:一是深入推进经济体制改革的客观需要;二是全面推进依法治国的有力保障;三是实现创新驱动发展的必然选择;四是释放市场主体活力的有效举措。

建立公平竞争审查制度,有利于规范政府的政策措施,防止产业政策和地方政策中包含排除、限制竞争的内容,是以事前方式规范滥用行政权力排除、限制竞争行为的重要举措。公平竞争审查制度建立之后,关键在于落实。国务院《意见》要求,从2016年7月起,国务院各部门、各省级政府及所属部门均应在政策措施制定过程中进行公平竞争审查;各省级政府要抓紧研究制定具体工作措施和办法,落实制度要求,从2017年起在本行政区域内逐步推开。我国不少地方政府已出台了公平竞争审查制度的实施意见,江苏省人民政府在2016年8月22日颁布了首个地方公平竞争审查制度实施意见,之后,湖南、河北、辽宁、北京、贵州等省市政府相继出台了实施意见。

国务院《意见》及地方政府实施意见基本确立了公平竞争审查制度的主

要框架,但这一制度的有效落实,还须建立更为具体的实施机制和保障措施。为此,可以从以下几个方面推进公平竞争审查制度的进一步实施:

第一,完善公平竞争审查方式。国务院《意见》确立了“自我审查”的竞争评估方式,这种方式尽管可能存在监督不足、流于形式等问题,但较为符合我国公共政策体量巨大、竞争执法资源不足的现实。为使自我审查真正发挥作用,可做好三方面工作:首先,加强反垄断执法机构的监督指导,政策制定主体在自我审查中不能确定、难以把握以及认为有必要时,可以征求反垄断执法机构的意见,反垄断执法机构发现政策措施可能排除、限制竞争时,也可主动向政策制定主体提出意见;其次,建立公开机制,政策措施制定及公平竞争审查应向社会开放,听取利害关系人意见,必要时向社会公开征求意见;最后,丰富、创新审查方式,可以在自我审查中,建立专家参与评估制度或独立的第三方评估制度,发挥相关领域专业主体的能力优势,弥补自我审查的不足。

第二,确立定期评估制度。国务院《意见》要求,对建立公平竞争审查制度后出台的政策措施,各级人民政府及所属部门要在定期清理规章和规范性文件时,一并对政策措施影响全国统一市场和公平竞争的情况进行评估。定期评估是“二次评估”,是政策措施出台前公平竞争审查的补充,可以弥补政策措施出台前公平竞争审查的遗漏,并应对政策措施实施中市场环境出现的新变化。定期评估应采用集中评估的方式,可以每年开展一次。定期评估可由政策制定部门自我审查,也可委托第三方评估。定期评估也应向社会公开征求意见,评估结果应向社会公开。经评估认为妨碍公平竞争的政策措施,要及时废止或修改完善。

第三,执法监督与责任追究并行。公平竞争审查主要是事前措施,对已出台的政策措施,还应加强事后的执法监督。任何主体发现已出台的政策措施违反公平竞争审查标准的,都可向政策制定主体提出处理请求,或者向反垄断执法机构举报;对构成滥用行政权排除、限制竞争行为的政策措施,由反垄断执法机构按法定程序调查并处理。对未进行公平竞争审查或违反公平竞争审查标准出台政策措施,以及不及时纠正相关政策措施的政策制定机关,必须加强责任追究。责任追究机制是公平竞争审查制度实施的最后一道保障措施。鉴于很多责任形式对政府及其部门来说难以适用或效果不好,可以采取公开、通报、批评等方式,让责任主体承担声誉损失。

公平竞争审查制度的实施,对行政机关尤其是地方政府及其部门的管理活动形成了较大的约束,目的是让它们在尽可能维护竞争机制的前提下从事各种管理活动。按照国务院《意见》的要求,政策措施如果具有限制竞争效果,应当不予出台或调整后出台。但同时,不是所有的限制竞争内容均不能出台。如果行政机关基于追求一个合法、正当的社会政策目标,并采用了合乎比例的手段,则可以出台并实施适度限制竞争的政策措施。国务院《意见》在"例外规定"部分指出,属于下列情形的政策措施,如果具有排除和限制竞争的效果,在符合规定的情况下可以实施:(1)维护国家经济安全、文化安全或者涉及国防建设的;(2)为实现扶贫开发、救灾救助等社会保障目的的;(3)为实现节约能源资源、保护生态环境等社会公共利益的;(4)法律、行政法规规定的其他情形。例外规定的本质是竞争政策目标与其他政策目标之间的权衡,其中,第一项规定的是经济效率对国家利益的让步,第二项和第三项涉及社会公共利益目标的公平竞争审查。这些规定是在公平竞争审查中为国家利益和社会公共利益设置了一个例外,这样可以较好地协调经济效率与其他公共政策目标之间的冲突。例外规定的适用,可以帮助地方政府及其部门以适度限制竞争的方式,追求一些合法的社会政策目标,如环境保护。但前提是政策制定机关应当充分说明限制竞争措施对实现政策目标来说不可或缺,且不会严重排除和限制市场竞争,并明确政策的实施期限。为此,政策制定机关应逐年评估政策措施的实施效果,期限届满或未达到预期效果的政策措施,应及时停止执行或进行调整。

图书在版编目(CIP)数据

中国竞争法律与政策研究报告. 2016年/中国世界贸易组织研究会竞争政策与法律专业委员会编著. —北京:法律出版社,2017

ISBN 978-7-5197-1012-5

Ⅰ.①中… Ⅱ.①中… Ⅲ.①反垄断法—研究报告—中国 Ⅳ.①D922.294.4

中国版本图书馆CIP数据核字(2017)第149300号

中国竞争法律与政策研究报告(2016年)
ZHONGGUO JINGZHENG FALÜ YU ZHENGCE YANJIU BAOGAO(2016NIAN)

中国世界贸易组织研究会竞争政策与法律专业委员会 编著

责任编辑 汤子君
装帧设计 李 瞻

出版 法律出版社
总发行 中国法律图书有限公司
经销 新华书店
印刷 三河市龙大印装有限公司
责任校对 杨锦华
责任印制 陶 松

编辑统筹 学术·对外出版分社
开本 720毫米×960毫米 1/16
印张 18.75
字数 262千
版本 2017年6月第1版
印次 2017年6月第1次印刷

法律出版社/北京市丰台区莲花池西里7号(100073)
网址/www.lawpress.com.cn
投稿邮箱/info@lawpress.com.cn
举报维权邮箱/jbwq@lawpress.com.cn
销售热线/010-63939792
咨询电话/010-63939796

中国法律图书有限公司/北京市丰台区莲花池西里7号(100073)
全国各地中法图分、子公司销售电话:
统一销售客服/400-660-6393
第一法律书店/010-63939781/9782　西安分公司/029-85330678　重庆分公司/023-67453036
上海分公司/021-62071639/1636　深圳分公司/0755-83072995

书号:ISBN 978-7-5197-1012-5　**定价**:65.00元